CAMBRIDGE LIBRARY COLLECTION

Books of enduring scholarly value

Polar Exploration

This series includes accounts, by eye-witnesses and contemporaries, of early expeditions to the Arctic and the Antarctic. Huge resources were invested in such endeavours, particularly the search for the North-West Passage, which, if successful, promised enormous strategic and commercial rewards. Cartographers and scientists travelled with many of the expeditions, and their work made important contributions to earth sciences, climatology, botany and zoology. They also brought back anthropological information about the indigenous peoples of the Arctic region and the southern fringes of the American continent. The series further includes dramatic and poignant accounts of the harsh realities of working in extreme conditions and utter isolation in bygone centuries.

Als Eskimo unter den Eskimos

With this 1881 publication, Heinrich Klutschak (1847–90), a German native of Prague, produced one of the first comprehensive accounts of Inuit life. In the years 1878–80 the artist and writer was part of an expedition, led by the American soldier Frederick Schwatka, which travelled in the Canadian Arctic. This undertaking was but one of many that sought to discover what had happened during the last expedition of the British explorer Sir John Franklin in the 1840s. As the title of the work indicates, Klutschak and his fellow expedition members attempted to live as fully as possible in the manner of the Inuit and in close proximity to them. Although Klutschak dwells on the antipathy between some of the Inuit bands, the general tone of the book is one of respect for their survival skills and way of life.

T0364314

Cambridge University Press has long been a pioneer in the reissuing of out-of-print titles from its own backlist, producing digital reprints of books that are still sought after by scholars and students but could not be reprinted economically using traditional technology. The Cambridge Library Collection extends this activity to a wider range of books which are still of importance to researchers and professionals, either for the source material they contain, or as landmarks in the history of their academic discipline.

Drawing from the world-renowned collections in the Cambridge University Library and other partner libraries, and guided by the advice of experts in each subject area, Cambridge University Press is using state-of-the-art scanning machines in its own Printing House to capture the content of each book selected for inclusion. The files are processed to give a consistently clear, crisp image, and the books finished to the high quality standard for which the Press is recognised around the world. The latest print-on-demand technology ensures that the books will remain available indefinitely, and that orders for single or multiple copies can quickly be supplied.

The Cambridge Library Collection brings back to life books of enduring scholarly value (including out-of-copyright works originally issued by other publishers) across a wide range of disciplines in the humanities and social sciences and in science and technology.

Als Eskimo
unter den Eskimos

Eine Schilderung der
Erlebnisse der Schwatka'schen
Franklin-Aufsuchungs-Expedition
in den Jahren 1878–80

HEINRICH W. KLUTSCHAK

CAMBRIDGE
UNIVERSITY PRESS

CAMBRIDGE UNIVERSITY PRESS

Cambridge, New York, Melbourne, Madrid, Cape Town,
Singapore, São Paolo, Delhi, Mexico City

Published in the United States of America by Cambridge University Press, New York

www.cambridge.org
Information on this title: www.cambridge.org/9781108049993

© in this compilation Cambridge University Press 2013

This edition first published 1881
This digitally printed version 2013

ISBN 978-1-108-04999-3 Paperback

Als Eskimo unter den Eskimos.

Günther G. ois Rücker Wien.

Als Eskimo unter den Eskimos.

Eine Schilderung der Erlebnisse

der

Schwatka'schen Franklin-Aufsuchungs-Expedition

in den Jahren 1878—80.

Von

Heinrich W. Klutschak,

Zeichner und Geometer der Expedition.

Mit 3 Karten, 12 Vollbildern und zahlreichen in den Text gedruckten Illustrationen
nach den Skizzen des Verfassers.

Wien. Pest. Leipzig.

A. Hartleben's Verlag.

1881.

Druck von Friedrich Jasper in Wien.

Seiner Excellenz

dem Herrn

Grafen Johann Wilczek

k. k. Geheimen Rath und Kämmerer, erblichem Mitglied des Herrenhauses des österr. Reichsrathes
Commandeur des österr. k. Leopolds-Ordens 2c. 2c.

als

Protector und Förderer arktischer Forschung

Hochachtungsvoll gewidmet

vom Verfasser.

Vorwort.

Der Zweck dieser Seiten ist, dem Leser durch Karte, Wort und Bild die Erlebnisse, Erfahrungen und Eindrücke vorzuführen, welche die Mitglieder der letzten Franklin-Auffuchungs-Expedition in den Jahren 1878 bis 1880 auf ihrer Reise nach König Wilhelms-Land gesammelt haben. Weit entfernt, dem Hauptzwecke der Reise eine zu große Wichtigkeit beizulegen, hat es sich der Verfasser zur Aufgabe gemacht, dem inneren Leben der kleinen Partie ein besonderes Augenmerk zu schenken, und es sich angelegen sein lassen, jene Momente hervor= zuheben, in denen der Mensch die grimmigen Elemente der Polar= Regionen mit deren eigenen Mitteln bekämpft. Auf den weiten Schnee= und Eisfeldern des Nordens*) liegt, von Mutter Natur gebahnt, der Weg für den Nordpolfahrer der Zukunft, in dem genügenden Thierreichthume die Beantwortung der Frage seiner Existenz und im Eingebornen der kalten Zone selbst sein bester, sein gediegenster Begleiter. Den Eskimo in seinem unumformten Zustande als Kind des Nordens kennen zu lernen, seine Bildungsfähigkeit zu zeigen und die Möglichkeit seiner Verwendung zur Förderung der Geographie und Naturwissenschaft darzuthun, war das specielle Bestreben

des Verfassers.

---

*) Die im Text sowohl als auch in den Karten als Distanzmaß verwendete nautische Meile ist der 60. Theil eines Längengrades am Aequator. Bei der Bezeichnung geographische Länge ist der Meridian von Greenwich als 0 angenommen.

Einleitung.

Die Geschichte einer sogenannten »Nordwestlichen Durchfahrt«, d. h. einer Verbindungsstraße zu See zwischen dem Atlantischen und Stillen Ocean um die nördliche Küste des amerikanischen Continentes ist ein Glied in der großen Weltgeschichte, beinahe so wirkungsvoll, wie die Geschichte der Civilisation, und findet ihre erste Begründung in dem Streite der Völker um den Besitz des Handelsweges nach Indien. Columbus starb in dem Glauben, durch seine Entdeckung auf den großen Gewässern der untergehenden Sonne den neuen Weg nach dem reichen Indien gefunden zu haben. Doch entpuppten sich seine Länder als die Inseln eines großen Continentes, der seine Fittiche beinahe über die fünf Zonen der Erde breitet, und traten hemmend für den Weg nach dem noch fernen Osten auf. Der Reichthümer, die Columbus in seine Hände übergab, unbewußt, sandte Spanien Magellan südlich, welcher durch die nach ihm benannte Wasserstraße Amerika südlich umschiffte, Indien erreichte und durch die erste Weltumseglung den Beweis lieferte, daß die Erde rund sei.

Was Spanien durch Magellan erreichte, versuchte England durch Umschiffung des Nordens von Amerika zu bewerkstelligen, und mit der Reise des John Cabot 1498 begannen die Versuche zur Auffindung der nordwestlichen Durchfahrt, ein großer Gedanke, den England mit aller wohl bekannten Energie der Anglo=Saxonen durchzuführen suchte, um mit ihren Jberischen Rivalen zu concurriren, die trotz ihrer Niederlagen durch Drake, Cavendish und Bourrough über diese sich die Herrschaft auf dem Wege um das Cap Horn auch noch dann zu erhalten wußten, als England schon lange der Dictator der Meere geworden war. Während des Feldzuges Napoleon's in Egypten wurde die Auffindung der besagten Durchfahrt zur Ausbeutung des Handels mit China für England endlich eine Lebensfrage.

Dies waren die gewaltigen Motive, die, gepaart mit der Liebe, der geheimnißvollen Lust für Abenteuer und dem Verlangen nach der Bereicherung der Wissenschaft, Großbritannien im Stand erhielten, seine arktischen Forschungen so kräftig zu unterstützen. An die Bemühungen Cabot's reihen sich die Forschungen eines Hudson, der beiden Sir John und James Clark Roß, Parry, und erst in dem schrecklichen und noch immer unaufgeklärten Schicksale der Expedition des Sir John Franklin fanden seine Leute sterbend das letzte Verbindungsglied zwischen den beiden Oceanen, das mit seinen kolossalen Kryftallbergen und unbe= grenzten Barrieren ewiger Eisfelder schon für das einzelne Schiff, mehr aber noch für den Welthandel ewig unpassirbar bleiben wird.

Im Mai 1845 lichtete Sir John Franklin die Anker seiner beiden Expeditionsschiffe „Erebus" und „Terror" und trat mit 23 Officieren und 115 Mann der englischen Kriegsmarine seine dritte Reise in den Polarcirkel an. Bei den Wallfischinseln an der westlichen Küste von Grönland übergab er nebst drei seeunfähig gewordenen Leuten die letzten Briefe seiner Mannschaft zur Absendung nach der Heimat ab und seine damaligen, an die britische Admiralität schriftlich übergebenen Worte: „Ich habe jetzt für volle drei Jahre Proviant, bin zwar schwer geladen, glaube aber wegen der Nähe des Eises kaum hohen Seegang zu erwarten" sind der letzte Bericht, den er zu überliefern bestimmt war. Am 25. Juli desselben Jahres sah der Wallfischfänger „Prince of Wales" (Capitän Dannet) die beiden Schiffe sich in das Eis des Lan= caster Sound hineinarbeiten, um nie mehr wieder offenes Meer zu befahren. Schon im Herbste 1846, als den Sommer über keine Kunde über die Expedition eingetroffen war, setzte Sir John Roß der Ad= miralität seine Befürchtungen auseinander, denen zufolge die beiden Schiffe an der Westküste der Melville=Insel vom Eise eingeschlossen seien und weder vorwärts, noch rückwärts könnten. Wie wohlbegründet diese Ansicht war, hat die Zeit gelehrt, doch damals fand sie kein Gehör und man dachte die Befürchtungen nicht maßgebend genug, um schon so zeitlich nach deren Ausfahrt eine Unterstützung für Franklin aussenden zu müssen. Als aber auch im Sommer 1847 keine Nachrichten ein= trafen, fand man sich in banger Vorahnung doch bewogen, mit dem Schiffe der Hudson=Bai=Pelz=Compagnie vier Boote mit completen Be= mannungen nach ihrem Handelsposten im nördlichen Theile von Amerika zu senden, um, auf verschiedenen Wegen die nördliche Küste erreichend, nach den Bedrängten zu fahnden. Mit den Herren Dr. Richardson, Dr. Rae, Anderson und Steward beginnt die Reihe jener Aufsuchungs=

Expeditionen, die durch 33 Jahre mit Muth, Geschicklichkeit und Energie betrieben wurden und deren humane Bemühungen und wissenschaftliche Erfolge eine Perle in der Geschichte unseres Jahrhunderts sind. Auf den drei großen, vom äußersten Norden Amerikas dem Polarmeere zufließenden Wasseradern, dem Mackenzie-, Backs- und Coppermine-Fluß, erreichten 1847—50 die besagten Boot-Expeditionen die Nordküste Amerikas und kehrten mit der Gewißheit zurück, daß Franklin's Schiffe sie nie berührt haben.

Auch segelten schon im Herbste 1847 zwei Schiffe mit Proviant um das Cap Horn, um durch die Behringsstraße vorzudringen, und der Expedition, falls sie in der Ausführung ihrer Pläne glücklich durch diese zurückkehren würde, Unterstützungen zu bringen, während Sir James Clark Roß in den beiden Schiffen „Enterprize" und „Investigator" in den Jahren 1848 und 49 die Vorschriftsrichtung der Franklin'schen Expedition verfolgend, im Wellington-Canal und an der Küste von North Somerset nach ihr forschen sollte. Nachdem die zweitgenannte Expedition ihre Schiffe in ein passendes Winterquartier gebracht hatte, wurden nach den verschiedensten Richtungen Schlittenreisen unternommen, Proviantdepots errichtet und alles nur Mögliche gethan, um eine Verbindung mit den Verschollenen zu Stande zu bringen. Ja, so weit ging der geniale Commandant, daß er Füchse fangen ließ, ihnen auf eine passende, nicht leicht abstreifbare Weise Zettel mit Nachrichten an die Schwänze und um die Hälse binden und sie dann wieder frei laufen ließ. Doch vergebens — nicht der geringste Erfolg krönte die mühevolle Arbeit dieser menschenfreundlichen Hände. Auch Privatparteien durchkreuzten zu demselben Zwecke die nordischen Gewässer. So war ein Capitän Thomas Moore in dem Schiffe „Plover", ein Capitän Robert Sheddon in seiner Privat-Yacht „Nancy Dowson", Capitän Kellet im Schiffe „Herald" durch die Behringsstraße vom Stillen Ocean eingedrungen, während Dr. Goodsir (ein Bruder des A. D. Goodsir, Assistenzarztes des Schiffes „Erebus" der Franklin'schen Expedition) mit dem Capitän Penny in der „Advice" und Capitän Kennedy im „Albert" von der atlantischen Seite nach den Vermißten suchten. Welcher Freude ergaben sich die kühnen, unermüdlichen Forscher, wenn irgend ein kleines Zeichen die Nähe der Gesuchten zu verrathen schien — und welche furchtbaren Enttäuschungen hatte das böse Spiel der nordischen Natur nicht oft genug zur Folge. So war es Dr. Goodsir, der eines sonnigen Tages mit dem Fernrohr in der Hand mit der größten Aufmerksamkeit die Küsten des nahen Landes beobachtete und auf einem

Punkte eine aufrechtstehende Stange zu bemerken glaubte. Es mußte so sein, sein Auge konnte ihn nicht trügen, auch das eines Matrosen sah dieselbe Stange durch das Fernrohr, — der Curs des Schiffes wurde geändert, Aller Augen richteten sich dem Punkte zu, die Freude und der Jubel, endlich den Vermißten auf der Spur zu sein, war groß — aber auch die Sonne hatte aufgehört, ihr böses Spiel zu treiben, und wo die vermeintliche Stange stand — war in Wirklichkeit nur ein spitz geformtes Eisstück zu finden. Mit solchen Erfahrungen kehrte Dr. Goodsir — mit solchen erfolglosen Resultaten kehrten sie Alle zurück — doch nicht um das Verlangen des Volkes nach den verlorenen Seeleuten zu schwächen — im Gegentheile, nur um die Regierung zu zwingen, mit reichen Mitteln an die Ausrüstung neuer Forschungs=Expeditionen zu gehen.

Die beiden Kriegsschiffe „Enterprize" und „Investigator" unter den Capitänen Collinson und Mac Clure wurden zum zweitenmale mit ihrer früheren Mission betraut und um das Cap Horn durch die Behringsstraße nach dem Norden entsendet, während der „Resolute" und die „Assistence" mit noch zwei kleineren Schiffen unter den Capitänen Horatio Austin, Ommoney und den Lieutenants Sherard Osborne und Bertie Cator durch die Baffins=Bai versuchten, den geheimnißvollen Schleier zu lüften, der Franklin's Schicksal verhüllte. Dieser Escadre schlossen sich an: die „Lady Franklin" unter Capitän Penny, die „Sophia" unter Capitän Stewart, die „Felix" unter Sir John Roß, sowie die „Advance" und „Discovery" unter den Lieutenants De Haven und Griffin, welche letztere, von den Vereinigten Staaten Amerikas entsendet, unter dem Namen der „Ersten Grinnell=Expedition" bekannt ist.

Capitän Ommoney fand Zeichen der Schiffe, und dem Capitän Penny, der sich vor Allen durch Energie und Thatkraft auszeichnete, gelang es am 27. August 1850 wirklich, das erste Winterquartier der Expedition in einem kleinen Hafen der Beechy=Insel zu finden. Unter anderen Zeichen waren es besonders drei Gräber, die auf einem als Grabstein dienenden Kopfbrette Namen und Datum der Leute enthielten, die hier im Winter 1845—46 gestorben waren. Mit dieser Kunde war aber auch der Erfolg der Escadre abgeschlossen.

Im Jahre 1852 segelte eine weitere Flottille unter Commando des Sir Edward Belcher ab. Sie bestand aus den Schiffen „Assistence", „North Star", „Pioneer" und „Intrepid" und sollte womöglich bis zu den Parry=Inseln vordringen, da die Möglichkeit nahe lag, Franklin habe dort einen Durchgang nach dem Westen gesucht. Von allen diesen

Forschungs-Expeditionen war diese die unglücklichste, sie hat nicht nur ihren Zweck und ihr Ziel nicht erreicht, sondern verlor auch bis auf den „North Star" sämmtliche obgenannte Expeditionsschiffe eisgebannt und nahm auch noch die Mannschaft des 1852 ebenfalls im Eise zurück= gelassenen „Investigator" mit nach England. Nur der „Resolute" fand, unglaublich genug, durch das Eis seinen eigenen Weg nach dem Süden und wurde von einem Wallfischcapitän in der Davisstraße in's Schlepp= tau genommen, restaurirt und als „Anglo American" von den Ver= einigten Staaten der Königin von England zurückgestellt. Aus den Theilen des historisch merkwürdigen Schiffes wurde bekanntlich erst in jüngster Zeit eine Art Tisch verfertigt und dieser von England aus dem Präsidenten der Vereinigten Staaten zugeschickt.

Nach dem Verluste so vieler Schiffe und so großer Geldmittel sah sich die englische Regierung bewogen, weitere Forschungen aufzu= geben und erklärte Sir John Franklin und seine Begleiter für hoff= nungslos verloren. Anders dachte das Volk, seine Ueberzeugung war, daß noch weitere Versuche gemacht werden müssen, und wenn auch die Leute selbst, die man noch immer gerne auf Hilfe wartend, am Leben dachte, nicht zu retten wären, so könnte man doch wenigstens nach ihrem Geschick und dem Orte forschen, wo die Heroen ihre letzte Ruhestätte fanden.* Wie gering die Hoffnung auf die Existenz der Leute Franklin's sein konnte, bewies durch traditionelle Mittheilungen und Gegenstände, die er von Eskimostämmen erhielt, der von der Hudsons=Bai=Compagny ausgesendete Dr. Rae auf seiner zweiten Franklin'schen Reise in den Jahren 1851—54. „Weiße Leute," so wurde ihm erzählt, „wurden lebend von Eskimos gesehen, wie sie im Begriffe waren, einen großen Fluß zu erreichen, um darauf dem Süden zu unter ihre eigenen Leute zu kommen." Jahre später fanden die Eingeborenen auf einer Insel nahe oder in der Mündung des Backs=Flusses viele Leichen und auch viele Gegenstände, welch' letztere den unabstreitbaren Beweis lieferten, daß es sich hier nur um die Ueberreste der verlorenen Expedition handeln könne.

* In diese Periode gehört auch noch die zweite Grinnell=Expedition in der „Advance" unter Dr. Elisha Kane 1850—53, der als Arzt die erste Grinnell=Ex= pedition mitgemacht hatte und der Ansicht war. daß Franklin womöglich nördlich vom Lancaster=Sund einen Weg nach dem Westen gesucht habe. Er war der Erste, der die Theorie eines offenen Polarmeeres aufstellte. Der Verlust seines Schiffes, sein Aufenthalt im Norden und sein abenteuerlicher Rückzug leben noch in der Erinnerung vieler meiner Leser.

6

Aber auch mit dieser Kunde ließ man sich in England nicht be=
schwichtigen, und namentlich war es die hochherzige Witwe des Com=
mandanten der Expedition — Lady Jane Franklin — die sich mehrere
Male um die Ausrüstung neuer Forschungsreisen an die britische Ad=
miralität wandte, und als man ihren Bittgesuchen kein Gehör gab, aus
ihren durch reiche Beiträge zu der Erreichung desselben Zweckes be=
deutend erschöpften letzten Privatmitteln die Ausrüstung einer eigenen
Expeditions=Yacht „Fox" beschloß. Capitän (jetzt Admiral) Sir Leopold
Mac Clintock übernahm das Commando und Leute arktischer Erfahrung,
wie Capitän Young, Lieutenant Hobson und Dr. Walker traten frei=
willig ohne Anspruch auf Besoldung dem Unternehmen bei. Die Erfolge
dieser Reise sind zu groß und mußten in den nachfolgenden Seiten nur
zu oft genannt werden, als daß solche flüchtig übergangen werden
könnten. Capitän Mac Clintock verließ am 1. Juli 1857 Aberdeen
in Schottland und gelangte nach unzähligen Kämpfen mit den furcht=
baren Eismassen* endlich am 20. August 1858 in der Bellotstraße an,
wo das Schiff ein Winterquartier bezog. Schon zeitlich im Frühjahr
1859 wurden Schlittenpartien unternommen und während einer der=
selben kam der genannte Capitän mit einer Zahl Eskimos in Berührung,
durch deren Erzählung er sich bestimmen ließ, die Insel König Wil=
helms=Land zum Schauplatz seines Frühjahrs=Unternehmens zu machen.

Er rüstete unter eigener Leitung eine Abtheilung aus, die mit
zwei Schlitten, wovon einer von Leuten, der andere von Hunden ge=
zogen wurde, sich an die nordöstliche Küste von König Wilhelms=Land
begab und längs dieser südöstlich ging, während sein erster Officier
W. Hobson sich direct nach dem nördlichsten Punkte der genannten
Insel, nach Cap Felix, wendete und mit einer gleich starken Partie
die nordwestliche Küste verfolgen sollte, um nach dem Wrack eines
Schiffes, das dort von den Eingebornen gefunden worden sein sollte
und seit Jahren zur Befriedigung ihrer Bedürfnisse an Holz, Eisen
und Kupfer gedient hatte, zu fahnden. Das Wrack war zwar nicht
zu finden, wohl aber stieß Hobson schon am Cap Felix auf untrüg=
bare Beweise, daß Franklin's Leute hier gewesen waren. Mit einer
englischen Schiffsflagge und vielen kleineren Reliquien ging die durch
den Fund ermunterte Abtheilung trotz des stürmischen Frühjahrswetters
südlich, fand in einem Steinhaufen eine kleine Blechbüchse und in dieser
das weltbekannte Document, das, wenn auch nur kurz, nach 13 Jahren

* Das Schiff wurde vom Eise eingeschlossen und machte während einer 242tägigen
Gefangenschaft vom 75⁰ 24' n. B. bis zum 63⁰ 30' einen Zickzackdrift von 1194 Meilen.

die erste schriftliche Kunde von den Vermißten brachte, zugleich aber
auch die Befürchtungen Englands und der theilnehmenden Welt um
das Leben der sämmtlichen Leute zu bestätigen schien. Wir werden
Gelegenheit haben, eine Copie des Documentes wörtlich reproduciren
zu müssen, und wollen uns hier nur darauf beschränken, die hervor=
ragendsten Daten derselben zu geben.

Bis zum Beginne des Monates September ·1846 war Alles recht
gegangen, die Schiffe haben sich langsam den Weg nach dem Westen
gebahnt, doch am 11. des genannten Monates hemmten die Eismassen
nördlich vom Cap Felix den Fortgang der Schiffe, diese für immer
einschließend und so den hoffnungslosen Bestrebungen der kühnen See=
fahrer unbezwingbare Schranken setzend. Der erste Winter verfloß
gut und glücklich, doch als der kommende Sommer keine Befreiung
brachte, der Commandant am 7. Juni 1847 starb, der Tod weitere
9 Officiere und 15 Mann forderte, und die gefürchtete Scorbutkrankheit,
der Schrecken manches nordischen Reisenden, epidemisch aufzutreten
schien, da sah sich der nunmehrige Commandant Capitän Crozier ge=
nöthigt, die Schiffe Ende April zu verlassen und mit dem Reste von
zusammen 105 Mann Ende des genannten Monates seinen Rückzug
nach dem damals schon bekannten und durch den englischen Marine=
Lieutenant Georg Back 1833—35 erforschten, nach ihm genannten
Flusse (auch Großen Fischflusse) und auf diesem eines der Handelsforts
der Hudsons=Bai=Compagny zu erreichen. So muthig auch der Ent=
schluß zu einem solchen Rückzuge war, Lieutenant Hobson sollte schon
wenige Meilen südlich an einem stehen gelassenen Boote und den darin
liegenden Skeleten sehen, wie bald die physische Kraft einer so zahl=
reichen Abtheilung zu brechen begann, und Mac Clintock, der auf der
Montreal=Insel vergeblich nach dem Schauplatze der von Dr. Rae oben
angeführten Andeutung bezüglich der in der Mündung des Backs=Flusses
verhungerten Weißen suchte und von Süden und Osten her die südliche
Küste von König Wilhelms=Land beging, fand trotz des noch tiefen
Schnees nahe der Seeküste an Washington=Bai ein Skelett im Sande
liegen, das seiner Lage nach die Ansicht bestätigte, daß Krankheit, Er=
mattung und Hunger die Disciplin gelockert und die Einzelnen des
Crozier'schen Commandos im Begriffe willkürlicher Selbsterettungsver=
suche eines der traurigsten Ende fanden, das Menschen in ihrer Geschichte
aufweisen können.

Auch in dem Gesundheitszustande der Forscher machte sich Scorbut
als hindernd bemerkbar, und dieses mag wohl die Haupturjache gewesen

sein, warum Mac Clintock den jahrelang gesuchten Schauplatz des tragischen Endes der Franklin'schen Expedition verließ und ungeachtet der schönen Erfolge, die ihm ein Sommer-Aufenthalt auf der Insel bieten mußte, zu seinem Schiffe und mit diesem nach England zurückkehrte.

Mit dieser Reise schien für eine lange Reihe von Jahren die Sache erledigt, bis im Jahre 1869 Capitän K. F. Hall, ein amerikanischer Privatmann, aus eigenem Antrieb sich unter den Eskimos aufhielt und in ihrer Begleitung die Adelaide-Halbinsel und auch den nächst gelegenen Theil von König Wilhelms-Land besuchte. Seine Funde und die Aufklärungen, die er sich von den daselbst wohnenden Eskimos zu verschaffen suchte, sind zwar von weniger Bedeutung, doch lieferte seine nur 90-tägige Reise den Beweis, daß, falls man wirklich daran glaube, daß Franklin's Leute im Angesicht des nahen Todes und der Unmöglichkeit einer Rettung ihre geworbenen Schätze für die Wissenschaft passend für die Nachwelt vergruben, ein Aufenthalt während des Sommers daselbst das einzige Mittel sei, einen solchen Fund zu suchen.

Diese Nothwendigkeit hatte auch Capitän Young eingesehen, als er 1874 die Yacht „Pandora" (ausgerüstet durch die gemeinschaftlichen Mittel der Lady Franklin und James Gordon Bennet) nach König Wilhelms-Land führen wollte, um nach solchen Documenten zu fahnden.

Einhundertundzwanzig Meilen von seinem Ziele entfernt, mußte er sein Beginnen aufgeben, und nur mit knapper Noth entrann er, mit nur einjähriger Verproviantirung versehen, den Eisfeldern, die ihn einzuschließen drohten. Diesmal war es das Schiff, das die Ausführung eines gut angelegten Planes verhinderte, und sollte man trotz einer mehr als dreißigjährigen Anstrengung es noch einmal wagen wollen, die Gerüchte zu berücksichtigen, die jährlich die aus Hudsons-Bai rückkehrenden Wallfischfänger in die civilisirte Welt brachten und als Beschluß der langen Reihe von Expeditionen noch eine zu entsenden, dann mußte diese, von einem Schiffe gänzlich unabhängig, von einem passenden Punkte der Hudsons-Bai aus mittelst eines Landmarsches ihr Ziel zu erreichen suchen.

Zu Lande und mittelst eines Sommer-Aufenthaltes am Schauplatz der Katastrophe, das waren denn auch die zwei Grundprincipien, nach denen die letzte Franklin-Aufsuchungspartie 1878—80, deren Wirken wir nun besprechen wollen, ihre Pläne zu entwerfen hatte.

I.

Die Schwatka'sche Franklin-Aufsuchungs-Partie in den Jahren 1878, 1879 und 1880.

Mitglieder der Expedition. — Lieutenant Fr. Schwatka. — Eskimo Joe. — Geld-mittel. — Spenden. — Abreise.

Ein großer Theil des Gelingens einer arktischen Expedition im Allgemeinen liegt in deren richtigen Organisation und Ausrüstung.

Schon der Zweck und die Absicht der Partie, mit von Hunden, als ausschließlicher Zugkraft, fortgebrachten Schlitten vorzudringen, bestimmte, daß die Zahl der Theilnehmer an der Reise eine nur kleine sein konnte und zur Verrichtung der nothwendigen Arbeiten, soweit sie nicht wissenschaftliches und forschendes Gebiet betrafen, namentlich als Jäger und Hundelenker Eskimos mitzunehmen. Daß eine solche Expedition nur aus Leuten bestehen durfte, die mit einem gewissen inneren Triebe einestheils an dem Zwecke der Reise ein besonderes Interesse finden, anderentheils aber auch die nöthigen physischen Eignungen besitzen, ist natürlich.

Gleich nach der ersten Aufforderung der Amerikanischen geographi-schen Gesellschaft, die für eine neu auszusendende Expedition das Protec-torat übernahm, meldete sich Lieutenant Friedrich Schwatka* des dritten

---

* Lieutenant Friedrich Schwatka ist am 29. September 1849 im Staate Illinois geboren, stammt in dritter Generation von deutschen Eltern, die aus Danzig nach Amerika einwanderten, siedelte aber schon in einem frühen Alter mit seinen Eltern nach Salem im Staate Oregon über. Dort in den damals nur schwach bevölkerten Gegenden genoß er seinen ersten Unterricht — doch mag das Leben auf einem Vor-posten der Civilisation viel dazu beigetragen haben, daß er in der militärischen Carrière die Ziele seines Lebensberufes zu suchen begann. In der Militär-Akademie zu Westpoint erhielt er die tüchtige Grundlage zu jenen umfassenden Kenntnissen,

Vereinigten Staaten-Cavallerie-Regiments freiwillig zum Commandanten und verlangte außer noch drei Weißen die Beistellung eines als
Dolmetscher und Jäger nöthigen Eskimos.

Wilhelm H. Gilder von New-York betheiligte sich als Corre-
spondent des „New-York Herald", Heinrich W. Klutschak aus Prag
als Zeichner und Geometer und Franz F. Melms aus Milwaukee im

Lieutenant Schwatka.

Staate Wisconsin — alle freiwillig — an der Ausführung der
geplanten Sache, während der in den Vereinigten Staaten lebende,
als Eskimo Joe bekannte Josef Eberbieng für die vorgenannten Pflicht-
erfüllungen engagirt wurde.

Joe Eberbieng (Adlala ist sein eigentlicher Name) ist an
der westlichen Küste der Davis-Straße am Cumberland-Sund unter

die ihm bei der Führung seines Commandos im Norden die Achtung seiner weißen
Begleiter, die Bewunderung und das Vertrauen der Eskimo erwarb. Die Front des
amerikanischen Militärs in unmittelbarer Nähe der verschiedenen Indianerstämme,

dem Stamme der Nugamiuk=Eskimos geboren und kam (wie nach seinen eigenen Erzählungen zu schließen ist) zur Zeit des Krimkrieges zum erstenmale mit einem Wallfischfänger nach England. Dort hielt er sich einen Winter auf und seine Frau lernte so schnell englisch, daß nach seiner Rückkehr in die Heimat Capitän Carl F. Hall die Familie während seines ersten Aufenthaltes im Norden als stete Begleiter bei sich behielt. Mit diesem Herrn sah Joe sammt Familie zum erstenmale die Vereinigten Staaten, kehrte aber schon nach Verlauf eines Winters nach dem Norden zurück, um Capitän Hall bei seiner Tour nach König Wilhelms=Land zu begleiten. Nach abermaliger Rückkehr in die Vereinigten Staaten begleitete die Eskimofamilie die amerikanische Polar=Expedition der „Polaris", und als nach dem Tode des Commandanten C. F. Hall im Sturme mit dem Eise die Bemannung vom Schiffe getrennt wurde, befanden sich Joe und die Seinen bei der Abtheilung, die mit Capitän Tyson jene bekannte Treibfahrt von 1500 engl. Meilen auf einer Eisscholle nach Süden mitmachte. Das Verdienst, während des strengen Winters 18 Menschen genährt und am Leben erhalten zu haben, gebührt Joe zum größten Theile selbst, und als nach der Rückkehr nach New=York das ameri= kanische Volk ihm ein Heim in Croton bei New=London (Staat Connecticut) schenkte, that es nicht mehr, als nach Recht und Gewissen die Treue und Umsicht eines als so brav bewährten Mannes belohnen, der der amerikanisch=arktischen Forschung so nützlich war. Aber auch jetzt blieb Joe nicht unbeschäftigt, schon 1873 begleitete er den Kriegsdampfer „Juniata" bei seiner Rettungsfahrt des Restes der „Polaris"=Mannschaft, und 1874 nahm Joe Theil an der Reise der „Pandora" mit dem leider unerreichten König Wilhelms=Land als Ziel. Joe hat somit im Ganzen zwei Nordpol= und drei Franklin=Reisen begleitet, fing auch schon an, sich in Amerika heimisch zu finden, doch als ihm der Tod Frau und ein schon zwölfjähriges Mädchen raubte,

---

ließ jene Constitutions=Verhältnisse in ihm aufkommen, die das Leben des Nordens erheischt, und sein Umgang mit Kameraden und Mannschaft in und außer Dienst lehrte ihn, wie stricte Disciplin auch dann zu handhaben sei, wenn man es ver= steht, ein Commando zu führen, ohne viel zu commandiren. Einen längeren Urlaub in die östlichen Staaten suchte er durch Studium ärztlicher Kenntnisse zu benützen, leider unterbrach der Krieg mit den Sioux=Indianern dessen Vollendung. Nach der Beendigung des Krieges, an welchem Lieutenant Schwatka activ theilnahm, meldete er sich für die Führung der Expedition, und der glückliche Erfolg derselben ist zum großen Theile seinen umfassenden Kenntnissen, seiner guten Ueberlegung, Energie und der richtigen Behandlung seiner Leute zuzuschreiben.

er während seiner Anwesenheit im Norden mit der Schwatka'schen Partie aber eine neue Gattin fand und diese ihm nicht nach den Vereinigten Staaten folgen wollte, da ließ er Haus und Bequemlichkeit civilisirter Gegenden hinter sich, um für die letzten seiner Tage seine eigentliche Heimat abermals zu seinem Wohnorte zu machen.

Die Ausrüstung der Expedition bedurfte keiner großen Geldmittel und in baarem Gelde sind es auch nur 450 Dollars, die von einzelnen Privaten gezeichnet wurden. Um so größer und zweckmäßiger waren die Spenden, die binnen wenigen Tagen die Expedition in den Stand setzten, gerade mit den Mitteln hinlänglich, ja reich versehen zu sein, deren dieselbe zur Lösung ihrer Aufgabe am meisten bedurfte. Für einen Proviantvorrath für die Zeit des Aufenthaltes in Hudsons-Bai vor Antritt der Landreise, sowie nach der Rückkehr dorthin bis zur Abfahrt nach den Vereinigten Staaten war mit geringen Mitteln schon gesorgt, für die Reise selbst aber konnten, wenigstens nicht für deren ganze Dauer, der unzulänglichen Transportmittel wegen, keine Vorräthe an Eßwaaren mitgeführt werden. Da aber die Eskimos schon von vornhinein bestimmt waren, das Contingent der Partie zu verstärken, und man die Nothwendigkeit einsah, daß man deren guten Willen durch deren bekannte Leckerbissen, Brot und Melasses (eine geringe Art Syrup), sich zu erwerben haben wird, so wurde für einen guten Vorrath an beiden zuerst gesorgt und die Geldspenden zum Ankaufe dieser Artikel verwendet.

Unter den sonstig gespendeten Proviant-Artikeln befanden sich unter Anderem: 200 Pfund des bekannten Cornbeefs von der Chicago-Firma Wilson u. Comp., 500 Pfund Extra-Zwieback von der Bäckerei Wilson in New-York, sowie 400 Pfund Oleomagerin, eine Art Ersatzartikel für Butter, der sich als vollkommen geeignet bewährte und für die Aufbewahrungsweise in sehr kaltem Klima der Butter selbst vorzuziehen ist.

An Conserven waren Aepfel, Paradiesäpfel und andere Früchte in geringeren Quantitäten zur Probe mitgegeben worden, doch ist es arktischen Expeditionen anzurathen, falls sie solche Gegenstände vor dem Gefrieren zu schützen nicht im Stande sind, dieselben nur für die erste Zeit mitzunehmen. Nach erfolgtem ersten Aufthauen sind die Sachen schnell verdorben, somit nach der ersten Ueberwinterung außerhalb eines Schiffes werthlos. Eine Ausnahme hiervon machte in unserem Falle condensirte Milch. Die letzten Kannen, die wir am 16. Juni 1879 auf König Wilhelms-Land gebrauchten, waren trotz der Aufbewahrung mit den übrigen Artikeln noch so gut wie die ersten im Sommer 1878 vor dem Gefrieren.

Die größte Sorgfalt wurde auf die Ausrüstung der Expedition mit Feuerwaffen und Munition verwendet.

In dieser Beziehung wurden gespendet: von der Firma Winchester u. Comp.: 2 Winchester=Magazin=Karabiner mit 1000 Stück Central= feuer=Metallpatronen und zum Wiederladen derselben die nöthigen Zündhütchen und Apparate.

Von der Firma Sharp u. Comp.: 2 Stück feine Sharp's System Hinterladungs=Jagdgewehre mit 1000 Stück Patronen und Zubehör wie oben.

Von der Firma Remington u. Comp.: 2 Stück Remington= Armee = Infanterie = Gewehre, 1000 Stück Patronen und gleichem Zubehör.

Von der Firma Whitney u. Comp.: 1 Stück feines Creadmore= Scheiben=Gewehr im Werthe von 115 Dollars, 1000 Stück Patronen, 1000 Stück Extra=, schon gepflasterte Kugeln mit allem Zubehör für den Dolmetscher=Eskimo Joe.

Von der Firma Merwin: 1 Stück System Evans, 26 Schuß= Magazin=Gewehr mit 500 Stück Patronen und Zubehör zur speciellen Erprobung durch Lieutenant Friedrich Schwatka; ferner 2 Stück russische Armee=Revolver (System Smith und Weston) mit 500 Stück Patronen.

Zu jedem dieser Gewehre wurden separate Schloß= und Ver= schlußbestandtheile beigegeben und die verschiedenen Metallpatronen= Etablissements leisteten noch erhebliche Beiträge.

Die Intendantur der Miliz=Waffen=Verwaltung des Staates New=York schenkte der Partie noch 20 Stück Vorderladungsgewehre sammt Reserve=Bestandtheilen zum Tauschhandel mit den Eingebornen.

Ferner wurden gespendet: 600 Pfund verschiedener Schrot= gattungen, 1000 Pfund Blei in Flössen von der Newark=Blei=Compagnie und 300 Pfund Pulver verschiedener Gattung von diversen Firmen.

Beiträge von Jagdrequisiten, Zündhütchen (40.000) 2c. wurden gemacht und die Expedition dieserseits mit Allem quantitativ und qualitativ sehr gut versehen.

Auch für den Tauschhandel wurde durch Donationen an Nadeln, Fischhaken, Blechgeschirr, Trinkbecher, Porzellangeschirr, Stirnbändern 2c. gesorgt und die Firma P. Lorillard gab der Expedition die reichliche Quantität von 600 Pfund Rauchtab⸗k.

An Instrumenten schenkte J. James Gordon Bennett: einen Negus=
schen Taschen=Chronometer im Werthe von 350 Dollars; einen
Sextanten im Werthe von 85 Dollars und ein Aneroid=Barometer,
50 Dollars Werth, ferner nautische Hilfsbücher.

Die Firma C. J. Tagliabue in New=York: 6 Stück Weingeist=
Thermometer mit Fahrenheit'scher Gradeintheilung.

An Medicamenten wurde blos eine kleine Flasche Opium und
etwas Augenwasser mitgeführt.

Das Holz zum Baue von Schlitten spendete die Firma W. Poillon
in Brooklyn.

Die Ueberführung der Expedition und ihre Ausrüstung nach
ihrer Bestimmung übernahm die Firma Morison und Brown in
New=York und beauftragte Capitän Thomas F. Barry, diese mit dem
auf den Wallfischfang nach Hudsons=Bai abgehenden, ihr gehörigen
Schooner „Eothen" mitzunehmen und dieselbe an einem dem Com=
mandanten passenden Punkte zu landen.

Am 17. Juni 1878, 12 Uhr Mittags, nahm der Dampfer
„Fletscher" die „Eothen" in's Schlepptau und unter zahlreicher Beglei=
tung der Freunde der Partie, vieler Mitglieder der Amerikanischen
geographischen Gesellschaft und einiger Herren der englischen Gesandt=
schaft begann die Expedition mit dem geringen Gesammtkosten=Aufwande
von kaum 5000 Dollars (circa 10.000 fl. ö. W.) für einen wenigstens
2¼jährigen Aufenthalt ihren Weg nach dem Norden.

II

Aufenthalt in Hudsons=Bai vom August 1878 bis 1. April 1879 als Acclimatisationsperiode.

Die Seereise. — Die Insel Resolution. — Die ersten Eskimos. — Die Landung der Partie. — Die Einrichtung im Lager. — Beschäftigung in Camp Daly. — Große Nachahmungstreue. — Die Civili=Eskimos. — Die ersten Jagd=Excursionen. — Die Eskimos auf den Herbstjagden. — Fünf Tage auf der Balen=Insel. — Der Ueber= gang zum Winter. — Schneegestöber im Innern des Zeltes. — Eishaus. — Der Schlafsack. — Die Pelzkleider. — Die erste Schneehütte. — Weihnachten. — Neujahr. — Nordlichter. — Die erste Schlittenreise. — Eine unangenehme Situation. — Die Marmor=Insel. — Das Winterquartier der Wallfischschiffe. — Scorbut. — Rückkehr nach Camp Daly. — Vorbereitungen zum Abmarsch.

Die Seefahrt in einem kleinen Segelschiffe bietet wenig Neues. Aus dem monotonen Alltagsleben seemännischer Thätigkeit, an der wir schon um der Langenweile los zu werden, gerne wenigstens so lange theilnahmen, als es nichts Besonderes zu thun gab, schüttelte uns der Anblick des ersten Eisberges, der dieses Jahr lange nach Ueberschreitung des gewöhnlichen Eisgürtels, der tief bis an die großen Bänke an der Küste von Amerika reicht, sichtbar wurde. Da wurde gezeichnet und gesprochen, und zu unserem größten Mißbehagen war Capitän Barry ein Mann, der es für einen Vorzug seemännischer Tüchtigkeit hielt, den Eisbergen so weit als möglich vom Leibe zu bleiben und in dieser Hinsicht oft zu weit ging. Mit scrupulöser Genauigkeit wurden täglich sämmtliche in Sicht kommende Eisberge gezählt, in die Tagebücher ein= getragen, und es wäre viel zu umständlich, alle Notizen aus den Journalen citiren zu wollen, die dort, als am Anfange einer langdauernden Ex= cursion, als wichtig eingetragen sind. In dieser Beziehung hat jeder meiner Leser seine eigenen Erfahrungen, und so genau und streng nach dem Vorhaben man auch anfangs im Tagebuchführen sein mag, so

sind doch, gebietet es nicht Beruf oder specielle Pflicht — die Schluß=
seiten oft mangelhaft, noch öfter aber ganz leer.

Nach langem Hoffen und Wünschen passirten wir endlich am
20. Juli die Insel Resolution am Eingange der Hudson=Straße, nach=
dem wir beinahe acht Tage in dichtem Nebel versucht hatten, die daselbst
sich gegenseitig hemmenden Eisfelder zu passiren.

Was den Charakter der Insel anbelangt, so ist ihr Anblick in
den letzten Juli= und ersten Augusttagen genügend, ein Bild des Nordens
zu bekommen. An Größe sowohl als auch an Höhe unbedeutend, ragt
sie mit ihren kahlen, hie und da noch mit Schnee bedeckten Granit=
hügeln aus einer Masse von Eisfeldern hervor und ein hier und da an
deren Küste am Grund festsitzender Eisberg ist mit seiner Mächtigkeit
beiweitem die schönste Zierde des ganzen Bildes. Dasselbe Gepräge
trägt auch die nördliche Küste der Hudson=Straße, und nur die längere
Anwesenheit auf dem Meere mit Land außer Sicht läßt uns ein Ver=
gnügen daran finden, von Landspitze zu Landspitze immer wieder das
Landpanorama zu betrachten.

Gegen 10 Uhr Abends, als wir bei vollkommener Windstille
bewegungslos in einer Art Dämmerung etwa drei Seemeilen von Meta
incognita („unbekannte Landspitze") in aufmerksamer Betrachtung unserer
Segel auf einen günstigen Wind warteten, sahen wir drei kleine Punkte
in der Nähe des Landes, die bald sich mit erstaunlicher Geschwindigkeit
auf uns zu bewegten und sich als lebende Wesen in Kajeks (Seehunds=
booten) entpuppten. Sehr verwundert, vom Schiffe aus durch ein vom
Joe gerufenes Teimo (Eskimogruß) in der eigenen Sprache zuerst be=
grüßt zu werden, kamen sie an Bord und baten den Capitän, zu warten,
bis ein größeres, aus Holz und Wallroßhaut gemachtes sogenanntes
Weiberboot (cuni omiek) anlangen würde, in dem sich nebst mehreren
Eingeborenen auch Fleischvorräthe und Kleidungsstücke befänden, welche
erstere gegen ihren Bedarf an Munition 2c. an uns zu vertauschen
wünschen. In der That dauerte es auch nicht lange, bis in langsamen
Ruderschlägen ein mit Menschen gefüllter Kasten, der auf die Bezeich=
nung Boot nur insoferne Anspruch hat, als er auf dem Wasser schwimmt,
ankam, und diesem Gestalten entstiegen, die unter dem Namen Eskimos
bekannt sind. Der Leser müßte selbst in die Lage kommen, eine erste
Begegnung mit diesen Leuten zu erleben und die Erfahrungen mit=
machen, welche die sogenannte civilisirte Lebensart bis auf's äußerste
entrüsten, um die Scene zu verstehen, die sich diese Nacht am Verdeck
der „Eothen" abspielte. Beschreiben läßt sich dieselbe nicht und es dauerte

eine geraume Weile, bis beide Par eien sich auf den gewünschten Tausch=
handel einließen. Die Auswahl der feilgebotenen Sachen war keine
große, und drei Hunde, die Joe für die Expedition unter den mitge=
brachten Kötern aussuchte, waren jedenfalls der wichtigste Handel, der
gemacht wurde; noch spärlicher aber waren die Worte, die wegen Mangel
an ausgedehnteren Sprachkenntnissen zum Handel gebraucht wurden.
Das Wort piliti (geben) spielte die Hauptrolle und nach dem Vorzeigen
des Artikels, als auch des Preises folgte, je nachdem beide Parteien
einverstanden waren, ein amila (Ja) oder nakei (Nein). Damit war
der Handel abgeschlossen. Wir werden im Laufe dieser Zeilen mehr mit
Eskimos zu thun bekommen und nehmen deshalb hier vorläufig rasch
von ihnen Abschied und benützen die sich einsetzende günstige Brise, um
weiterzusegeln, die Hudsons=Bai nach Westen zu durchfahren und zum
Ziele zu gelangen.

Ein günstiger Punkt zum Landen der Expedition wäre für ihr
Ziel jedenfalls Repulse=Bai an der östlichen Küste des amerikanischen
Festlandes (66° 30' N., 84—85° W.) gewesen, doch hat diese Bai das
Unangenehme, daß sowohl sie selbst, wie die sie mit den übrigen Meeres=
theilen verbindenden Wasserstraßen des Rowes Welcome (zwischen dem
Festlande und der Insel Southampton) und der Gefrorenen Straße
(zwischen der Melville=Halbinsel und der genannten Insel) den größten
Theil des Jahres durch schwimmende Eisfelder unfahrbar gemacht
werden. Um den Stand des Eises zu erfahren, wurden die in der
Nähe von Cap Fullerton (64° N.) am Festlande lebenden Eingeborenen
besucht, mit diesen ein Concil abgehalten, und es stellte sich nach kurzer
Besprechung mit ihnen heraus, daß ein Punkt südlich oder an Cap
Fullerton genau dieselben Vortheile und weniger Nachtheile habe, wie
die genannte Repulse=Bai, wenn man den Back= oder Großen Fischfluß
als Fahrstraße nach König Wilhelms=Land zu benützen gesonnen ist.

Die westliche Küste von Hudsons=Bai besitzt zwischen dem 63.
und 66. Breitengrade zwei tiefe Golfe, wovon der eine Wager=Golf,
der andere Chesterfield=Golf heißt. Beide bilden im Frühjahre
auf dem glatten Seeeis eine gute Fahrbahn, und es bedarf nur eines
verhältnißmäßig kurzen Landmarsches, um nach dem genannten Flusse
zu gelangen, der mit seinem nordöstlichen und nördlichen Unterlaufe
wieder eine gute Schlittenbahn zu bieten verspricht. Aber auch in Bezug
auf die Anwesenheit von Eskimos, die ja durch ihre Begleitung die
Partie unterstützen und verstärken sollten, war es nothwendig, schon
wegen des Ankaufs von Hunden und landesüblichen Kleidungsstücken,

einen Punkt zu wählen, der in der Nähe einer Ansiedlung von Eingeborenen lag. Als ein solcher bot sich das Festland in der Nähe der Depot-
Insel und die „Eothen" warf in dem zwischen derselben und der Küste
gelegenen Hafen am 6. August 1878, 9 Uhr Abends, ihre Anker. Mit
der Ausbarkirung der der Expedition gehörigen Sachen wurde schon
am folgenden Morgen begonnen, und die Eingeborenen selbst, die mit
jährlich hier haltenden Wallfischfängern verkehren, legten fleißig Hand an.

An Proviant wurde nur so viel an's Land geschafft, als zum
Bedürfniß der Partie den Winter hindurch nothwendig war, und der
Rest dem Capitän des Schiffes für einstweilige Deponirung unter seiner
Aufsicht übergeben.

Am 9. August um 3 Uhr Nachmittags begaben sich die Mitglieder der Epedition an's Land und begannen die Einrichtung ihrer
primitiven, aber vollkommen zweckdienlichen Behausung.

Gegen 11 Uhr Nachts erst hatten wir unser Zelt aufgeschlagen
und unsere Vorräthe vorderhand oberhalb der Grenze der höchsten
Fluth gebracht und mit einem vom Schiffe ausgeborgten überzähligen
Segel bedeckt. Ein kurzer Schlaf auf festem Boden im Lande unserer
Wünsche stärkte uns für die Arbeit am nächsten Morgen, und als wir
erwachten, sahen wir die „Eothen" langsam am Horizonte verschwinden.
Wir waren allein, abgeschlossen von aller Civilisation, unter einem
uns neuen Volke, das von Cap Fullerton zu uns übersiedelte und seine
Zelte neben der unsere baute.

Die ersten Tage wurden benützt, um unsere Wohnstätte den
Umständen gemäß so praktisch und bequem als möglich einzurichten, und
Jeder von uns übernahm in der Einhaltung einer geordneten Haus-
haltung seinen Theil. Gilder, ein regelrechter Jack of all trades, übernahm die Stelle eines Ehrentischlers und machte sich sogleich daran, aus
dem am Strande gefundenen Holze einst an den felsigen Küsten zugrunde
gegangener Wallfischschiffe einen Tisch 2c. zu zimmern; Melms übernahm die Verwaltung der Munitionsvorräthe und mir wurde auf
einstimmigen Wunsch der Proviant übergeben, mit der Pflicht, nach
besten Kräften für die Befriedigung der fünf Mägen zu sorgen. Eine
so vielseitige Anstellung wie die meine als Zeichner, Geometer, Meteorolog
und Koch hat gewiß seine idyllischen Seiten, am besten aber erschien
ich mir selbst in den Morgen- und Abendstunden, wenn ich in meiner
aus Steinen ohne Dach gebauten Küche mit Kesseln und Pfannen
hantirte und mich nach gethaner Arbeit des herrlichen Appetites meiner
Kostgänger freuen konnte.

Ein Sommeraufenthalt im Norden ift prachtvoll. Die Mutter Natur, die in einer kurzen Zeit von 6—8 Wochen diese Landstrecken rein granitärer Formation mit ihrem Schmucke beglückt, entfaltet in den bescheidenen Mitteln eine reiche Pracht und angenehme Abwechslung.

Wirkungsluft und Neugierde leiteten im Allgemeinen das Tages= programm der kleinen Partie. Gleich nach eingenommenem Frühstück, welches aus einem guten Rennthiersteak, der von Amerika her obligaten Pfannenkuchen und einem wenig an die Vorzüge der arabischen Bezirke

Schwatka's Sommer=Residenz.

erinnernden Kaffee bestand, verschwand Jeder nach seinem Gutdünken. Gleich nach erfolgter Regulirung unseres Aufenthaltsortes maßen wir mit möglichster Genauigkeit und sehr bescheidenen Mitteln eine Basis für eine Triangulirungs=Aufnahme und begannen die Arbeit einer jedenfalls besseren Küstenvermessung als die, welche den bestehenden Karten zu Grunde lag. Mit den stets mitgenommenen Gewehren erlegten wir beinahe täglich auf den zahlreich vorhandenen kleineren und größeren Teichen einige Gänse oder Enten, von denen die Umgebung

2*

wimmelte, und manche meiner interessanten Local=Skizzen stammt aus
der ersten Zeit unseres Aufenthaltes in Camp Daly, wie wir den
Ort unserer Behausung zu Ehren des eifrigen Protectors und Präsidenten
der Amerikanischen geographischen Gesellschaft, Herrn Karl P. Daly zu
New=York, nannten. In das gewöhnliche Alltagsleben mischte sich
manches komische Ereigniß. Davon diene als Beispiel:

Zur genauen Placirung der Karten ist der Compaß wegen seiner
großen Variation [unbrauchbar, [und um den Südpunkt zu bestimmen,
benützten wir den Durchgang des Planeten Jupiter durch den Meridian.
Es war Nacht. Von Lieutenant Schwatka einige Hundert Fuß entfernt,
hatte ich ein Licht, um dadurch sichtbar zu sein und mit einer Pfeife,
(Duckcall), die den schrillen Ton einer Ente nachahmte, sollte er meine
Position nach links und rechts dirigiren. Im Anfange ging Alles gut,
als aber Jupiter culminirte und der Augenblick der Feststellung kam,
wurde ich durch schnell aufeinander folgende Töne verwirrt, und erst
als Lieutenant Schwatka helllaut anfing zu lachen, wußte ich den Grund.
Die Enten auf den nahen Teichen, aufgeweckt, glaubten den Morgen=
quak eines Stammesgenossen zu hören, und die ganze Umgebung ertönte
in lauter Qua, Qua, während welcher Zeit Jupiter den Meridian
durchschritt und unser Südpunkt unbestimmt blieb. Die Firma Hol=
berton in New=York, von welcher wir die Pfeife erhalten, kann sich
zur Nachahmungstreue ihres Fabrikats gratuliren.

So brachte jeder Tag seine angenehmen und unangenehmen Ereignisse
und die Abende selbst fanden uns im lebhaften Verkehr mit den Eskimos.
Diese kamen schon den nächsten Tag nach unserer Ansiedlung am
Festlande von ihrem früheren Domicilirungspunkte auch dahin und
schlugen ihre Zelte um das unserige auf. Camp Daly erhielt dadurch eine
gewisse Lebhaftigkeit, und ob im Zelte oder außerhalb derselben betrachtet,
die neue Amoustadt (wie wir das Dorf scherzweise zu nennen pflegten)
bot ein beachtungswerthes Bild vom Standpunkte des Ethnographen.

Sämmtlich dem Stamme der Civili angehörend, waren unsere
Eskimos schon seit 14 Jahren oft mit Wallfischfängern in Berührung
gekommen und der Umgang mit Weißen ihnen daher nicht fremd. Ihr
ursprünglicher Wohnplatz war eigentlich Repulse=Bai. Da dieser Punkt,
wie schon oben angedeutet, nur selten und der großen Eisfelder wegen
ungerne von Schiffen besucht werden konnte, übersiedelten dieselben in
diese Gegenden zwischen dem 63. und 65. Breitengrad und machten die
Landstrecken zwischen dem Wager= und Chesterfield=Golf zu ihrer neuen
Heimat. Mit unserer Ankunft fanden zwei Punkte ihre besondere

Beachtung. Der erste waren die Vorräthe an Zwieback und Melasse, welche beide als besondere und einzige Delicatessen von ihnen angesehen wurden, der zweite unsere vorzüglichen Feuerwaffen, und namentlich diese waren es, welche uns schon nach kurzem Aufenthalte für die eigentliche Reise die Begleitung der Besten und Tauglichsten aus ihrer Mitte sicherten. Zu allen Tagesstunden waren Eskimos in unserem Zelte zu treffen, die, Klein und Groß, in Betrachtung vorgezeigter illustrirter Zeitungen ein besonderes Vergnügen fanden. Bei den Magazin= und Hinterladungsgewehren aber erreichte ihre Neugierde den Gipfelpunkt und sie begnügten sich nicht mit bloßer Bewunderung der schnell arbeitenden Mechanismen, sondern ersuchten Lieutenant Schwatka, der in dieser Beziehung gern einen Anhaltspunkt zur Anknüpfung eines auf die Reise bezüglichen Gespräches suchte, ihnen auch die Gewehre zu zerlegen. Die höchst einfache Sprache wurde schnell gelernt, und wenn es Keiner von uns auch zu der Fertigkeit brachte, diese vollkommen zu sprechen und zu verstehen (denn schon die Raschheit ihrer Ausdrucks= weise bereitet namentlich bei dem Letzteren eine große Schwierigkeit), so gelang es uns doch, schon nach Ablauf weniger Wochen so viel zu lernen, um uns nothdürftig zu verständigen. Der zahlreiche Umgang mit Weißen hat ihrer Sprache das sogenannte Pigeon=Englisch, d. h. eine Mischungssprache zwischen ihrer eigenen und der englischen angehängt, und diese machte für die erste Zeit die Verständigung leicht, während sie sich im späteren Umgang mit nördlicheren, den Weißen noch fremden Eskimostämmen als dem Verständniß ihrer Sprache hinderlich erwies.

Waren wir den Eskimos schon als die ersten Weißen, die ihren Wohnsitz neben denen der Eingeborenen aufschlugen, ein besonderer Gegenstand instinctmäßiger Neugierde, so waren es diese für uns in noch höherem Grade, was Lebensart und Sitte anbelangt. Wußten wir doch nur zu gut, daß zur Ausführung unserer Pläne als erste Hauptbedingung die war, daß wir den Mantel civilisirter Lebens= anschauungen so viel als möglich abwarfen und uns den Landesver= hältnissen gemäß in ihre Kleidung, Kost, Wohnungsart eingewöhnten. Ob wir im Zelte der Eskimos deren innere Einrichtung studirten oder mit der männlichen Bevölkerung oft tagelang auf der Jagd herum streiften, stets blieb sich der Zweck gleich, wir konnten überall für uns nur Nützliches lernen. Auf den theils mit den Eingeborenen, theils ohne diese unternommenen Excursionen entwöhnten wir uns, was Kost und Schlaf= einrichtungen anbelangt, immer mehr einer gewissen Bequemlichkeit, und schon in den letzten Septembertagen war öfter rohes Fleisch unsere Nahrung.

Jeder von uns trug das Verlangen, seine Fähigkeiten als Renn=
thierjäger zu versuchen, und als in den ersten Septembertagen die uns
umgebende Ansiedelung täglich kleiner wurde und die einzelnen Eskimo=
Familien sich zur leichteren Herbstjagd in's Innere des Landes vertheilten,
begleiteten wir diese.abwechselnd.

Ende August haben die Rennthiere ihre Pelze gewechselt und die
Haare derselben sind schon lang genug, um zur Bereitung der Kleider

Eskimos auf dem Wege nach dem Jagdgrunde.

für den kommenden Winter tauglich zu sein. Auch haben sich die
Thiere an den prächtigen Moosweiden den Sommer hindurch gemästet
und die Güte ihres Fleisches erreicht in dieser Periode ihren höchsten
Grad, so wie sich dasselbe durch den großen Talgreichthum am Besten
für die Aufbewahrung als Wintervorrath eignet.

Die Hunde, die den Sommer über auf einer nahen Insel
zubrachten und sich bei dem großen Unterschiede im Wasserstande zwischen
Ebbe und Fluth (circa 20 Fuß) und dem großen Reichthum des Küsten=
wassers an kleineren Fischgattungen selbst ihre Nahrung zu verschaffen
mußten, werden von ihrem Asyle geholt, und eines schönen Morgens

sieht man die Familien ihr Zelt plötzlich abbrechen und mit diesem, sowie den nothwendigsten Geräthschaften, theils die Hunde in der Weise,

wie man dies bei den Mauleseln zu thun pflegt, theils sich selbst zu beladen. Gegenstände, die nicht mitgenommen werden können, z. B. die Thranlampen 2c., werden einfach auf einem gut wahrnehmbaren Punkte mit Steinen bedeckt und durch eine kleine Steinpyramide für die Zeit des Winters, falls eine Schneebank den Ort tief bedecken sollte, zum Wiederfinden kenntlich gemacht. Derartige Steinpyramiden, die von weitem auch das Ansehen eines Menschen haben, findet man auch im ferneren Inlande sehr oft und sie dienen entweder unter dem Namen inuksuk als eine Art Wegweiser für die Eingeborenen oder sie sind über dem deponirten Fleische eines erlegten Rennthieres errichtet, heißen dann tuktuksuk und aus den Steinen ragen dann noch zur leichteren Erkennung

Inuksuk.

Tuktuksuk.

die Geweihe des Thieres selbst heraus. Auf die erwähnte Weise beladen, gehen die Eskimos dem Innern des Landes zu. Bekommen dieselben Rennthiere zu Gesicht, dann bleibt die Frau als Aufsicht der Hunde zurück, der Mann wirft seine Ladung ab und geht der Beute nach.

Ist er so glücklich und tödtet eines oder gar mehrere Rennthiere, so wird das Zelt an Ort und Stelle wieder aufgeschlagen und so lange verblieben, als die Umgebung Nahrung schaffen kann. Sind die Renn= thiere spärlich, dann wandern sie wieder weiter und erst mit dem ersten Schnee läßt sich die Familie an irgend einem Punkte, der als wildreich bekannt ist, permanent nieder.

Unter solchen Umständen geht es mit der Bequemlichkeit für eine geregelte Nachtruhe noch ganz erträglich. Ein solches Zelt ist noch immer ein annehmbarer Schutzort im Vergleich mit den Lagerplätzen, die sich die Eskimos aufsuchen, wenn sie allein ohne Begleitung der Frauen sind. Ist man den ganzen Tag von Hügelkuppe zu Hügelkuppe gerannt, hat dort nach Wild ausgelugt, sich durch das Stehen oder Sitzen aus dem verschwitzten Zustande in eine Art Frösteln gebracht, dann wird kurz nach Sonnenuntergang aus ein paar großen Steinen eine Schutzwehr gegen den Wind gebaut, über auf diese Weise errichteten parallelen zwei Wänden eine Decke oder ein Fell gespannt, die Uneben= heiten des Innern mit Moos etwas ausgeglichen und die Lagerstätte für die Nacht ist fertig. Die ersten Nächte, die wir in ähnlichen Nacht= quartieren neben unseren schnarchenden Eskimo=Begleitern zubrachten, waren nichts weniger als Ruhezeiten, doch gewöhnten wir uns bald daran, die bei Nacht schon sehr merklich werdende Kälte unbeachtet zu lassen.

Unser Zelt in Camp Daly wurde nach jedesmaliger Rückkehr fühlbar behaglicher, doch kaum waren wir einige Tage zu Hause, so trieb es uns immer wieder hinaus auf die Jagd. Am 5. August erhielten wir den Besuch dreier Capitäne erst eingelaufener Wallfischschiffe, die, von unserer Anwesenheit nicht unterrichtet, sich nicht wenig wunderten, in dem vermeintlichen Eskimo=Zelte die Sommerresidenz eigener Landsleute zu finden. Ihr Besuch hatte für uns den Vortheil, daß sie uns ein Boot zur Verfügung stellten, um eine größere Excursion unternehmen zu können. Der erste Zweck derselben war eine richtige Ortsbestimmung der Küste nach Osten und Norden hin, doch blieb dieselbe unausgeführt, da uns der eingetretene Aequinoctialsturm mit einem lecken Boot auf eine Felsenklippe (Bailey=Insel) trieb und uns daselbst durch volle fünf Tage festhielt. Hier erlebten wir die ersten unangenehmen Tage unseres nordischen Aufenthaltes. Im Angesichte unseres Zeltes auf Camp Daly lagen wir Drei: Lieutenant Schwatka, ich und Melms, mit ganz durch= näßten Kleidern unter einem ebenfalls von heftig fallendem Regen durchweichten Zelte auf unserem Bootsegel und hatten eben die letzten

Reste unseres Zwiebackvorrathes verzehrt, die schon einmal gekochten Kaffeebohnen noch einmal gekocht und die Krähe, die Melms am Tage zuvor zufällig geschossen hatte, war das Einzige, was unser nächster Speisezettel aufweisen konnte. Die größte Sorge aber bereitete uns unser Boot. Die Insel war nämlich so klein und so felsig, daß uns trotz unserer geringen Zahl nur ein sehr kleiner Raum blieb, um dasselbe in Sicherheit zu bringen. Dazu gab es aber auch noch Hochfluth und jedesmal bei hohem Wasserstande mußten wir hinaus, um oft schon mit den Wellen, um den Besitz unseres Bootes zu kämpfen. Am sechsten Tage endlich ließ Wind und Wetter nach und wir kamen nach Camp Daly, wo Gilder schon im Begriffe war, eine Aufsuchungspartie nach uns abzusenden.

Mit dem Eintritte der benannten Stürme und eines beinahe drei Wochen anhaltenden Regenwetters hatte der schöne nordische Sommer sein Ende, die Kälte fing an, merklich zu werden, es kam Hagel, sodann Schnee, die Teiche überzogen sich, an den Küsten setzte sich auch Eis an und der Winter war gekommen. Im einfachen Segeltuchzelte hörte es auf, gemüthlich zu sein, die Tinte war gefroren, zum Schreiben wurden die Finger zu steif und bald waren die Tage gekommen, die unseren civilisirten Kleidern sammt unserer Wohnungsstätte deren Untauglichkeit bewiesen. Man stand, da in der Außenwelt durchaus nichts zum dortigen Aufenthalte einladen wollte, nur auf, wenn die Zeit zum Frühstück kam, fror, bis das Nachtessen fertig war, und um nicht kalt zu bleiben, krochen wir schnell wieder unter die paar Häute von Moschusochsen, die wir zum Glücke den Eskimos abgekauft hatten. Es war aber auch eine eigenthümliche Behausung, dieses Zelt. Der Athem setzte sich an den beiden Seiten des Zeltes fest. Die Frostkruste wuchs bis zur Dicke eines Zolles, und wenn der Sturm anfing, über Hügel und Thal einherzusausen und das Zeltgestell und das Segeltuch schüttelte, dann gab's im Innern ein ordentliches Schneegestöber. Jetzt mußten wir, den Anfang mit der totalen Aenderung unserer Lebensweise machen, wir mußten Eskimos werden, und aufmerksam blickten wir täglich hinüber nach der Behausung unserer Nachbarn, die in der Stärke von zwei Familien bei uns geblieben waren und mit denselben Unannehmlichkeiten zu kämpfen hatten, wie wir; was diese dann thun werden, wollten wir ihnen so rasch als möglich nachmachen.

Noch immer zögerten diese, wahrscheinlich Thauwetter befürchtend, doch als am Morgen des 27. October sich eine besondere Kälte fühl-

bar machte und unſer Thermometer auf —20 F. (—23° R. oder
—29° C.) fiel, da ging's an die Arbeit.

Auf dem nahen Teiche wurden aus dem circa acht Zoll dicken
Eiſe ſieben Fuß hohe und vier Fuß breite Tafeln geſchnitten und dieſe
in Form eines Kreiſes von etwa vierzehn Fuß Durchmeſſer ſo anein=
ander geſtellt, daß die längeren Kanten aneinander kamen und die
einzelnen Sectionen ſich etwas nach einwärts neigten. In Waſſer
getauchter Schnee diente als Mörtel und leiſtete ſeinen Dienſt vor=
trefflich, während eine zwei Fuß hohe und ebenſo breite Oeffnung als
Eingangsthüre gemacht wurde. Aus ein paar Stangen wurde über
den oberen Theil eine Art flacher Dachſtuhl gebildet, darüber ein
altes Segel geſpannt und das neue Eishaus war fertig.

Um dem Ganzen aber ein praktiſcheres Ausſehen zu geben,
wurden an den Hauptbau noch kleine, unſeren Hundehütten nicht
unähnlich ſehende Anbaue als ſeparate Schlafſtätten beigefügt, das
alte Zelt als Magazin und Küche unmittelbar vor dem Eingange wieder
aufgeſtellt und durch eine Art Vorhaus mit dem Ganzen verbunden.
Gilder hatte aus ein paar Brettern eine Thüre gemacht, die, wenn
auch nicht ſehr luftdicht, den Eingang verſchloß; am 1. November
zogen wir mit Hab und Gut in die neue Behauſung und ſchon nach
Verlauf von zwei Tagen begannen wir uns heimiſch zu fühlen. Alles
wurde in Sicherheit gebracht bis auf ein Faß mit Kreide und ein
Fäßchen Arſenik, welche beide uns von einem unbekannten Gönner zu
noch unbekannterem Zwecke geſpendet worden. Das, was aber am
meiſten in's Eishaus gehörte — das Bier — kam nicht hinein, denn
die etlichen ſiebenzig Flaſchen, die wir an's Land brachten, ſind, um ſie
vor dem Gefrieren zu ſchützen, ſchon mit dem Eintritte der erſten Fröſte
geleert worden. Die Erwärmung der Wohnung geſchah durch zwei
Eskimo=Lampen, die, aus Talkſtein gehauen, Moos als Docht und
Thran als Fütterung brannten und die Temperatur gegen die Außen=
welt beträchtlich erhöhten. Auf einer ſolchen Lampe wurde auch
manchmal gekocht, ſowie alles Nöthige auf einem zu dieſem Zwecke
eigens angebrachten Geſtelle getrocknet.

Als Haupt=Kochapparat aber diente der Partie für dieſe Periode
ein Petroleumofen, der ſich für eine permanente Station prächtig
eignet, für die Mitnahme auf eine Schlittenreiſe aber der Zerbrechlich=
keit halber untauglich ſein dürfte.

Mit der Wohnungsänderung trat auch das Bedürfniß ein,
wärmere Kleider, namentlich aber ein paſſenderes Bett zu bekommen.

Die vielen Rennthiere, welche die bei uns gebliebenen Eskimos auf ihren von Camp Daly aus unternommenen Jagden erlegt hatten, lieferten die Felle, und vor Allem bestellte Lieutenant Schwatka die Zurichtung von Schlafsäcken. Die Eskimos bedienen sich als Bett der ungegerbten, blos getrockneten Rennthierfelle als Unterlage und des Kipik (einer aus den besten, gut und weich gegerbten Fellen zusammengesetzten großen Decke, unter der die ganze Familie Schutz findet) zum Zudecken, während wir uns aus gut gegerbten Fellen eine Art Sack machen ließen, der unten schmal, nach oben breiter wird und am oberen Rande ebenfalls aus Rennthierfell geschnittene Fransen besitzt, die wie auch beim Kipik die Bestimmung haben, sich an das Gesicht anzu- schließen und so das bessere Anschmiegen des Schlafsackes bewirken. Ein solcher Sack heißt bei den Eskimos snikpik (von snikpu, schlafen) und er ist dem nordischen Reisenden, wie wir sehr oft zu sehen Gelegenheit bekommen werden, ein Kleinod, auf dessen Erhaltung in gutem und trockenem Zustande er nächst seinem Gewehre stets in erster Linie bedacht sein muß.

Mit der Benützung von Schlafsäcken hängt aber auch die Ab- legung eines jeden civilisirten Kleidungsstückes, sei es aus was immer für einem Stoffe gemacht, in engstem Zusammenhange.

Mag die Temperatur noch so niedrig sein, beim Gehen in Pelzen schwitzt man immer, und trägt man Hemden von Stoff, so werden diese feucht; wenn man dann sich ruhig verhalten muß, fühlt man das Gefrieren der feuchten Unterkleider. Legt man sich aber mit solchen in den Schlafsack, so wird dieser feucht und trocknet nur schwer und langsam. Das Gegentheil tritt ein, wenn man das Hemd für eine wärmere Jahreszeit ablegt und sich ausschließlich in Pelze kleidet. Die Nachahmung der Adjustirung in Façon und Schnitt der Eskimos bietet die einzige Garantie für eine vortheilhafte Kleidung. Zu Hause trägt man die sogenannte Attiga, ein mit einer Capuze versehenes Hemd, mit den Haaren des Felles am bloßen Leibe. Die Hosen (kadlins), breit, nur bis zu den Knieen reichend, sind ebenso gemacht, und als Fußbekleidung dienen zwei Paar Strümpfe, deren Inneres die Haarseite nach innen, das andere aber mit denselben nach außen getragen wird. Ueber diese letzteren kommen ein Paar Schuhe, wenn das Wetter kalt und vollkommen trocken ist, aus Rennthierfell, im ent- gegengesetzten Falle aus Seehundsfell gemachte. Für den Aufenthalt im Freien wird noch ein zweiter Anzug mit der Haarseite nach außen angezogen. Die Befestigung sämmtlicher Kleidungsstücke geschieht durch

Geflechte aus Rennthiersehnen, die auch die Stelle unseres Zwirnes vertreten, und an den Rändern der Kleidungsstücke, dort, wo die Luft leicht zum Körper gelangen kann, sind Fransen, ebenfalls aus Renn= thierfell geschnitten, angenäht, die einestheils den Wind abwehren, anderentheils aber auch eine Ventilation der Luft ermöglichen und jedes Inschweißkommen unmöglich machen.

Aber auch noch andere Vortheile hat diese Bekleidung. Sie ist in erster Linie leicht und bequem, erlaubt vollkommen freie Hantirung und ermöglicht ein schnelles An= und Auskleiden was, wie wir später sehen werden, in Schneehäusern ein nicht zu über= sehender Vorzug ist.

In einer solchen Ausrüstung begannen wir, wenigstens was den äußerlichen Menschen anbelangt, uns auf unsere allmähliche, langsame, stufenweise Umwandlung zu Eskimos etwas einzubilden und unter= nahmen alsbald auf eigene Faust Ausflüge in unserer neuen Uniform. Je mehr der Mensch aber lernt, desto mehr erkennt er, wie wenig er weiß, und auch uns sollte auf unseren Streifzügen diese Wahrheit klar werden. Ein Jeder von uns sammelte seine Erfahrungen.

Hier ein Beispiel davon.

Lieutenant Schwatka und ich unternahmen eines Tages in Folge einer kleinen Wette, daß sich in unserer Nähe bei vorherrschendem Südwinde Rennthiere befinden, einen Jagdausflug, der nebenbei noch den Zweck haben sollte, zu untersuchen, ob ein sich gegen acht Meilen in's Land ziehender Golf die Mündung eines Flusses ist oder nicht. Trotz der tiefhängenden Wolken wurde, nachdem wir unsere Schlaf= säcke in Oelkleider gewickelt, auf den Rücken geschnallt, einige Stücke Zwieback mitgenommen und die Gewehre über die Schulter gehängt hatten, aufgebrochen. Lieutenant Schwatka hatte den heutigen Tag zum Aufbruche bestimmt, war aufgestanden, hatte sich in's Reisecostüm geworfen und da kümmerte ihn das Wetter gar nicht. Er ging und ich mit ihm. Eine halbe Stunde später fing es an zu schneien. Wir hatten nur Zeit den Golf zu erreichen, da verhüllte das Gestöber schon beide Seitenufer, und ohne daß wir mehr an Rennthiere dachten, standen wir plötzlich so sehr in deren Nähe, daß sie uns sahen und das Weite suchten, bevor wir zum Anschlage kamen. Ein Schuß krachte, aber der Lärm, den er machte, war der einzige Erfolg, den er hatte. Gegen 12 Uhr Mittags erreichten wir das Ende des Golfes, und da wir nichts sehen konnten — der Schnee fiel dichter als zuvor — hieß es entweder umkehren oder Quartier schaffen. Das Letzte schien besser.

In Gemeinschaft eines kleinen Jungen, den wir mitgenommen hatten und der sich freute, heute ein Gewehr tragen zu dürfen, machten wir uns daran, eine Schneehütte zu bauen. Langsam und höchst ungeschickt reihten wir aus dem ohnedies weichen Schnee geschnittene Tafeln an Tafel, und je höher wir mit unserem Baue kamen, desto mehr Vorsicht mußten wir aufbieten. Eine Schneehütte — ich meine hier eine, die der Eskimo baut und nicht die unsere — ist ein in spiralförmiger Aneinandersetzung aus Schneetafeln gebautes Kuppelgewölbe, das jedoch ohne jede innere Stütze aufgeführt wird. Der Eskimo fügt eine Tafel an die andere mit solcher Präcision und Sicherheit, daß es eine Freude ist, ihm nur zuzusehen, setzt dann den ganzen horizontalen Schluß ebenso kunstgerecht ein, und in den meisten Fällen läßt die Symmetrie für das freie Auge nichts zu wünschen übrig. Auch die Zeit, die er braucht, ist im Verhältniß zur Arbeit eine nur geringe; bei uns jedoch war es anders. Schon lange, bevor es zur Einsetzung des Schlußsteines kam, fingen die Tafeln an herunterzufallen, und nur nach großer Mühe blieb endlich dieser in der Decke hängen. Um 4 Uhr Nachmittags breiteten wir unsere Schlafsäcke, um sie vor dem Naßwerden auf dem Schnee zu schützen, auf einer Art Wachstuch aus und begannen die Art des Entkleidens. Die Form unserer Hütte, die weniger einem Kuppelgewölbe, mehr aber einer großen Glocke glich, flößte uns insoferne eine gewisse Achtung ein, als wir uns hüteten, an die Wände anzustoßen, und um genug Platz zum Hantiren zu gewinnen, warteten wir vor der Hütte, bis Einer nach dem Anderen sich entkleidet hatte. Die Temperatur war den ganzen Tag auf Null Grad gewesen, der Schnee war an den Kleidern und namentlich an der Fußbekleidung geschmolzen, hatte diese durchnäßt; da wir aber für eine schnelle Temperaturveränderung keine Fürsorge trugen, legten wir diese entweder unter die Schlafsäcke oder bildeten aus ihnen unsere Kopfpolster. Endlich staken wir alle Drei glücklich in den Säcken, der Lieutenant allein, ich mit dem Eskimo-Jungen in Compagnie. Eine kleine Stärkung, ein Pfeifchen, ein Plausch und der Tag war für uns beendet.

Der Morgen graute und die Köpfe aus den Schlafsäcken steckend, fühlten wir den Wind kalt in die Hütte hereinblasen und wagten kaum nach der Ursache zu forschen. Als aber die Zeit des Antrittes unserer Weiterreise kam und wir energische Anstalten machten, aufzustehen, welches jämmerliche Bild bot unsere Behausung! Der Schnee hatte sich gesetzt, in den Wänden hatten sich weit klaffende Sprung-

öffnungen gebildet, die Decke ist gesunken und der Schlußstein hing
wie ein Damoklesschwert über unseren Häuptern. Dazu hatte sich der
Wind nach Norden gedreht und den frisch gefallenen Schnee durch
die vielen Fugen hereingeweht, und wir lagen gleichsam in einer
kleinen Schneewehe. Durch die Schlafsäcke konnte man schon spüren,
wie der Schnee in ihrer nächsten Umgebung durch die körperliche
Wärme schmolz; es fing an, in den Fellen schon unangenehm zu
werden, wie unbehaglich mußte es erst werden bei dem Versuche,
herauszukriechen, im adamitischen Zustande die Kleider aus dem Schnee
herauszugraben und dann in dieselben hineinzuschlüpfen. Die Form
der Hütte mahnte zur Eile, langen Bestand konnte sie unmöglich
haben, und so begannen wir endlich, die noch gefrorenen Kleidungs=
stücke anzuziehen. Obwohl Jeder mit dem Vollzuge dieser Aufgabe
vollauf zu thun hatte, konnte sich doch Keiner des Lachens enthalten,
wenn er durch einen Blick auf seinen Nachbar der angestrengten Evo=
lutionen gewahr wurde, die dieser machte, um seine Strümpfe anzu=
bekommen. So dauerte es circa eine gute halbe Stunde, bis wir
endlich auf allen Vieren durch die kleine Oeffnung der Schneehütte
die Außenwelt wieder erreichten. Unser erster Gedanke war: Wohin
jetzt? Der Schnee lag achtzehn Zoll bis zwei Fuß hoch, das Schnee=
wehen hinderte die Fernsicht, und so blieb uns denn eigentlich nichts
Besseres übrig, als den Retourweg anzutreten. Mühsam arbeiteten
wir uns durch, und wer je im tiefen Schnee gewatet war, dem wird
es einleuchten, daß, da wir seit mehr als 24 Stunden keinen Tropfen
Wasser getrunken hatten, wir von einem gehörigen Durste geplagt waren.
Mit einem großen Messer machten wir uns abwechselnd daran, am
Ende des Golfes die circa zwei Fuß tiefe Eiskruste zu durchbrechen.
Der Junge hatte mit dem Worte imik (Wasser) die letzte Kruste des
Eises durchbrochen und dieses kam in dem Loche heraufgeperlt. Hastig
beugten wir uns und schlürften einen guten Zug, doch, o weh! unser
Golf war nicht die Mündung eines Flusses — das Wasser war Salz=
wasser. Wir hatten den einen Zweck unseres Kommens erreicht, doch
hüteten wir uns, Gilder und Melms, als wir müde nach Hause kamen,
zu sagen, auf welche Weise wir uns diese Gewißheit verschafft haben.
Diese Excursion hatte uns Manches gelehrt, und wir studirten fortan,
wenn im Zweifel, ob auch Salz= oder Flußwasser, vor Allem das
Gefüge des Eises selbst.

Jedesmal, wenn wir von ähnlichen Streifzügen zurückkehrten,
gefiel uns das Eishaus besser als zuvor, und als wir Anfangs December

deſſen Eindachung durch ein ebenſo kunſtreiches als vortheilhaftes Gewölbe aus Schnee erſetzten, erreichte ſowohl die Form unſerer Behauſung, als auch deren Werth den Gipfelpunkt ihrer Bequemlich= keit. Auch die Nebenanbaue aus Eis wurden entfernt und durch Schnee= hütten erſetzt und unſere Wohnungsſtätte gewann an Ausdehnung. Ebenſo wurde die Gemüthlichkeit im Innern durch die guten Acclimati= ſirungsfortſchritte gefördert, und der geſunde Humor, den Lieutenant Schwatka in unerſchöpflichem Maße beſaß, würzte manche Speiſe, deren Material ſowohl als Zubereitungsweiſe viel zu wünſchen übrig ließ. Die Eskimos kamen allmählich von den Jagdgründen herein und Camp Daly wuchs zu einem ſtattlichen Schneehüttendorfe. Am ſchönſten präſentirte ſich daſſelbe in einer finſteren Nacht, die runden Formen der Hütten, hie und da durch Schneewehen halb verdeckt, haben das Ausſehen von Erdaufwühlungen rieſiger Thiere und doch bringt durch die Eistafeln aus dem wohlbeleuchteten Innern eine Helle, die den erſtaunten Beobachter in ein Labyrinth kleiner Kryſtallpaläſte verſetzt. Die Schatten, die hie und da die transparenten Eistafeln verdunkeln, zeigen in ihrer emſigen Bewegung reges Leben. Es iſt auch Leben, ja, es iſt eine Welt für ſich allein, und ſo ſpärlich die Bequemlichkeiten hier auch vertreten zu ſein ſcheinen, ein ſolches Eishaus erſcheint als Palaſt, wenn die kalten Nordweſtwinde den Schnee dicht vor ſich hertreiben und die Nachtzeit den Aufenthalt im Freien vereitelt.

Die Weihnachtstage gingen nicht unbemerkt an uns vorüber und Eskimo Joe wurde aufgefordert, ſeinen Landsleuten die Wichtigkeit des Feſtes begreiflich zu machen. Es wurde ein Feſteſſen für uns und für die Eskimos arrangirt, ein Preisſcheibenſchießen veranſtaltet, und wir folgten dann einer Einladung von Seite der Eskimos in ihre Hütten und nahmen an ihren geſellſchaftlichen Spielen Theil, die ſpäter eine detaillirte Erwähnung finden werden.

Wenige Tage ſpäter verließ uns Lieutenant Schwatka mit einer Eskimo=Familie, um ſich auf einer Recognoscirungstour von der Taug= lichkeit der gewählten Route nach König Wilhelms=Land perſönlich zu überzeugen, und wir Uebrigen machten Vorbereitungen zu einem Beſuche der bei der Marmor=Inſel winternden Schiffe. Ueber unſeren erſten Aufenthalt wollten wir durch die Schiffe Briefe nach der Heimat ſenden, ſo wenig es eigentlich auch zu ſchreiben gab.

Nicht einmal das Nordlicht, das von ſo Vielen als ſo herrlich und großartig geſchildert wurde, bekamen wir in ſeiner ganzen Pracht zu ſehen. Und doch ſahen wir beinahe täglich leicht lichte Flecken, die das Aussehen von Wolken zu haben schienen, am Firmamente, hie und da zeigten sich auch ein paar Zacken, ja, einmal sogar in mehreren Reihen, nie aber kam es meines Wissens zu einer vollkommenen Entwicklung des Nordlichtes, wie sie Herr Linienschiffs-Lieutenant Karl von Weyprecht nach seinen aufmerksamen Beobachtungen bei Gelegenheit seines Aufenthaltes mit der Oesterreichisch-ungarischen Polar-Expedition an der Küste von Franz Josefs-Land so schön, farbenreich und einzig treffend schildert.

Wir beobachteten die Erscheinung in ihrer langsamen Entwicklung, sahen mit Spannung nach dem westlichen Himmel, doch unser Aufenthaltsort war dem magnetischen Pole zu nahe, als daß wir eine Aurora borealis sich in ihrer ganzen Farbenpracht hätten entfalten sehen können. Alle Formen deuten mehr auf eine Corona borealis — doch auch ihre Entwicklung ist nur eine undeutliche.

Neujahr kam und ging, und mit der steigenden Sonne wünschten wir die Zeit herbei, die unseren Ausmarsch nach dem Ziele unserer Wünsche, nach König Wilhelms-Land, zuließ. Die verschiedenen Gerüchte, die als Basis unserer Forschungen gelten sollten erwiesen sich zwar entweder als null und nichtig, die Erzählungen des Capitäns Thomas F. Barry, der in Gemeinschaft mit der Firma Morison u. Brown auf Kosten unserer Partie einen Wallfischfänger ausrüsten wollte, entpuppten sich als totale Unwahrheiten, und doch zog es Lieutenant Schwatka vor, den einmal betretenen Pfad zu verfolgen und durch einen Sommerbesuch des Schauplatzes der Franklin'schen Katastrophe entweder bezügliche Documente, falls solche deponirt waren, aufzufinden oder durch genau geleitete Forschungen die Sicherheit zu erlangen, daß nach Franklin, seinen Leuten und ihrem Schicksale zu fahnden nur mehr eine unfruchtbare Aufgabe sei. Die tüchtige Durchführung unseres Vorhabens war unser erster, unser einziger Neujahrswunsch.

Am 8. Januar traten Gilder und ich in Gesellschaft mehrerer Eskimo-Familien den Marsch nach der Marmor-Insel an. Die aus circa 60 Personen, 50 Hunden und 8 Schlitten zusammengesetzte Schlittenkarawane bot in den ersten Strahlen der Morgensonne auf der weiten Eisfläche ein farbenreiches Bild, die plump aussehenden Pelzcostüme der Frauen mit den an Achseln und Füßen sackartig erweiterten Kleidungsanhängseln standen im schroffen Gegensatze zu den munteren Spielen der Jugend, die im Gehen ihre Purzelbäume schlugen, auf und von den Schlitten sprangen und zwischen diesen

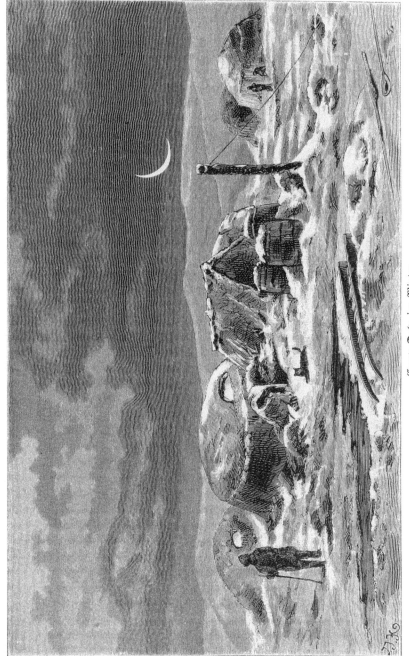

Camp Daly im Winter.

Verſteck ſpielten. In das rege Bild miſchten ſich die Zurufe der Hunde=
lenker und das Geheul der Hunde, wenn die lange Peitſche mit dem
Ende ihren Ohren zu nahe kam. So ging es durch ſieben Tage fort,
immer der Küſte entlang, Abends wurde gehalten, die Schneehütten
gebaut und Morgens wieder weiter gegangen. Eines Abends zeigte
ſich am Horizonte in matten Umriſſen endlich unſer Ziel und am
nächſten Tag durften wir hoffen, es erreicht zu haben. Es war noch
lange Nacht, als wir am 14. aufbrachen; der Sonnenaufgang fand
uns an dieſer Seite des neun Meilen breiten Canales, der die
Marmor=Inſel vom Feſtlande trennt. Die ſtarken Strömungen der
Fluth durch dieſen Canal erlauben es nicht, daß ſich das Eis früher
ſtabil in demſelben anſetzt, als bis eine in der Nähe gelegene große
Bucht überfroren iſt. Während die den Küſten zunächſt gelegenen
Meerſtriche ſchon Ende November dickes Eis tragen, dauert es hier
manchmal bis zum März, ehe ſich eine natürliche Brücke über den
Canal nach der Inſel bildet. Auch dieſesmal war die beſprochene
Waſſerſtraße nur mit ſchwimmendem Eiſe bedeckt, und während eine
Abtheilung, der ſich Gilder beigeſellt hatte, mit Schlitten und Hunden
den Uebergang begann, ließen wir Uebrigen dieſelbe zurück, und
ſelbſt die Frauen mußten auf dieſer Seite des Waſſers bleiben. Mit
einem Stocke bewaffnet, begannen wir den Uebergang und fanden
bald zertrümmerte Eisſtücke, auf denen wir hüpfend fortkommen
mußten, oder wir ſchlichen mit möglichſter Leichthaltung des Körpers
in ziemlichen Diſtanzen von einander über dünne, etwa 2 bis 2$\frac{1}{2}$ Zoll
dicke, neugebildete Eisflächen. Das Seewaſſereis iſt im Gegenſatze zu
dem des Flußwaſſers nicht ſpröde, ſondern biegſam, und unter jedem
Schritte konnte man ſpüren, wie nachgiebig ſich die Fläche ſenkte.
Hatten wir wieder eine feſte Eisplatte unter den Füßen, ſo ruhten
wir einige Augenblicke, um dann unſeren Trablauf fortzuſetzen. So
ging es ungefähr 1$\frac{1}{2}$ Stunden ungeſtört fort, ſchon begann ſich die
Inſel ſelbſt aus dem Nebel zu zeigen, ihre Formen aber verhüllte eine
dunſtige Maſſe, und dieſe war es, die unſere Befürchtungen, daß ſich
in der Nähe derſelben eisfreies Waſſer befinde, zur Wahrheit zu
machen drohte. In der That war das Eis immer dünner geworden
und die Abtheilung, der Gilder angehörte, hatte das Malheur, an
einer ſchwachen Stelle durchzubrechen. Bei einer Temperatur von
—41° Celſius gehört ein unfreiwilliges Seebad keinesfalls zu den
angenehmſten Ueberraſchungen, und falls Gilder allein geweſen wäre,
hätte ihm dies (wie ſeinerzeit Dr. Sonntag, dem Begleiter des

3*

Dr. Hayes auf dessen Polar=Expedition 1859—61, der in Folge eines Eisdurchbruches starb) leicht sehr gefährlich werden können.

Hier machte sich wieder ein Eskimo=Hilfsmittel geltend, und so schnell Gilder, der bis über die Hüften in das naßkalte Element gerathen, herauskam, fielen die Eingebornen über ihn und eine Frau, die sein Schicksal theilte, her und fingen ihn, respective seine Kleider, an, mit Schnee zu reiben. Dadurch wurde freilich ein großer Theil des triefenden Wassers aufgesogen und das Gemenge aus Schnee und Eis, das sich durch diese Operation gebildet hatte, wieder abge= klopft, aber die Situation Gilder's war eine bedenkliche, und besonders die steifgefrornen Hosen, die sich nicht einmal abziehen und durch andere ersetzen ließen, erschwerten ihm sehr das Gehen. Und doch war es nothwendig, daß er sich unausgesetzt in Bewegung erhielt, um dem Körper die Abkühlung der Kleidung nicht fühlen zu lassen.

Gegen Mittag gelangten wir an das offene Wasser, welches, wie geahnt, sich wirklich in der Distanz von etwa einer halben Meile zwischen den beweglichen Eisfeldern und dem stabilen Landeise der Insel ausdehnte. Auch dieses war mit einer sehr dünnen Eiskruste überzogen, doch bewiesen einzig und allein schon die durch dasselbe auftauchenden zahlreichen Wallrosse, daß es zum Passiren vor dem Wechsel der Fluth zur Ebbe nicht stark genug werden dürfte, um uns zu tragen. Auf den Umschwung der Wasserbewegung legten die uns begleitenden Eskimos den größten Werth, denn durch das Seewärts=Strömen der Fluth wurden die beweglichen Eisfelder von dem Hauptlande gegen die Insel gedrängt. Zur Zeit des Fluthwechsels war aber noch eine geraume Zeit und der unthätige Aufenthalt auf dem freien Eise bei einer so niedrigen Temperatur keinesfalls ein Vergnügen. So saßen, standen und kauerten wir am Rande des Eises und blickten nach den Fels= formen der Insel, die in der stark einbrechenden Dunkelheit sich weiter und weiter von uns zu entfernen schienen. Am meisten plagte uns der Durst und mit Schnee=Essen verbrachten wir die meiste Zeit, als der Eskimo=Ruf mana (jetzt) freudig an unsere Ohren klang. Wir standen bereit, um das der Insel zunächst liegende Landeis zu betreten, und konnten in der Dunkelheit nur bemerken, wie die vorher erwähnte dünne Eiskruste zwischen den sich nun treffenden Eisstücken wie ein Brei zerrieben wurde. Beim Ueberschreiten dieser gefährlichen Stelle nunmehr in stockfinsterer Nacht hieß es Acht geben — doch ein Schritt, und wir waren hinüber, erreichten einen größeren Teich und begannen vor Allem uns an den mit Messern herausgehackten Eissplittern zu laben.

Wie die Eskimos überhaupt gerne gesellig sind, so legten sie sich auch diesmal in einen Kreis mit den Köpfen zusammen flach auf den Teich und fingen an zu hacken. Auf jedes Stückchen, bevor es in den Mund genommen wurde, wurde zuerst gehaucht, um dadurch die Temperatur der Gaumen und Zunge berührenden Theile so weit zu erhöhen, daß dieselben nicht an diesen hängen bleiben. Von einem wirklichen Durststillen kann beim Genießen weder von Eis, noch Schnee, am wenigsten aber bei letzterem die Rede sein. Daß die von den meisten arktischen Reisenden angewendete Manier auch von Allen verurtheilt wurde, ist selbstverständlich, denn die Quantität des Wassers, die durch die Auflösung der Eis- und Schneeparcellen im Munde gewonnen wird, ist im Verhältniß zu der darauf verwendeten Zeitdauer sehr klein und wird daher das Verlangen nach einem guten Schluck nur vermehren. Was aber die Herbeiführung von Krankheitsfällen, wie Halsentzündungen ꝛc., anbelangt, so mag dieselbe beim Eis- und Schnee-Essen nur dann begründet sein, wenn die betreffenden Leute gewöhnt waren, ihr Trinkwasser durch Schmelzen von Schnee oder Eis zu gewinnen, bei welchem Processe das Wasser gewöhnlich weit über den Nullpunkt erwärmt getrunken wird. Bei uns, die wir unser Wasser, wenn immer nur möglich, aus den Teichen unter der Eiskruste zu bekommen trachteten, also stets nur sehr kaltes Wasser tranken, ließ das Eis- oder Schnee-Essen nie ein Symptom zurück, das zur Begründung obangeführter Annahme hätte dienen können.

Der Weitermarsch quer durch die sich von Osten nach Westen in einer Länge von 15 Meilen erstreckende Insel war eine, namentlich für Gilder mit dessen noch immer unbiegsamen Beinkleidern, anstrengende Tour. Die steile, äußerst felsige Südküste war erreicht, und diese westlich verfolgend, suchten wir lange Zeit vergeblich nach dem Hafen. Wir hatten die Eskimos, als Gilder ihnen nicht mehr nachkommen konnte, vorausgehen lassen und unternahmen nun einen Weg allein, der in Bezug auf Acclimatisirung ein recht hübsches Probestück unserer Leistungsfähigkeit abzugeben im Stande ist.

Auf einem schmalen Pfade, der auf dem schneebedeckten Hochfluteise wie ein Saum der Küste der Insel folgte, gingen wir langsam vorwärts. Zu unserer Rechten stiegen die steilen Wände auf, zu unserer Linken hatte sich mit Zurücklassung einer senkrechten Fläche das Eis mit der Ebbe etliche 20 Fuß gesenkt, und das Knirschen, welches die beiden sich reibenden Flächen da unten verursachten, ließ vermuthen, wie nothwendig es war, sich vor dem Abgrunde zu hüten. Bald standen wir vor einer

Felswand, die, etliche 70 Fuß hoch, für Gilder's Unbeweglichkeit ein bedeutendes Hinderniß bot. Weiter ging unser Pfad nicht und wir begannen die Arbeit des Erklimmens. Auch war die Zeit des Ablaufens unseres Taschen=Chronometers gekommen, und so benützten wir die halbe Höhe der Schneebank, die wir hinauf krochen, um diesen aufzuziehen. Es war eine liebliche Arbeit in dieser Kälte und Finsterniß und die Zeit, die ich brauchte, bevor ich unter Gilder's Pelzen Uhr und Schlüssel fand, ja, bis ich in der Dunkelheit das Geschäft selbst besorgte, war vollkommen genügend, meinem eisigen Begleiter die in solchem Zustande

Winterhafen der Schiffe.

erlaubte Ruhe zu gönnen. Oben angelangt, gingen wir einige Minuten, dann aber mußte ich meinen Begleiter wieder einige Augenblicke ruhen lassen, und so war es gegen 12 Uhr Nachts, als wir im dunkelsten Fleck des ohnehin schwarzen, sternenlosen Himmels, welch ersterer als Wasser= himmel bekannt, stets die Gegend, wo sich im Winter offenes Wasser befindet, anzeigt, ein rothes Licht erblickten. Es verschwand, und schon dachte ich mir, das Opfer einer optischen Täuschung gewesen zu sein, als das Licht wieder erschien, und zwar in einer Nähe, die es erlaubte, auf unsere Rufe Antwort zu hören. Die Eskimos waren auf den Schiffen angekommen und von dort aus wurden Leute nach uns ausgesendet. Eine halbe Stunde später und wir waren nach einem ebenso unangenehmen, anstrengenden, wie gefährlichen Marsche geborgen.

In einem Hafen der Marmor-Insel (sie trägt den Namen nach dem weißlichen, marmorartigen Kalkstein, aus dem ihre Formation besteht) waren vier Wallfischschiffe in Winterquartier und bei Tage bot ihr Anblick, wie sie ohne Raaen im Schnee gleichsam eingemauert neben und hintereinander lagen, ein seltsames Bild.

Man hatte uns schon des Morgens am Eis gesehen, hatte auch ein Boot über die Insel geschafft, um uns, falls sich das Eis nicht schließen sollte, zu holen, doch waren wir bekanntlich mit dem Eise vom westlichsten Punkte nach dem östlichen Ende der Insel geführt worden, und trotzdem beinahe sämmtliche Officiere und Mannschaften der Schiffe, 120 an Zahl, uns mit Laternen entgegen gingen, konnten sie uns doch erst jetzt, etwa um Mitternacht, wieder erblicken.

In gesellschaftlicher Beziehung war das Leben auf der Marmor-Insel sehr angenehm, besonders als auch die andere Partie mit Lieutenant Schwatka und Melms dahin kam; zugleich aber lernten wir in Bezug auf Acclimatisirung und den Gesundheitszustand erkennen, wie nothwendig und wohlthätig für uns die in Camp Daly verbrachten Monate waren. Der Gesundheitszustand der Leute auf den Schiffen war nämlich ein sehr kläglicher — der Scorbut hatte sich nicht nur in seinen Symptomen gezeigt, sondern war, wenn ich mich als Laie so ausdrücken darf, förmlich epidemisch aufgetreten.

Die Wallfisch-Rheder sind, wie die Mehrzahl anderer Schiffsherren, mehr auf ihren Gewinn, als auf den Gesundheitszustand ihrer Bediensteten bedacht, und Letztere sind darauf angewiesen, als einziges Mittel gegen den Scorbut rohes Fleisch zu genießen. Dieses war gerade dieses Jahr theils wegen der großen Zahl der winternden Schiffe, theils wegen der spärlich ausgefallenen Herbst- und Winterjagden der nahe wohnenden Eskimos des Kinipetu-Stammes nur in sehr geringen Mengen zu haben.

Namentlich die auf einem Schiffe als Matrosen dienenden Portugiesen (Eingeborne der Azoren- und Capverdischen Inseln) hatten viel zu leiden und zwei von ihnen lagen bereits anscheinend hoffnungslos darnieder; nächst ihrer kräftigen Constitution verdankten dieselben nur dem nachherigen bedeutenden Fang an Wallrossen und Seehunden ihre Wiedergenesung. Die Marmor-Insel hat überhaupt, was den Scorbut anbelangt, eine historische Bedeutung, die am deutlichsten auf dem kleinen

Friedhof zu sehen ist, dessen Gräberzahl vom Jahre 1871—1880 von eins auf dreiundzwanzig stieg. Daß sich aber dem Scorbut begegnen läßt, beweist die Schwatka'sche Partie, die während eines mehr denn zwei= jährigen Aufenthaltes auch nicht das leiseste Symptom dieser Krankheit an sich verspürte. Der Aufenthalt auf den Schiffen war von längerer Dauer und wurde in Bezug auf Vorbereitung insoweit gut benützt, als wir Gelegenheit bekamen, unsere Hundezahl zu completiren und von den ver= schiedenen Capitänen, Officieren und Mannschaften manchen kleinen Beitrag erhielten, der uns auf der späteren Reise als Tauschwaare die allerbesten, förderlichsten Dienste leistete.

Am 1. März 1879 traten wir den Rückweg nach Camp Daly an. Auf der ganzen Reise heulten uns unaufhörlich die Aequinoctialstürme entgegen. Doch dieser arktische Sturm, er hatte für uns seine Schrecken verloren, wir waren nicht nur in der Kleidung Eskimos geworden, sondern auch die Haut war gestählt gegen das Klima, und je näher der Tag des Aufbruches nach Norden anrückte, desto sehnlicher, desto erwünschter war er uns. Auch die Bequemlichkeit, deren wir uns manchmal noch hin= gegeben, war gewichen und in rastlosester Thätigkeit, mit dem größten Eifer wurden die letzten Vorbereitungen getroffen. Jeder von uns hatte schon lange die wenigen Sachen zusammengepackt, die er mitnehmen wollte und konnte, und draußen im Küchenzelte stand Kiste an Kiste, Faß an Faß bereit für den Tag des Abmarsches. König Wilhelms= Land war unser Wunsch und Ziel, auf dasselbe bezogen sich das gesammte Wirken und all' unser Gespräch in den letzten Tagen unserer mit Nutz und Erfolg begleiteten Acclimatisirungsperiode.

Uebersichtstabelle des Thermometerstandes (nach Celsius) vom 14. August 1878 bis 31. März 1879.

Monat		Temperatur in Graden				
		Durchschnitt für			Beobachtung	
		den ganzen Monat	die erste	die zweite	Höchste	Niedrigste
			Hälfte des Monats			
1878	August . . .	—	—	+ 8	+14	+ 3
	September .	+ 0	+ 2	— 2	+ 8	— 6
	October . .	— 7	+ 0	—14	+ 9	— 30
	November . .	—13	—13	—13	— 5	—35
	December . .	— 27	—29	—24	—13	—44
1879	Januar. . .	—34	—30	—38	—19	—45
	Februar . .	—26	—29	—23	—14	—51
	März . . .	—22	— 27	—17	— 6	—37

III.

Marſch zur Waſſerſcheide des arktiſch-nordamerika- niſchen Meergebietes. 1. April bis 4. Mai 1879.

Abmarſch. — Regelung der Marſchweiſe. — Schlitten und Hunde. — Verprovian- tirung. — Eintheilung der Partie. — Tagesprogramm. — Bau der Schneehütten. — Bohren des Waſſerloches. — Innere Einrichtung der Schneehütte. — Hunde- fütterung. — Auf dem Marſche. — Eine Hetzjagd. — Wölfe. — Bergab. — Wager Golf. — Ein fünftägiger Sturm. — Eine Jagd nach Moſchusochſen. — Eine Wüſte des Nordens. — Die Qual für's Auge. — Ausſicht auf beſſere Gegenden. — Die Waſſerſcheide und der Polarkreis.

Der 1. April war als . der Tag der Abreiſe nach König Wil- helms-Land beſtimmt geweſen und bei den bereits getroffenen Vor- bereitungen ſtand gegen die elfte Morgenſtunde Alles zum Aufbruche bereit. Die hochgeladenen Schlitten, die im Ganzen ein Geſammtgewicht von 4500—5000 Pfund als Ladung enthielten, die davor geſpannten Hunde und die in dicke Pelzkleider gekleideten Geſtalten: dies Alles bildete eine Gruppe voller Leben, wie es in dieſen Regionen ſelten zu ſehen iſt.

In leichteren Kleidern um die Reiſenden ſtanden die dem Stamme der Civilis angehörigen Eskimos, welche in unſerer Gemeinſchaft den Winter verlebt hatten und zum Abſchiede uns ein letztes tabaudet (unſer Lebewohl) zuriefen, als Lieutenant Schwatka das Zeichen gab und die Schlitten ſich endlich unter Peitſchenknall, Hundegeheul und kräftiger Mitwirkung aller Anweſenden in Bewegung ſetzten.

Ueber den erſten Hügel und durch das unebene Küſteneis ging es nur ſehr langſam, doch kaum hatten wir das letztere überwunden und die Bahn wurde glatter, als auch die Bewegung der kleinen Schlittenkarawane an Schnelligkeit zunahm und bald der etwa 300 Fuß hohe Obſervationshügel, eine Art Sternwarte für Camp Daly, hinter bereits paſſirten Landſpitzen verſchwand. Noch ein letzter Blick nach jenen Punkten, die uns durch acht Monate zum Aufenthaltsorte gedient, und wir verließen das Meereis, um das Flußbett des Connery= Flusses zu betreten, den Lieutenant Schwatka auf seiner Recognosci= rungstour Anfangs Januar 1879 als eine sehr praktische Fahrstraße für den Beginn unserer Landreise kennen gelernt. Die erste Tagereise ist, wenn man mit Eskimos marschirt, nie eine große, und namentlich trugen theils die auf so große Schlittenladungen noch uneingeübten Hunde, theils der späte Aufbruch Schuld, daß wir trotz späten Campirens nur etwa acht Meilen zurücklegten.

Die Eskimos selbst sind ein Völkchen, dessen erste und ein= zige Lebensbedingung die ist, daß sie genug zu essen haben und sehen sie eine gute, für einige Tage genügende Quantität Proviant auf den Schlitten, dann kann es für sie so leicht keinen Grund zur Eile geben. Einen Zweck, ein Ziel kennen sie nicht, und um sie nicht von allem Anfange an durch große Leistungen abzuschrecken, ließ ihnen unser Commandant die ersten Tage meistens ihren eigenen Willen.

So war denn in der ersten Zeit unser Fortkommen ein unge= regeltes, zeitvergeudendes, und 8—10 Meilen war im Durchschnitte die gewöhnliche Leistungsfähigkeit per Tag. Die Hundelenker redeten sich aus, daß die Hunde im Anfange nicht zu sehr angestrengt werden dürften. Als Lieutenant Schwatka sah, daß er nur durch eine streng durchzuführende Regelung bestimmter Marschzeit die Eskimos zum zeitlicheren Campiren in den frühen Abendstunden bringen könne, ließ er ihnen begreiflich machen, daß wir täglich sechs Stunden zu marschiren haben, daß er ihnen nach je $1\frac{1}{2}$ Stunden Marsch eine Pause von einer halben Stunde erlaube und nach Ablauf besagten Zeitmaßes unsere Tagesarbeit, sei es um welche Stunde immer, als beendet betrachte. Diese Anordnung verfehlte ihren Zweck nicht.

Werfen wir nun auf die nunmehrige Zusammensetzung und Or= ganisation der Partie einen kurzen Blick.

Die im Ganzen aus 17 Personen und 42 Hunden bestehende Expeditionstruppe war zu den drei Schlitten so eingetheilt, daß jeder Einzelne dieser Schlitten in Bezug auf Bemannung, Bespannung und Verproviantirung als vollkommen selbstständig auftreten konnte. Die Schlitten waren je nach ihrer eigenen und der Größe der dazu gehörigen Zugthiere mit 13, 12 und 17 Hunden bespannt.

Alle drei Schlitten waren aus 2 Zoll dicken, 9—12 Fuß langen und 8—10 Zoll hohen Planken als Schleifen gebaut, die durch

Dauben alter Fässer als Querstücke verbunden und aneinander so befestigt waren, daß das Ganze eine hinreichende elastische Nachgiebigkeit zum Ueberwinden von Hindernissen besaß. Die unteren Theile der Schleifen waren mit Wallfischknochen (Theilen der Kiefer) bekleidet, auf welche täglich eine Eiskruste zur Milderung der Reibung mit dem Boden aufgetragen wurde.

Sämmtliche Hunde ziehen an einem Punkte des Schlittens, und zwar so, daß der als Leithund gehende etliche 30 Fuß, die anderen 18 bis 20 Fuß vor dem Schlitten laufen. Jeder Hund ist durch eine aus Wallroßhaut geschnittene Leine (aksurnak) separat mit dem Schlitten verbunden, und bei der Kuppelung ist darauf Bedacht genommen, daß die faulsten Thiere in der nächsten Nähe der Peitsche bleiben, also die kürzeste Leine haben. Man wird einwenden, daß durch diese Einspannweise in technisch-praktischer Beziehung Zugkraft verschwendet wird, aber die Eingebornen sind seit jeher an diese Methode gewöhnt und auch die Bestialität der Hunde würde, wollte man eine etwas vortheilhaftere Weise einzuführen versuchen, einen großen Zeitverlust zur Folge haben. Der einzelne Hund selbst hatte in diesem Falle ein Zuggeschirr (ahno) aus geflochtenen Manillabändern, da die bei den Eskimos gebräuchlichen, aus Rennthier- oder Seehundsfell gemachten Geschirre oft dem Appetite der Hunde zum Opfer fallen.

Auf den Schlitten befanden sich an Proviant circa 1000 Pfund Zwieback in Fässern und Säcken, 200 Pfund gesalzenes, schon gekochtes Schweinefleisch, 200 Pfund Wilson's gekerntes Rindfleisch in Büchsen, 40 Pfund Oleomagerin, 40 Pfund Kornstärke, ein circa 30 Pfund wiegender Käse, 20 Pfund gemahlener Kaffee, 20 Pfund geröstete Gerste als Ersatzmittel für Kaffee, 5 Pfund Thee und etwa 20 Gallonen (eine Gallone beiläufig 2 Liter) Melasses, 50 Pfund Salz und einige sehr unbedeutende Quantitäten Pfeffer und condensirte Milch)

Für die Landreise wurden 40 Gallonen ausgelassener Seehundsthran mitgeführt und etwa 1000 Pfund Wallroßfleisch und Haut bildeten das mitgenommene Futter für unsere Gespanne.

Waffen, Munition, Gegenstände für den Tauschhandel 2c. bildeten nebst der Bagage und einem aus einem Holzgestelle zusammengesetzten, mit Seehundsfell überzogenen Canoe (kayek) den übrigen Theil der Ladungen.

Zu dem ersten Schlitten gehörte nebst dem Lieutenant Schwatka Gilder als Führer des Schlittens und dann die Familie des Eingebornen Tuluak (Rabe), bestehend aus einer Frau und einem

8jährigen Jungen. Ferner zur Erleichterung der Arbeit noch ein 18—20jähriger Bursche Mitkulilik. Zum zweiten Schlitten: Klutschak als Führer, Eskimo Joe nebst Frau und zwei ältere Personen, Mann und Frau, nebst deren 14jährigem Burschen Kumana.

Zum dritten Schlitten endlich: Melms als Führer, der Eskimo Iquisik (Elbogen) mit seiner Familie, bestehend aus Frau, einem 5jährigen Mädchen und dem 13jährigen Burschen Arunak. Die letzt= genannte Familie gehört, sowie Mitlulilik des ersten Schlittens, zum Stamme der Netchilliks=Eingebornen, die in der Gegend von König Wilhelms=Land wohnen.

Schon am zweiten Tage passirten wir die nicht gefrorenen Strom= schnellen des Connery=Flusses und verließen das Flußthal bald an seinem linken Ufer, um von diesem aus in nördlicher Richtung eine zweite größere Wasserader, die im Laufe mit unserer Marschrichtung besser zusammenhängt, den Lorillard=Fluß, zu erreichen.

Bevor ich aber die Reise selbst in geographischer und touristischer Beziehung schildere, erlaube ich mir den Leser mit unserer Tages= ordnung vertraut zu machen.

Um 5 Uhr Früh machte Klutschak, den die Notirung der meteorologischen Daten ohnehin zu allererst zwang, aus dem Schlaf= sacke zu kriechen, die Runde und weckte sämmtliche Schneehütten= bewohner, um ihnen Zeit zu geben, ihr Frühstück zu kochen. Dieses bestand aus Kaffee, der über Thranlampen in jeder Hütte separat gekocht wurde, aus Zwieback und dem die Butter genügend vertretenden Oleomagarin. Anfangs wurde auch Schweinefleisch verabfolgt, doch verzichtete Jeder gerne für seine Morgenkost auf das dursterzeugende Lebensmittel. Das Frühstück wurde nach Eskimo=Manier in den Betten zu sich genommen, nach dem Frühstücke aber machten sich die männ= lichen Eingebornen an das Eisen der Schlitten. Hierzu werden diese umgedreht und auf dem unteren Theile der Schleifen deren ganzer Länge nach mit einer Kruste in Wasser getauchten Schnees gleich= mäßig belegt. Ist diese erste Schicht genügend gefroren, so wird Wasser in den Mund genommen, dieses über die vereiste Schneekruste laufen gelassen und mit einem Stückchen langzottigen Bärenfelles so über= fahren, daß die Fläche möglichst glatt ist. Diese Methode wird auch dann angewendet, wenn die Schlittenschleifen keinen Wallfischbein= beschlag haben, doch wird in diesem Falle statt des ersten Schnees mit Wasser befeuchtete, feingeklopfte Erde genommen. Für Passiren gut schneebelagerter Landstrecken ist die Erde ebenso gut, der Proceß ist aber zeitraubender und auf holperigem Eise springt eine derartige Bekleidung viel leichter ab, als der Schnee.

Während der Zeit des Eisens zieht sich jeder in der Hütte Befindliche an, rollt sein Bett zusammen und bindet dasselbe, um das Einwehen des Schnees zu verhindern, mit einem Stricke oder einer Leine fest zusammen. Mit all' seinem Eigenthum verläßt Jeder die Hütte, und kaum ist das letzte Stückchen zum niedrigen Pförtchen heraus und hat sich der Junge, der bis zu diesem Zeitpunkte dieses mit einem Stocke gegen das Hereinbrechen der Hunde vertheidigt hatte, entfernt, als auch die schon lauernde Hundeschaar sich in das Innere der Hütte stürzt, um sich etwa zurückgebliebene Fleischabfälle anzueignen. Das Beladen des Schlittens geschieht durch die Männer, die sämmtliche Last, sie in ein wohlgeformtes Ganzes bringend, mit Wallroßleinen befestigen. Die Waffen, die, um sie vor Feuchtigkeit zu schützen, auch im strengsten Winter nie in die Schneehütten kommen, werden zuletzt aufgeladen, die Hunde von den Frauen und Kindern eingespannt und der Marsch beginnt. Die Marschzeit von sechs Stunden wurde mit pedantischer Genauigkeit eingehalten, alle $1\frac{1}{2}$ Stunden einmal eine halbe Stunde gerastet und erst nach der letzten halbstündigen Zwischenrast sich nach einem geeigneten Lagerplatze umgesehen.

Zum guten Campiren gehört guter Schnee und die Nähe eines Teiches oder Flusses, der durch seine Ausdehnung oder sein Gefälle die Möglichkeit verspricht, unter der Eisdecke noch Wasser zu finden. Eine bedeutendere, 3—4 Fuß tiefe Schneewehe ist der geeignetste Punkt zum Baue der Schneehütten, nur darf die besagte Schneebank nicht in Folge mehrerer Stürme entstanden sein, da die verschiedenen Schichten das Brechen der Schneetafeln zur Folge haben dürften. Sowohl in Bezug auf quantitative als qualitative Vorzüge wird der Schnee von den Eskimos mittelst eines Eisenstabes, wie sie ihn zum Seehundsfange gebrauchen, oder eines aus Rennthiergeweihen gemachten Stabes untersucht. Die Schlitten, die vorläufig Halt gemacht, werden zum nunmehr gewählten Punkte gebracht und die Arbeit beginnt.

Zum Baue der Schneehütte, soll derselbe rasch von statten gehen, gehören zwei Mann, der Eine, der die Tafeln schneidet, der Andere, der sie zur Hütte aneinander fügt. Die Hütte selbst ist ein Kuppelgewölbe, aus 3 Fuß langen, $1\frac{1}{2}$—2 Fuß breiten und 6 Zoll dicken Schneetafeln, die nicht schichtenweise, sondern so aneinander gereiht werden, daß sie eine in Spiralform fortlaufende ununterbrochene Linie bilden. Von Jugend auf in der Herstellung dieser ebenso primitiven als genialen Behausung geübt, giebt der Eskimo dem Ganzen eine recht schöne Form und setzt auch die horizontale Schlußtafel (den Schlußstein des ganzen Gewölbes) ebenso passend ein. An dem Baue der Hütten haben auch die Frauen Antheil, ihre Aufgabe dabei ist namentlich, die Wände durch Anwerfen von Schnee zu verstärken, was zur leichteren Erwärmung des Innern bedeutend beiträgt. Ist das Gebäude fertig, dann wird die zum Auflegen von Betten 2c. dienende Plattform hergerichtet, in die dem Süden zu liegende Seite

Eskimos, eine Hütte bauend.

eine zwei Fuß hohe und zwei Fuß breite Oeffnung als Eingang ein= geschnitten, und während es den Frauen überlassen bleibt, für die weitere innere Einrichtung zu sorgen, bauen die Männer vor dem Eingange eine kleine Vorhalle, die zugleich bei vorherrschenden Stür= men den Hunden als Aufenthaltsort dient, und eine zweite, ebenfalls knapp am Hauptgebäude liegende, als Waarenhaus, um die Fleisch= vorräthe 2c. zu schützen.

Der obere Theil der nachfolgenden Abbildung (1) stellt den Quer= schnitt, der untere (2) den Längenschnitt einer Schneehütte vor. V bedeutet den Vorbau, W den Windfang, dann T die Thüre, B einen zum Verschlusse dienenden Schneeblock, M das obenbesagte Magazinsgebäude, K den über der Lampe L hängenden Kessel und F den Ort, der zur Aufbewahrung der Fleischvorräthe dient. Die Eistafel i und die Oeffnung f ersetzen bei mehr denn eintägigem Aufenthalte das Fenster.

Während die Eskimos mit dem Baue und der Einrichtung der Schneehütten beschäftigt sind, besorgen die Weißen abwechslungsweise das Aushauen des Wasserloches. Den geeignetsten Platz dazu haben

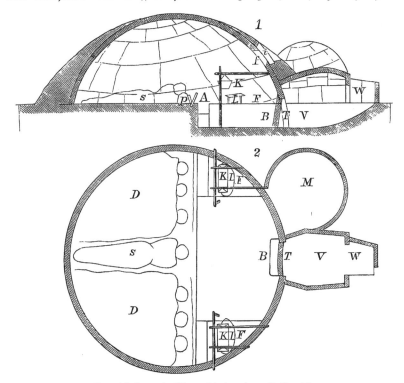

Querschnitt und Längenschnitt einer Eskimohütte.

gewöhnlich die Eingebornen zu bestimmen, da ihnen die Farbe des Eises und das Aussehen der Sprünge aus Erfahrung als Anhalts=punkt zu dieser Bestimmung dienen. Aber trotz ihrer Praxis geschieht es oft, daß man nach langem Meißeln durch 4 bis $7\frac{1}{2}$ Fuß dickes Eis auf steinigen Boden stößt. Auf eine ganz bestimmte Angabe in solchen Angelegenheiten läßt sich der Eskimo nicht ein. Sein Orakel=spruch lautet in den meisten Fällen: Sugami, omiesuk (ich glaube, doch weiß ich nicht genau), dieser enthebt ihn, falls die Bohrung ohne

48

Erfolg wäre, der Verantwortung. Zum Drillen des Wasserloches benützt man einen Stahlmeißel, mit dem man das Eis aufhackt, und einen aus dem Horn des Moschusochsen gemachten Becher (Alud, gleichbedeutend mit Löffel), der, an einer Stange befestigt, zum Ausheben der losgeschlagenen Eissplitter dient.

Sollte man aber nicht beim ersten Versuche auf Wasser stoßen, so wird an einer anderen Stelle ein zweiter, ja oft dritter Versuch gemacht, da das auf solche Weise erlangte Wasser in vieler Beziehung besser ist, den Thran, den man zum Schmelzen von Schnee verwenden mußte, erspart und auch behufs des Eisens des Schlittens am kommenden Morgen Zeit gewonnen wird. War das Bohren erfolgreich und ist die letzte Eiskruste durchgebrochen, dann kommt das Wasser bis nahe an die Oberfläche des Eisloches heraufgesprudelt,

Alud.

und auf den Ruf: imik, imik! (Wasser, Wasser!) versammelt sich die ganze Partie, Groß und Klein, um den Durst zu stillen, der sich bei Jedem schon lange fühlbar gemacht hat. Das Mitführen von Wasser auf den Schlitten ist der Kälte halber unmöglich, und einen Wasservorrath in aus Seehundsfell genähten Schläuchen am bloßen Leibe zu tragen, entschließt man sich ungerne. Der letzteren Manier bedienen sich Männer in außergewöhnlichen Fällen, Frauen nur dann, wenn sie Mütter sind und kleine Kinder haben.

Als letztes Tagewerk werden die Schlitten umgedreht, die Hunde ausgespannt und frei herumlaufen gelassen. Zum Zutragen und Aufbewahren des Bedarfes an Koch= und Trinkwasser bedient man sich blecherner Gefäße auch dann nicht, wenn dieselben wie in unserem Falle zur Verfügung standen, sondern gebraucht den Katak der Eskimos. Dieser ist ein aus Seehundsfell wasserdicht genähter Eimer, der, abgesehen, daß er als schlechter Wärmeleiter das Gefrieren des Wassers nicht so schnell zuläßt als Eisenblech, auch den Vortheil bietet, daß, wenn sich an den Wänden Eis angesetzt hat, dieses mit einem Stücke Holz ohne Beschädigung des Gefäßes leicht abgeklopft werden kann.

Auf diese Weise ist endlich Alles in Ordnung, man verschwindet, durch die kleine Pforte, auf allen Vieren kriechend, in die Hütte und schließt diese mit einem bereit gehaltenen Schneeblocke von der Außenwelt ab.

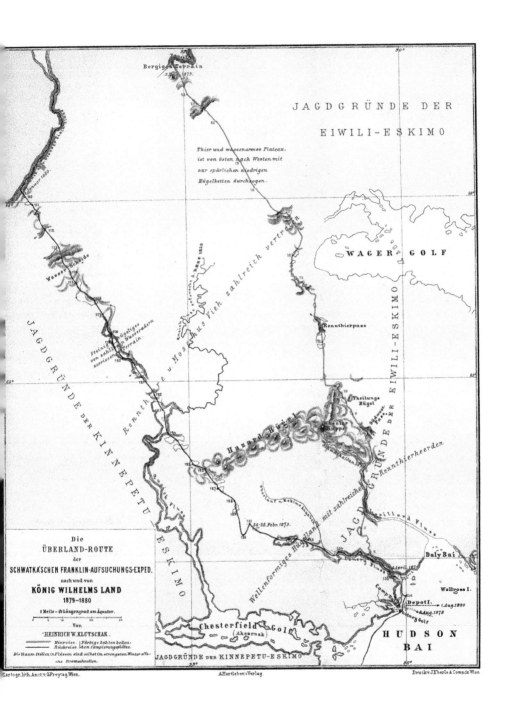

The material originally positioned here is too large for reproduction in this reissue. A PDF can be downloaded from the web address given on page iv of this book, by clicking on 'Resources Available'.

Das Innere selbst ist durch die fleißigen Hausfrauen (gewöhnlich wohnen zwei Familien in einer Hütte, da es nur das Vorrecht eines verheirateten Weibes ist, eine Lampe brennen zu dürfen) nach besten Kräften eingerichtet worden. Die als Schlafstätte dienende Plattform ist mit Rennthierfellen belegt und auf diesen liegen die Schlafsäcke der Weißen, sowie die großen Rennthierdecken der einzelnen Familien. Die in den beiden Ecken aufgestellten Lampen und Kessel (letztere gleich ersteren aus Talkstein gemeißelt) bilden das größte Gut, ja den Stolz

Eskimo = Frau am Herd.

des Eskimo=Weibes und räumen ihm auch den Platz in den Ecken der Schlafstätten ein. In der noch kalten Hütte beginnt die Frau das An= zünden ihrer Lampe, richtet das lange Feuer gleichmäßig so, daß es gar nicht raucht und doch den oberhalb schon mit Fleisch und Wasser gefüllten Kessel bestmöglich erwärmt. Ist die Mahlzeit fertig, dann theilt sie das Essen aus und schaltet und waltet, die Erste auf, die Letzte zur Ruhe, als treues und unverkennbares Bild einer guten Hausfrau und Mutter. Unsere Abbildung zeigt eine solche Frau an ihrem einfachen Herde.

In der Schneehütte selbst sich aufzuhalten, dafür giebt es nur Ein Mittel, und das liegt darin, sich zu entkleiden und unter die Pelze zu kriechen, außer die Hütte ist für einen längeren Aufenthalt separat größer gebaut. Die Arbeit des Entkleidens ist eine etwas umständliche, da man mit einem kurzen Stocke (Anauter) sämmtliche Kleider, um sie trocken zu erhalten, mit minutiöser Pedanterie von jedem Flöckchen anhaftenden Schnees, von jedem Splitterchen Eises befreien muß. Jedes Kleidungsstück hat seinen bestimmten Platz, die Außenkleider gehören zum Schutz für den Schlafsack zwischen dessen Fußtheil und die Schneewand, die Unterkleider als Polster, und um das Herunter= fallen desselben zu verhüten, wird der besprochene Anauter nach dessen Gebrauch gleichsam als Schutz für den Polster wie ein Pflock nahe der Kante schief eingesteckt. So ist es auch in einer Schneehütte möglich, sich's bequem zu machen, und man schläft nach gethaner Arbeit mit dem Bewußtsein ein, daß der erste Erbauer einer solchen Hütte und der Erfinder des Schlafsackes der nordischen Welt wohl eben so große Dienste leistete, wie sie heute die civilisirte Welt dem Erfinder der Dampfmaschine verdankt.

Die ganze Zeit des Lagerbereitens vom ersten Augenblicke des Haltens an bis zum Einschlüpfen in die Schlafsäcke dauert zweieinhalb bis drei Stunden; soll aber der nächste Tag ein Rasttag sein, dann etwas länger, weil die Hütten geräumiger gebaut werden.

Jeden zweiten Tag findet die obligate Hundefütterung statt und zu diesem Zwecke werden die Hunde auch nach dem Abladen der Schlitten noch eingespannt behalten. Die zu den betreffenden Schlitten gehörigen männlichen Eskimos laden ihren Bedarf an Futter auf den Schlitten, nehmen Messer und Axt mit und fahren in entgegengesetzten Richtungen so weit vom Campirungsplatze, daß die Hunde des einen die Hunde des andern Schlittens nicht sehen können. Ist dies geschehen, dann wird gehalten, der Schlitten umgekehrt und womöglich befestigt, damit ihn die Hunde, die gut wissen, was alle diese Vorbereitungen bedeuten, nicht fortschleifen können. Nun beginnt das Zerkleinern des Futters und damit eine schauerliche Musik, die man meilenweit hören kann. Von dem Augenblicke, wo der Eskimo sich zum Schneiden des Futters anschickt, bis zu dem Zeitpunkte, wo die Stücke auf einmal unter die unbändige Meute geworfen werden, giebt's Heulen, Raufen und unaus= gesetzte Versuche, sich vom Schlitten loszureißen; wenn der Leser die Fütterungszeit in einer Menagerie sah, so hat er doch nur einen schwachen Begriff von dem, was zwölf bis siebzehn Eskimohunde bei ähnlicher Gelegenheit aufführen können. In solchen Momenten ist der Eskimo und dessen lange Peitsche, ob er sie regelrecht gebraucht oder mit dem Stiele über die Köpfe der Hunde zuschlägt, machtlos, und erst, wenn die Fütterung beginnt, wird es auf so lange still, bis zwei oder drei der größten Hunde über den Besitz eines speciellen Stückes uneinig werden und dann statt mit vollem Magen mit zerbissenen Ohren zurück= kehren. Jedes Bedenken, daß die schwächeren Thiere bei der Fütterung den Kürzeren ziehen, ist unnütz, die starken geben ihnen durch ihre Dummheit Gelegenheit, gut für sich zu sorgen.

Nur in dem Falle, als am Tage der Fütterung Rennthiere genug geschossen wurden, um von den weniger für Menschen tauglichen Theilen sämmtliche 42 Zugthiere füttern zu können, werden diese am Platze in größere Stücke zerschnitten und den Hunden die weitere Zerkleinerung überlassen.

Dieses war im Allgemeinen das Tagesprogramm, welches wir schon von den ersten Tagen an befolgten. Bis zum 4. April Mittags bewegten wir uns auf einem Terrain, das, hügelig und steinig, theils wegen der großen Steigungen, theils wegen der vielen, nur leicht mit Schnee bedeckten Steine schlecht fahrbar war. Namentlich waren es die letzteren, die unsichtbar unsere Schlittenschleifen ihrer Eisung beraubten, denn sobald diese abhanden gekommen war, waren Hunde und Menschen nur schwer im Stande, die Schlitten bis zum nächsten Punkte zu bringen, wo ein Wasserloch gemacht und eine neue Eisung aufgetragen wurde. Ebenso hindernd wie die Steine ist auch das vom Schnee gänzlich entblößte Süßwassereis, daher die Schlittenlenker solchen Stellen und Steinen mit großer Vorsicht ausweichen. An dem genannten Tage passirten wir die letzte Anhöhe bergab und standen bald auf einem schönen Flusse, dessen breites Bett mit zahlreichen kleinen Inseln bedeckt, uns für mehrere Tage eine willkommene Fahrstraße bot. Erst am siebenten Tage nach unserem Ausmarsch erlaubten wir uns zur Schonung der Hunde einen Rasttag und bestimmten an diesem Tage nach der Meridian=Altitute der Sonne unsere geographische Breite mit 64° 29′ Nord. Am achten wendete sich der Fluß, von uns Lorillard= Fluß genannt, westlich und wir erstiegen dessen rechtes Ufer. Zu diesem Behufe waren wir gezwungen, durch sämmtliche Gespanne die Schlitten einen nach dem andern auf die Anhöhe zu schaffen, und während die Eskimos sich mit dieser zeitraubenden Arbeit befaßten, erhielten wir Weißen Gelegenheit, nach dem Grunde eines prachtvollen Naturschau= spieles zu forschen. Schon von weitem fiel uns eine glitzernde, etwa 60—80 Fuß hohe Eiswand auf, und näher kommend, glaubten wir vor einem gefrorenen Wasserfall zu stehen. Eine nähere Untersuchung

4*

zeigte jedoch, daß der vermeintliche Eiskatarakt der Ueberfluß eines kleinen Bergteiches, war, der im verflossenen Herbste durch die häufig und spät eintretenden Regengüsse überfüllt und nicht im Stande war, den ganzen Zufluß seines Wassergebietes zu fassen. Die schichtenweise Lagerung der verschiedenen Eiskrusten zeigte deutlich die successive Entstehung der reizenden Erscheinung.

Sobald wir den Lorillard=Fluß verlassen hatten, mußten wir uns gewöhnen, in nordöstlicher Richtung von den vielen sich bietenden Wegen den besten zu suchen und, um möglichst schnell vorwärts zu kommen, stets bedacht sein, auf den vielen Teichen und Seen die vortheilhafteste Fahrbahn zu wählen. Die Gegend hatte sich in den wenigen Tagen unseres Marsches sehr bedeutend geändert und das flache, wellenförmige Hügelland mit sanft ansteigenden Böschungen hatte sich in ein höheres, aus einzeln stehenden Kegeln gebildetes Terrain verwandelt. Der Schnee war auf diesen Kuppen spärlicher geworden und die sonst flachen Granitplatten waren mit einem Geröll bedeckt, welches die Fahrbahn schlechter machte. Wir standen an den östlichen Ausläufern der Hazard'schen Hügel, einer niedrigen Bergkette von etwa 800—1000 Fuß Höhe, die Lieutenant Schwatka auf seiner Recognoscirungstour weiter nach dem Westen besuchte. Dieselben scheinen sich zwischen dem 64 und 65° n. B. von Südwesten nach Nordosten zu ziehen und erreichen in der Wheeler=Spitze (1000—1200') muthmaßlich ihren höchsten Punkt. Unsere Fahrbahn führte über einige große Teiche. Mit dem Eintritte in diesen neuen Terrain=Abschnitt zeigten sich von Tag zu Tag mehr Rennthiere. Diese waren uns natürlich um so erwünschter, als wir stets gefaßt sein mußten, später Gegenden zu betreten, die, verhältnißmäßig wildarm, es räthlich machen würden, daß wir einigen Proviantvorrath auf den Schlitten mitführen.

Zeugen einer Hetzjagd waren wir am Morgen des 9. April. Durch das Unwohlsein Tuluak's wurde unser Abmarsch bis gegen zehn Uhr Vormittags verspätet; kurz vor dem Einspannen zeigte sich auf dem großen, gerade vor uns liegenden Teich eine Rennthierheerde. Mit einem Male war die Disciplin unter den Hunden gebrochen und ihre Raubthiernatur machte sich im vollsten Sinne geltend. Zweiundvierzig Hunde jagten den Rennthieren nach und mit welcher Ungeduld wir auch den endlichen Aufbruch wünschten, es blieb uns nichts übrig, als ruhig zu warten, bis nach etwa einer Stunde die ganze Meute unverrichteter Sache keuchend zurückkehrte. Zum Hetzen von Wild haben sich nur zwei Thiere unserer sämmtlichen Gespanne als tauglich bewährt

— im Allgemeinen ist der Eskimohund zu diesem Zwecke unbrauchbar, weil er selbst dem eben nicht schnellen Rennthiere nicht rasch genug nachzusetzen vermag.

An demselben Tage noch passirten wir den nach seiner Richtung genannten „Südwestlichen Paß", jedenfalls das Bett eines kleinen Flüßchens, dessen Ufer schroff aufsteigende Felswände bilden und mit dem in deren Fugen eingewehten Schnee ein recht schönes winterliches Landschaftsbild darbieten.

Am Nachmittage gab es heftigen Schneefall und starken Südost= wind, der auch den folgenden Tag anhielt, so daß wir es vorzogen,

Südwestlicher Paß.

am zehnten Tag Rasttag zu halten und Gilder Gelegenheit zu geben, mit dem, des Kranken halber, zurückgebliebenen Schlitten nachzukommen.

Zwei Tage später passirten wir die Wasserscheide zwischen der Hudsons=Bai und dem Wager=Golfe und vor uns lag ein ebenso schönes, als wildreiches Hügelland. Die Möglichkeit eigener Verprovian= tirung für den Marsch nach König Wilhelms=Land war außer Frage, und ohne besondere Jagdexcursionen unternehmen oder unsere Partie vertheilen und Seitencolonnen aussenden zu müssen, erlegten wir Renn= thiere genug. Namentlich Tuluak bewies sich als äußerst flinker Jäger und guter Schütze, und wenn sein Winchester-Carabiner krachte, konnten wir auch gleich einige Hunde nach dem Orte, woher der Knall kam, aussenden. Die erlegten Rennthiere wurden bei dem Geweihe durch Hunde zu den Schlitten geschleift, die Beute aufgeladen und die Colonne bewegte sich weiter. Mit dem Zahlreicherwerden der Rennthiere zeigten sich aber auch Wölfe, zuerst einzeln, dann in Rudeln, und wenn sie uns auch nicht bei Tage angriffen, so verfolgten sie doch unsere Spur und beunruhigten Nachts unsere Hunde. Diesmal kam uns das Geschenk einer New-Yorker Firma, die Signallichter fabrizirte, besonders gut zu statten, und als Nachts die Wölfe wieder um den Lagerplatz herumschlichen, machten wir von innen aus in unserer Schneehütte ein kleines Loch und entzündeten eines der Lichter, wie sie Schiffe zum Signalisiren für den Lootsen verwenden und welche die Farben Weiß, Roth, Weiß wechseln.

Die helle Erleuchtung der noch finsteren Nächte schien den Wölfen nicht besonders zu behagen, sie stutzten, zogen sich bei der ersten Wechselung zum röthlichen Licht mit eingezogenen Schwänzen langsam zurück, und als die Farbe Weiß nochmals erschien, liefen sie in aller Hast davon. Auf diese Art wurden wir der lästigen Gesellen los. Als Herr Coston sich seine Marine-Signallichter patentiren ließ, dachte er wohl kaum an eine derartige Verwendung!

Das sich scharf senkende Terrain zwang uns, oft einen steilen Hügel bergab zu passiren. Bei solchen Gelegenheiten wurden die Hunde ausgespannt und diese stürzten dann dem der Führung zweier Personen allein überlassenen Schlitten nach. Einmal in Bewegung, schießt der Schlitten durch die eigene Schwerkraft mit einer furchtbaren Schnelligkeit über die blanke Schneefläche und in allen möglichen Positionen kommen die Lenker in der Tiefe an, nur in der Nähe des Schlittens bleibend, um eine Collision womöglich zu vermeiden. Ist aber der Abhang besonders steil und lang, dann gebrauchen die Eskimos eine gerollte Wallroßleine als Bremse, die sie im geeigneten Augenblicke über den vorderen Theil der Schlittenschleifen werfen, um die Reibung zu vermehren.

Die auf den englischen Admiralitätskarten als Wager-Fluß bezeichnete tiefe Meeres-Einbuchtung wurde wohl geographischer Ortsbestimmung nach durchgangen, ist aber eigentlich nur eine Combination von größeren und kleineren Teichen.

Die Bezeichnung Fluß ist hier nicht recht am Platze, die Bezeichnung Wager-Golf würde richtiger sein. Die Quellen des Quoich-

Flusses sind zu weit östlich, um die Bildung eines so großen Flusses, wie es der Golf in seiner Mündung und schon 60 Meilen westlich davon ist, zuzulassen. Die Unrichtigkeit der Karte und die unpassende Bezeichnung rühren jedenfalls von einem Irrthum gelegentlich der ersten Aufnahme her.

Das Wetter ist bisher immer günstig gewesen, am 19. April aber begann ein sehr scharfer Südwestwind zu blasen, der uns die drei Stunden des Lagerschlagens sehr sauer machte. Den ganzen Tag hatte der Schnee derart in der Luft gewirbelt, daß wir nur mit Noth nach der zeitweilig sichtbar werdenden Sonne eine nordwestliche Marsch= direction einhalten konn= ten, doch Abends wuchs der Sturm zum Orkan. Bereits nach wenigen Minuten waren Hunde und Schlitten gleichsam in einer Schneebank ver= graben und die Frauen mit ihren Kindern kauer= ten, die Kleinen fest an den Leib gedrückt, hinter dem quer gegen den Wind gestellten Schlitten. Nur mit Mühe konnten die Männer Schneeblock an Schneeblock reihen; die ernstlichsten Versuche von unserer Seite, den Eski=

Eine Eskimo=Bremse.

mos beim Baue der Hütten behilflich zu sein, scheiterten, da jede Schneetafel, die wir aufzusetzen versuchten, wie ein Stückchen Papier weggeblasen wurde, ehe wir noch die folgende anschließen konnten. In einem Wetter, wie das heutige, erscheinen die drei oder vier Wartestunden bis zum Fertigwerden der Schneebehausungen beson= ders lang, doch waren wir diesmal nach Verlauf derselben für volle fünf Tage geborgen. So lange nämlich sahen wir uns ge= zwungen, buchstäblich im Innern der Hütte zu bleiben und uns die Zeit bestmöglich zu vertreiben. Es waren Beobachtungen curioser Art, die wir machten. Unter Anderem entdeckten Gilder und ich an der inneren Fläche der Schneetafeln Unebenheiten, die in der eigenthüm=

lichen, von außen her eindringenden Beleuchtung Schatten warfen, deren Gruppirung sich als schöne, formenreiche Landschafts= und Figurenzeichnungen präsentirten. Mit Abzeichnen solcher Bilder ver= brachten wir Beide auf angenehme Weise manche sonst lange Stunde der Unthätigkeit. Namentlich stürmische Tage waren es auch, die in unseren Tagebüchern eine längere Besprechung fanden, und was uns als Stoff an besonderen Ereignissen fehlte, das ersetzte die Mannig= faltigkeit der Gedanken und das oft in die verschiedenen Sphären menschlichen Wissens einschlagende Gespräch.

Am 28. führte uns unsere Marschdirection abermals in ein vom früheren verschiedenes Terrain. Langsam ansteigend, war der Boden mit einer Unzahl großer und kleiner Granitblöcke bedeckt und sehr zerrissen. Solche Gegenden mußten die richtigen Plätze für Moschus= ochsen sein, wir fahndeten unablässig nach deren Spuren, konnten aber keine sehen, bis Iquisik des Abends von einer Höhe aus mit Hilfe unseres Fernrohres einer kleinen Heerde dieser Thiere selbst ansichtig wurde. Eine Moschusochsenjagd mitmachen zu können, war seit Langem einer unserer Lieblingswünsche, und da es für heute schon spät war, die Moschusochsen aber, wenn nicht aufgescheucht, während der Nacht nicht weit gehen, beschlossen wir, deren Verfolgung auf den kommenden Morgen zu verschieben.

Ein dichter Nebel bedeckte am 29. Früh die ganze Gegend, und erst, als sich derselbe gegen die neunte Morgenstunde hob, setzten sich sämmtliche männliche Individuen der Partie auf den bereit gehaltenen, mit etlichen 35 Hunden bespannten Schlitten und fuhren der Gegend zu, die nach der gestrigen Beobachtung der Anfangspunkt unserer Jagd sein mußte. Schweigend bewegte sich die Partie über die glatte Schneebahn, der Treiber gebrauchte seine Peitsche gar nicht, und auch die Hunde schienen zu wissen, daß Lärm die Thiere verscheuchen würde, denn mit seltener Ruhe folgten sie dem leisen aho, leho (rechts, links) ihres Lenkers. Gegen die elfte Stunde hatten wir die ersten Spuren erreicht, es wurde gehalten, die Hunde wurden ausgespannt, ein Jeder von uns band sich mittelst Zugleinen zwei Hunde an die Hüften und führte diese auf die im Schnee deutlich sichtbaren Spuren. Mit tief an den Boden gesenktem Kopfe begannen die Hunde, der Spur nach, die Verfolgung derselben, für die Menschen war es deren einzige Aufgabe, sich auf den Füßen zu erhalten. Wie schwer dies ging, hatte ein Jeder Gelegenheit, zu erfahren. Die Unebenheit des Terrains einestheils, die weiße, die Augen blendende Schneefläche anderentheils hatten zur Folge, daß man bald stehend, bald sitzend, bald liegend und auch rollend die Abhänge herunter gelangte und athemlos die Hügel erreichte. Es ging, wie gesagt, durch Dick und Dünn, immer nur der Spur nach, auf der die Hunde den an ihnen befestigten Gebieter schonungslos mit einer Kraft fortzogen, die eines jeden Widerstandes spottete. Dabei war weder ein Laut zu hören, noch zeigten sich Moschusochsen. Die Verfolgung dieser Thiere mag einem passionirten Jagdliebhaber die erstenmale einen besonderen Genuß gewähren, doch muß ich aufrichtig gestehen, die Distanz von drei Meilen mit zwei vorgespannten Hunden dem Laufe der daran gewöhnten Eskimos zu folgen, ist für einen Laien, wenn er auch noch so flink ist, des Guten zu viel. Beim Erreichen einer neuen Höhe bemerkten wir schwarze, dunkle Punkte, die auch sehr bald unser ansichtig wurden und die Flucht ergriffen. Der Moment zum Loslassen der Hunde war gekommen, nur zu gerne entbanden wir die Köter ihrer weiteren Hilfeleistung und diese stürzten nun en masse den Moschusochsen nach. Diese sind sehr gute Bergsteiger, auf sehr steilem Terrain kann ihnen weder Mensch, noch Hund folgen, doch auf ebenem Boden waren sie bald eingeholt, umringt und stellten sich — vier an Zahl — mit den Köpfen nach außen, zur Vertheidigung zusammen. Hatten früher die Hunde gewetteifert, die ersten am Platze zu sein, so waren es jetzt die Jäger, deren Jeder einen Moschusochsen schießen wollte, und auf die Distanz von 25 Schritt angekommen, wurden mehr Kugeln abgefeuert, als nothwendig waren. Einmal von den Hunden umringt, ist die Heerde vollständig die Beute der Jäger. Die Thiere lagen auf dem Boden — die Jagd hatte ein Ende, und während die Hunde noch hie und da bald an den Füßen oder den gefürchteten Hörnern herumzerrten, gönnten wir uns eine kleine Rast. Parseniak, einer unserer besten Jagdhunde, war dem Horn eines der Thiere zu nahe gekommen und hatte eine unfreiwillige Luftreise unternommen; doch kaum auf die Erde gefallen, setzte der sonst unbeschädigte Hund seine Angriffe mit erneuerter Kraft fort. Jetzt legte er sich befriedigt in die Nähe des Thieres und biß es hin und wieder in die Nase.

Der Moschusochs ist in seiner Gestalt dem amerikanischen Büffel sehr ähnlich, aber kleiner, sehr langhaarig und mit scharf gebogenen, eng an den Seiten des Kopfes anliegenden Hörnern. Die Hörner übergreifen, mit ihren Wurzeltheilen eng aneinander schließend, den ganzen oberen Theil des Schädels. Der Moschusochs lebt in kleineren, bis zu dreißig Stück zählenden Heerden beisammen, nährt sich von den in den arktischen Regionen vorkommenden Moosen und ist, was seine Wachsamkeit anbelangt, eines der aufmerksamsten Thiere. Für den nordischen Reisenden ist sein Vorkommen in den höchsten Breiten (bis zum 80. Grad an der westgrönländischen Küste) wichtig, da sein Fleisch zäh, daher für die Hunde ein weit ausgiebigerer Nahrungsstoff ist als Rennthier= oder Seehundsfleisch. Für den Menschen bietet das Fleisch des Moschusochsen (seines starken Moschus=

Moschusochsen = Jagd.

geruches halber) nur in der Noth eine gesuchte Nahrung, dagegen ist der Talg im Winter für den Eskimo ein gesuchter Leckerbissen.

Die erlegten vier Moschusochsen wurden abgezogen, zerlegt und die Eingeweide 2c. sogleich an Ort und Stelle an die Hunde verfüttert. Das Fleisch wurde theils auf den Schlitten geladen, theils in die Felle gebunden und auf diese Weise durch eine Partie der Hunde nach Hause geschleift.

So fand also ein jeder Theil seine Benützung, und nur eine kleine Blutlache bezeichnete nach unserem Abgehen den Ort, wo früher

eine Heerde dieser langzottigen Thiere sich befunden. Nach den Mittheilungen der Eskimos soll aber auch dieser kleine Rücklaß genügen,
zwei Jahre lang jede andere Heerde von diesem Orte fernzuhalten.
Für die Richtigkeit dieser Behauptung der Eskimos übernimmt der
Schreiber natürlich keine Verantwortung, so wachsam die Moschusochsen auch immer sein mögen.

Vom 30. April bis 4. Mai kreuzten wir ein großes Hoch-
plateau, das bei seinem auffallenden Wassermangel und seinem totalen
Mangel an Thieren eine kleine Wüste des Nordens genannt zu werden
verdient. Aber noch in anderer Beziehung sollte uns der Marsch
darüber unangenehm werden. Die Temperatur, die sich im Laufe des
Monats April bedeutend erhöhte, machte das Tragen der Pelzkleider
lästig, und doch durften wir es der kalten Morgen wegen nicht wagen,
eine andere Kleidung anzuziehen. Die dem scharfen Frühjahrswetter
ausgesetzten Gesichtstheile waren durch kleine Erfröstungen zum Ab-
schälen der Haut gebracht, und wenn in den Mittagsstunden die sich
nunmehr geltend machende Sonne darauf schien, so verliehen diese
beiden, einander vollkommen extremen Processe, namentlich der
Nase ein Aussehen, daß sie, ihrer mehrfachen Häute halber, mit
einer Zwiebel, wegen ihrer vielen Warzen und Flecken aber mit einem
Reibeisen zu vergleichen war.

Heller Sonnenschein war noch eine Wohlthat für das Auge
im Vergleiche zu einem leicht umwölkten oder schwach nebligen Wetter.
Im Sonnenschein warfen die einzelnen Schneewehen leichte Schatten,
und diese waren es, die dem Auge durch die Abwechslung, die sie in
das monotone Weiß brachten, schon Linderung schafften; konnten aber
die Sonnenstrahlen nicht in ihrer ganzen Kraft zu uns bringen, dann
war die ganze Fläche von Horizont zu Horizont eine gleichförmige,
glimmernde Schneefläche, ohne Stein, ohne Farbenänderung, ein
Weiß, so fad und ebenso schmerzlich für das Auge wie unangenehm
für den Reisenden.

Selbst die grünen und blauen Blendgläser, die wir für uns
selbst, sowie für die uns begleitenden Eskimos mitgenommen hatten,
trugen nur wenig zur Linderung der Qualen bei, die sich bei den
Eskimos in brennendem Schmerz und dem als Schneeblindheit bekannten Uebel, bei uns Weißen aber in einem schwer beschreiblichen
Gefühle kennbar machte. Wir sahen in die Ferne, hatten keinen
Schmerz und doch konnten wir die einzelnen Wehen des Schnees in
unserer nächsten Nähe nicht unterscheiden.

Am 4. Mai endlich zeigte sich in der Ferne eine dunkle Hügel=
kette, und als wir sie erreichten und bestiegen, lag vor uns ein
Panorama, dessen Anblick allein uns für die Mühen der letzten Tage
entschädigte. Weithin sichtbare Hügelketten, die vielen vor uns
ausgebreiteten Teiche und die von einem dunklen Moose bewachsenen
Hügelkuppen mit ihren schneeentblößten Granitblöcken waren dem
Auge allein schon ein Labsal. Wir standen am höchsten Punkte der
ganzen Landschaft, vor uns ging es bergab — wir hatten mit dem
heutigen Tage nicht nur die Wasserscheide zwischen der Hudsons=
Bai und dem nördlichen Eismeere am amerikanischen Continente
erreicht, sondern auch den nördlichen Polarkreis (66° 33') selbst
überschritten.

IV

Auf dem Gebiete des Backs=Flusses nach König Wilhelms=Land vom 5. Mai bis 12. Juni 1879.

Die neue Tagesordnung. — Eine Rennthierjagd. — Bergiges Terrain. — Hayes= Fluß. — Thierreichthum. — Zeichen von Menschen. — Die Ukusikfillik=Eskimos. — Ein trauriges Dasein. — Die ersten Reliquien. — Gastfreundschaft. — Traditionelle Mittheilung des Ikinilik petulak. — Am Backs=Fluß. — Die Montreal=Inseln. — Ogle= Halbinsel. — Ein Eskimo=Parlamentär. — Netchillik=Eskimos. — Deren Aussagen über die Franklin'sche Katastrophe. — Reliquien. — Die Versammlungen mit den Netchilliks. — Verständigung. — Karten. — Das Zählen. — Das erste Stein= denkmal. — Auf König Wilhelms=Land angelangt.

Im Vergleich zu den Gegenden, die wir in den letzten April= und ersten Maitagen durchwandert, befanden wir uns nun in einem wahren Paradies, welches allen Anforderungen, die wir an die Landschaft zu stellen hatten, vollkommen entsprach. Teiche und Seen gab's in Hülle und Fülle, Rennthiere in großer Zahl, und unsere abnehmenden Oelvorräthe für etwaigen späteren Bedarf aufsparend, benützten wir das auf den schneelosen Hügelkuppen in großer Menge wachsende, trockene Haarmoos* (Tinoujak) als Brennmaterial.

Der Schnee, der um die Mittagsstunden durch die höheren Temperaturgrade immer weicher wurde, machte das Marschiren beschwer= lich, die Beeisung der Schlitten wollte auch nicht mehr recht halten und so verließen wir unsere Lagerstätte schon sehr zeitlich, um noch vor Eintritt der Mittagshitze, wie wir die Temperatur von zwei bis drei Grad Celsius über dem Nullpunkt nannten, campiren zu können. Der

---

* Das Haarmoos ist eine sehr dichte, dunkelgrüne, beinahe schwarze Moos= gattung, erstreckt sich in einer torfähnlichen Structur von bis sechs Zoll Dicke oft über weite Flächen und bildet das Hauptnahrungsmittel des Rennthieres und des Moschusochsen.

Unterschied zwischen Tag und Nacht hatte aufgehört, als von einer Dunkel=
heit kaum mehr die Rede sein konnte, und unser zeitgemäßes Anlangen
auf König Wilhelms=Land hing einzig und allein von dem rechtzeitigen
Erreichen der jedenfalls guten Fahrbahn des Backs= oder Großen Fisch=
Flusses ab. Rennthiere kamen uns beinahe täglich in den Weg, wir
trafen sie nicht mehr einzeln, wie früher, sondern in großen Heerden,
und selten ließen wir solche passiren, ohne einige Stücke zu erbeuten.

Während eines scharfen, den Schnee ziemlich dicht einhertreibenden
Südwindes bemerkten wir, durch die Unruhe unserer Gespanne aufmerksam
gemacht, etwa eine Meile vor uns eine auf einem Hügel gelagerte
Rennthierheerde. Sogleich brachten wir die Schlitten zum Stehen,
sämmtliche jagdfähigen Personen nahmen ihre Gewehre und suchten die
Heerde zu umzingeln, die Weiber bei den Schlitten zurücklassend, um
die Hunde in Ordnung zu halten. Eine Viertelstunde verging, und
man sah Niemanden, auch die Heerde schien nichts zu wittern, und der
Bock, der sich soeben erhoben und im Kreise Umschau hielt, legte sich
ruhig wieder nieder. Diesen Zeitpunkt benützten unsere Jäger, um
bald schleichend, bald kriechend, der Heerde auf Schußweite beizu=
kommen. Unter Schußweite verstehen die Eskimos nämlich 70 bis
höchstens 100 Schritte, auf größere Distanzen wird nur in der äußersten
Noth geschossen.

Noch immer herrscht Ruhe und mit gespannter Aufmerksamkeit
konnte man von den Schlitten aus die Scene am besten, die Jäger
und Rennthiere am vortheilhaftesten sehen. Jetzt kracht ein Schuß
— im Nu ist die Heerde auf den Beinen — doch zu spät — sie ist
umringt und für kurze Zeit wird ein Einzelfeuer unterhalten, das
zehn von vierzehn Thieren niederstreckt.

Ein geeigneter Punkt zum Campiren ist bald gefunden und während
sich die Männer an den Bau ihrer Schneehütten machen, schleifen die
Hunde unter Führung der Jungen die Rennthiere herbei. Den schönsten
Spaß bei einer derartigen Etappenstation hat man nach der Jagd
selbst. Bei der Schnelligkeit des Feuerns und einer größeren Zahl
von Jägern weiß natürlich keiner gewiß, welches Rennthier und ob er
überhaupt eines tödtlich getroffen hat, doch bestehen die Eingebornen
darauf, nur jene Thiere abzuziehen und auszuweiden, die sie selbst erlegt
haben, und die Debatte darüber, die in der friedlichsten Weise aber oft
stundenlang geführt wurde, war manchmal sehr interessant anzuhören.

Die Felle der Rennthiere sind vom December bis Ende Juni
zu Pelzkleidern unbrauchbar, da sie vermöge des Haarwechsels die Haare

schnell lassen und weil sich zu dieser Jahreszeit eine Unzahl Schmarotzer=
thiere durch die Haut gefressen hat, die auch das Leder, falls es als
solches verwendbar wäre, zu jeder Benützung unfähig machen.

Schon von der Wasserscheide aus war am Horizonte eine leichte,
blauschwarze Linie zu sehen, doch der Gedanke, daß wir einen Gebirgszug
vor uns haben, war für uns als Schlittenreisende kein besonders tröst=
licher. Heute, am 9. Mai 1879, gelangten wir in unmittelbare Nähe
jener Linie in ziemlich mächtig aussehendes Bergland. Nicht die Höhen
und Kuppen waren es, die uns so sehr ob unseres weiteren Fort=
kommens ängstigten, wohl aber die ungeheuer zerrissene Gestaltung des
Landes und der für die Schlitten zu spärliche Schnee, den wir dort
finden konnten. Je näher wir kamen, desto höher schienen uns die
Berge, und nur ungern spannten wir endlich unsere Hunde aus, um
nach altgewohnter Manier die Schlitten den Abhang herunterzulassen.
Mutter Natur erwies sich uns jedoch in diesem Falle ganz besonders
günstig, denn am Fuße des Berges angelangt, kamen wir auf einen
kaum zwölf Fuß breiten Bach, der einem größeren Teich zufloß und
aus diesem auch seinen Abfluß fand. (Siehe Illustration Seite 69.)

Die Meridianhöhe der Sonne ergab für unseren Aufenthaltsort
um 12 Uhr Mittags eine nördliche Breite von 66° 47', und allem
Anscheine nach befanden wir uns an den Quellen eines Flusses, den
wir gleich von da ab zu Ehren des damaligen Präsidenten der Ver=
einigten Staaten Hayes=Fluß nannten.

Zwischen hohen, steilen Berglehnen folgten wir gerne dem engen
Flußbette, welches uns von Teich zu Teich bald in nordwestlicher, bald
in nordöstlicher Richtung führte.

Welche Anstrengungen hätte es uns gekostet, wenn wir uns durch
das umliegende Terrain ohne eine so schöne Fahrbahn, wie sie uns
der glatte Eisspiegel des Flüßchens bot, hätten durcharbeiten müssen,
und wie leicht glitten wir nicht über die glatte Fläche dahin und wie
rasch ging es bei dem starken Gefälle thalab. Als wir am Abend
desselben Tages unseren Lagerplatz bezogen, hatten die uns umgebenden
wildromantischen Uferscenerien die früher gehegten Besorgnisse verscheucht,
und nur der Eindruck des Großartigen und Schönen bildete das
Thema der letzten Tagesunterhaltung.

Von einem 600—700 Fuß hohen Hügel (Stewarts=Monument
genannt), der, mit einem großen, schwarzen Granitblock gekrönt, eine
schöne Fernsicht bot, konnte man das Flußbett meilenweit nach Norden
verfolgen. Der Fluß selbst konnte entweder ein Nebenfluß des Großen

Fischflusses sein oder dem Gebiete des Kastor= und Pollux=Flusses (im Jahre 1839 durch Dease und Simpson entdeckt, 1854 von Dr. Rae aber auch nur an der Mündung gesehen) angehören, in beiden Fällen aber war unsere Entdeckung eine Bereicherung der geographischen Kenntnisse.

Für die Nichteinhaltung unserer Marschroute wurden wir bei den Umwegen genügend entschädigt. Bald zwängte sich der Fluß zwischen schmalen, hart an die Eiskruste herantretenden Felswänden durch, bald aber traten diese weiter zurück, um mit niedrigen Hügeln die Ufer schöner Teiche einzusäumen, und so bildete reiche Abwechslung immer wieder neue, prächtige Landschaftsscenerien, die unter dem nordischen Himmel ihre besonderen Eigenthümlichkeiten haben. Und die Formen der einzelnen Berggestalten, sie boten eine Mannigfaltigkeit, die uns bald an den Rhein, bald an den Hudson mahnten, und wir notirten uns in unsere Tagebücher manchen Namen, z. B. Hyppodrom, nach der Aeußerlichkeit, welche uns diese Formen und Gruppen boten. Am Oberlauf bergig und felsig, änderte sich mit der zunehmenden Breite und dem Schwächerwerden des Gefälles auch die Uferlandschaft. Die Ufer wurden niedriger und verloren den Charakter eines der Thalebene ganz entbehrenden Landstriches.

Rennthiere, die wir in den ersten Tagen unserer Anwesenheit auf dem Flusse vermißten, wurden wieder sichtbar, und zwar stets nur in stattlichen Heerden. Nur mit schwerer Mühe und durch Zurückweisung aller Einwendungen war es dem Lientenant Schwatka eines Tages möglich, die Partie an einer Heerde von etlichen fünfzig Rennthieren vorbeizuführen, ohne jagen zu lassen. Unsere Schlitten waren hinreichend mit Fleisch versehen und jede Ueberladung in dieser Jahreszeit wäre ein Hinderniß des schnellen Fortkommens gewesen. Den Eskimos dagegen war und blieb es ein Räthsel, wie man eine so schöne Nahrungs= quelle unbenützt vorbeilaufen lassen kann. Eine Abtheilung Eingeborner, die nicht unter dem energischen Commando eines Weißen gestanden wäre, hätte sich hier einfach niedergelassen und wäre geblieben, so lange es Nahrung für sie gab.

Während des weiteren Vordringens zeigten sich an verschiedenen Stellen theils aufeinander, theils im Kreise gelegte Steine, die auf die Anwesenheit von Menschen in diesen Gegenden, sei es nun in der Gegenwart oder blos in der Vergangenheit, schließen ließen. Am 14. wurden wir plötzlich einer frisch geschnittenen Schneetafel gewahr, die kaum zwei Tage alt sein konnte, und bei näherer Umschau zeigte

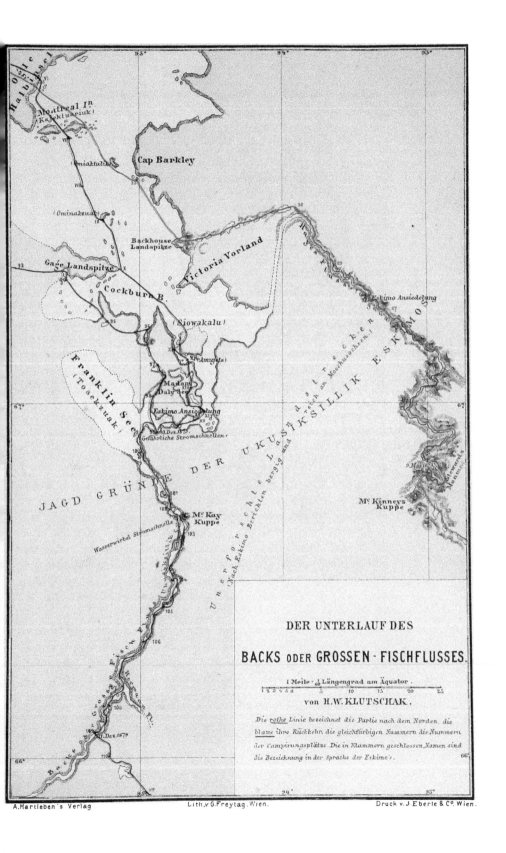

Der Unterlauf des

BACKS ODER GROSSEN - FISCHFLUSSES.

1 Meile = 1/60 Längengrad am Äquator.

von H.W. KLUTSCHAK.

Die *rothe* Linie bezeichnet die Partie nach dem Norden, die
blaue ihre Rückkehr, die gleichfärbigen Nummern die Nummern
der Campirungsplätze. Die in Klammern geschlossen. Namen sind
die Bezeichnung in der Sprache der Eskimo's.

Halbinsel O'Reilly

Montreal In.
(Kajoktuariuk)

Cap Barkley

(Omiaktulik)

(Ominakzuak)

Backhouse
Landspitze

Victoria Vorland

Gage Landspitze

Cockburn B.

(Siowakalu)

Franklin See
(Tosekzuak)

Madam
Daly See

XI (Amagats)

Eskimo Ansiedelung

10.Dec.1879

Gefährliche Stromschnellen.

JAGD GRÜNDE DER UKUSIKSILLIK ESKIMOS

Unerforschte Landstrecken
(Nach Eskimo Berichten bergig und reich an Moschusochsen.)

Ha Jok Fluss

Eskimo Ansiedelung

9.Mai 1879

Stewarts
Monument

McKinneys
Kuppe

McKay
Kuppe

Wasserwirbel Stromschnelle

Backs oder Grosse Fisch Fluss

Hayes Fl.

11.Dez.1879

A.Hartleben's Verlag

Lith.v.G.Freytag. Wien.

Druck v.J.Eberle & Co. Wien.

Begegnung mit Ukusiksilik-Eskimos.

sich auch eine erst vor Kurzem verlassene Schneehütte, die, ihrem Baue nach, Jägern für eine Nacht als Ruheort gedient hatte. Im Schnee selbst sahen wir die Fußspuren von zwei Personen und mehreren Hunden, die, ein Fell als Schlitten benützend, etwas, wahrscheinlich Fleischvor= räthe, den Fluß abwärts geschleift hatten. Das Flußbett, die wechseln= den Scenerien, die vielen Rennthiere, das Alles wurde jetzt Nebensache — unser neu entdeckter Fluß war wenigstens zeitweilig von Menschen besucht — ihnen galt vorläufig das ganze Gespräch der Tages= und Abendstunden.

Besonders die Eskimos waren in einer Aufregung, die ebenso viel Neugierde als Furcht verrieth, und unser Dolmetscher, der schon lange von den Ceremonien bei Begegnung fremder Eskimostämme phantasirte, machte sich die größten Sorgen. Das Wetter hatte seit einigen Tagen, seit der Ueberschreitung der Wasserscheide, sich eine kleine Aenderung erlaubt, die Südwinde hatten aufgehört und ein scharfer, mit kurzem Schneegestöber begleiteter Nordwestwind, dem wir nunmehr gerade entgegengehen mußten, machte sich auch am 15. geltend und versperrte jede weitere Fernsicht. Alles ging in der alten Marschweise fort, als die Hunde des ersten Schlittens plötzlich Unruhe zeigten, und, was nur sehr selten geschah, unaufgefordert anfingen, mit dem Schlitten zu laufen. Schon nach einigen Minuten zeigte sich eine kleine Gruppe Schneehütten, vor denen sich menschliche Gestalten bewegten. Die Leute verschwanden und wir ließen in der Distanz von einer halben Meile die Schlitten stehen, um — da es Eskimo Joe schon durchaus nicht anders haben wollte — bei unserer ersten Begegnung mit einem uns unbekannten Menschenstamm die herkömmliche Förmlichkeit ein= zuhalten. Es nahm sich beinahe lächerlich aus, als wir mit unseren Gewehren der Ansiedlung zuschritten. Außer einigen Hunden, die uns entgegengelaufen kamen, war nichts zu sehen, und erst nach mehrmaliger Aufforderung waren die armen Leute aus ihren Hütten zu bringen. In den größten Aengsten stellten sie sich, mit Speer, Bogen und Pfeil bewaffnet, in einer Reihe uns gegenüber, und frugen nach dem Zweck unseres Kommens und nach unserem Ziele. Wir gaben ihnen gerne den geforderten Bescheid. Die Versicherung, daß unsere Gesinnungen ihnen gegenüber ganz freundschaftliche sind, begann ihr Mißtrauen zu verscheuchen, und schon nach kurzer Zeit luden sie uns ein, unsere Hütten neben die ihrigen zu bauen und einige Tage in ihrer Gesellschaft zu ver= weilen. Der Antrag wurde auch angenommen, die Schlitten herbeigebracht, und unter kräftiger Mithilfe von Seite der neuen Freunde wuchsen

5*

unsere Behausungen mit großer Schnelligkeit wie aus dem Boden hervor. Die gegenseitige erste Begegnung von verschiedenen Eskimostämmen hat stets das Gepräge des Mißtrauens und der Vorsicht, und die Waffe, so ärmlich sie auch ist, bleibt so lange in der Hand, bis sich die begeg= nenden Parteien verständigt haben.

Unser erstes Augenmerk galt den Leuten selbst, und es zeigte sich, daß diese Ukusiksillik=Eskimos die Ueberreste eines einst großen Stammes sind, der noch vor nicht zu langer Zeit an der westlichen Küste der Adelaide=Halbinsel seine eigentliche Heimat hatte. Durch lang geführte Bekämpfung von Seite der jetzt dort ansässigen Ugzulik= und Netchillik = Stämme wurde die Zahl der Ukusiksilliks sehr ge= schwächt und sie sahen sich gezwungen, ihre alten Jagdgründe zu verlassen, um in diesem stillen Winkel ihr Leben zu fristen. Der ganze Stamm besteht nur noch aus sechzehn Familien, deren sieben hier, die anderen neun aber bei den „gefährlichen Stromschnellen" des Backs= Flusses leben.

Die Armuth der Leute, ihre schlechten Jagdgeräthschaften 2c., theilweise aber der Mangel jeglicher Energie sind die Ursachen, wes= halb sie hier in einer Gegend, welche so reich an Rennthieren und Moschusochsen ist, ein elendes Leben führen. Ist, wie gerade dieses Jahr, der Fischfang, ihre bedeutendste Nahrungsquelle, schlecht aus= gefallen, so kämpfen sie den ganzen Winter ununterbrochen mit dem Hunger in seiner furchtbarsten Form und ihre Zahl wird durch den Hungertod gelichtet. Ihr Aussehen, die hohlen Wangen, die ein= gefallenen Augen sprechen deutlich von der Noth und dem Elend, die ihre stetigen Genossen sind, doch will man die Einfachheit in ihrer absolutesten Form, ein Leben der primitivsten Art sehen, so braucht man nur in ihre Hütten einzutreten. Die Kleider, die Schlafstellen sind nicht aus Rennthierfellen genäht, sondern durchwegs aus Pelzwerk des Moschusochsen gemacht, welches an und für sich, wäre es auch in genügenden Quantitäten vorhanden, zum Schutze gegen Kälte viel zu wünschen übrig läßt. Von Seehundsthran ist keine Spur und den langen, kalten Winter verleben diese Leute gänzlich ohne künstliche Erwärmung, ja die langen Nächte ohne jede Beleuchtung. Doch genug von dem Innern, so scharf auch die Luft im Freien ist, man sehnt sich gerne dahin zurück, und wir ziehen es vor, uns außerhalb der Hütten die Jagdrequisiten und sonstigen Geräthschaften der Leute anzusehen.

In ihnen begegnen wir den ersten Ueberresten von Gegenständen, die einst entweder Theile der beiden Schiffe „Erebus" und „Terror" waren oder sonstig der Franklin'schen Expedition angehörten. Die Pfeilspitzen, die Speere, die Schneeschaufeln, kurz Alles, was Holz, Kupfer oder Eisen ist, stammt vom Schauplatze der Franklin'schen Katastrophe und ist entweder durch zweite Hand, das ist durch andere

An den Quellen des Hayes-Flusses.

Stämme, in die Hände dieser Leute gelangt oder von ihnen selbst gefunden worden.

Nachdem die Schneehütten gebaut waren, forderten uns die Ukusiksillik-Eskimos auf, in ihre Hütten zu kommen und mit ihnen an einem Mahle theilzunehmen. Es ist gewiß ein schöner Zug der Gast=freundschaft dieser Leute, wenn man bedenkt, daß die 50 Pfund

Moschusochsenfleisch, die sie uns vorzusetzen gedachten, ihr ganzer Vor=
rath an Nahrungsmitteln war und auch so lange blieb, bis der
Beginn des Fischfanges ihnen weitere Provisionen in Aussicht stellte.

Im gemeinschaftlichen Essen, sowie in dem gegenseitigen Berühren
der Brust mit der flachen Hand, bei welchem Acte das Wort Ilaga
(laß' uns Freunde sein) gesprochen wird, liegt der Ausdruck der
Freundschaft der Eingebornen, und so ungern wir von dem Wenigen
und Letzten, was sie uns bieten konnten, genossen, so thaten wir es
doch, um ihre schöne Sitte zu ehren. Dafür kamen ihnen die großen
Fleischvorräthe auf den Schlitten der Weißen gut zu statten. Auf den
Wunsch des Lieutenants vertheilte ich an die Frauen und Kinder auch
etwas Zwieback mit aufgestrichener Melasse, doch fand dieses, obwohl
sonst ein Leckerbissen für den nordischen Eingebornen, diesmal gar
keinen Anwerth. Wir hatten es hier mit einem Naturvolke in seiner
unverfälschten, von der Civilisation noch nicht beeinflußten Form zu
thun, leider dürften wenige Jahre genügen, um den einst mächtigen
Stamm vom Schauplatze der Erde gänzlich zu verwischen.

Mit dem Momente, wo wir das erstemal auf von Franklin und
seinen Leuten stammende Reliquien stießen, war es auch unsere Pflicht
geworden, die Leute nach ihrem diesbezüglichen Wissen und den ihnen
traditionell zugekommenen Nachrichten zu befragen. Nur eine Person,
ein 60—70jähriger Greis, Namens Ikinilik petulak, hatte selbst
Gelegenheit gehabt, mit einem der Schiffe der Expedition in Berührung
zu kommen. Er war einer der ersten Besucher des Schiffes, das
westlich von Grant=Point an Adelaide Peninsula, mit einem dasselbe
umschließenden Eisfelde, durch Inseln am Weitergehen mit Wind und
Strömung gehindert worden war. Beim ersten Besuche glaubten die
Leute, Weiße an Bord gesehen zu haben, deren Zahl, nach den Fuß=
spuren im Schnee, auf vier Personen schließen ließ. Dies war im
Herbste, im Frühjahre darauf besuchten sie den Ort wieder, fanden
das Schiff an demselben Orte, und als keine Zeichen von Weißen
oder sonstigem Leben sichtbar waren und sie nicht wußten, wie in
das Innere desselben zu gelangen, machten sie ein großes Loch in die
Schiffsseite nahe der Eisfläche, welches das Sinken des Schiffes nach
dem Schmelzen des Eises zur Folge hatte. Ikinilik's Aussagen nach
war in einer der Schlafkojen die Leiche einer Person gefunden worden
und in der Kajüte soll sich Fleisch in Kannen gefunden haben. An
der Küste von Adelaide=Halbinsel hatte sich sonst keine Spur von
Weißen gefunden, ausgenommen ein kleines Boot in Welmot=Bai,

das aber auch nach dem Untergange des Schiffes zu diesem Punkt getrieben worden sein konnte.

Diese Angaben gewannen für uns später durch gleichlautende Aussagen an Glaubwürdigkeit. Ikinilik petulak hatte schon früher einmal Weiße gesehen, die in zwei Booten den Großen Fischfluß herunterkamen. Es war dies die Forschungspartie des Lieutenants Back gewesen, der im Sommer 1834 diesen nach ihm auch Backs-Fluß genannten Stromlauf bereiste und kartographisch aufnahm.

Eine erfreuliche Nachricht für uns war, die Gewißheit zu erlangen, daß der Hayes-Fluß (Kugnuak in der Eskimosprache) ein Nebenfluß des Backs-Flusses sei, und daß vier weitere Tagemärsche hinreichten, um zu dessen Einmündung zu gelangen.

Für alle diese Nachrichten, sowie für einige der wichtigsten Reliquien beschenkten wir die Leute reichlich mit Nadeln, Blechschüsseln, Stirnbändern ꝛc., und warben einen ihres Stammes, Nalijau, seiner Landeskenntniß halber an, uns sammt Familie (einer Frau und einem kleinen, fünf Jahre alten Mädchen) zu begleiten. Auch ließen wir den Leuten einige unserer noch immer großen Fleischvorräthe zurück und betraten am 18. auf dem Weitermarsche den Unterlauf des Flusses, nachdem wir früher noch eine lange, jetzt gefrorene Stromschnelle passirt hatten.

Bald erweiterte sich das Flußbett bedeutend, die Ufer nahmen an Höhe ab und die Granitformation machte einem schlechten Lehmboden Platz, der in Form flacher Inseln aus dem Flußbette selbst herausschaute und dieses auf beiden Seiten in den verschiedenst geformten Lehmbänken umgab. Den schönen Landschaften des Oberlaufes folgte eine langweilige Gegend, die, trostlos und öde, keine Abwechslung bieten konnte, und wenn wir nach Beendigung unseres Tagemarsches stundenlang herumkletterten, um nach paläontologischen Funden zu suchen, so konnten wir trotz aller Mühe keinen Erfolg aufweisen. Diese Lehmgattung scheint überhaupt zu gar nichts gut zu sein und ist nach Lieutenant Schwatka's beiderseitigen Erfahrungen ein Seitenstück zu den sogenannten weitberüchtigten »bad-lands of Dakota« (schlechte Landschaften von Dakota) im Norden der Union. Die einzige Befriedigung, die uns der Fluß gewährte, war, daß wir kein Wasserloch mehr zu machen brauchten, sondern zu jeder Stunde unter dem neugebildeten dünnen Eise Wasser bekommen konnten. Die Temperatur war schon so weit gestiegen, daß der Schnee, wenigstens um die Mittagsstunden, anfing, zu schmelzen, und sich das Wasser am

Fuße der Hügel und im Flußbette oberhalb des dicken Eises sammelte. Im letzteren Falle bildete sich Nachts freilich noch eine Eiskruste, doch waren wir für diese Saison wenigstens nicht mehr gezwungen, jeden Schluck Wasser erst durch eine in das sechs Fuß dicke Eis gemachte Oeffnung uns sauer verdienen zu müssen.

Am 19. Abends erreichten wir eine große Wendung des Flusses (siehe Illustration Seite 73) nach Südwesten, und da wir durch die Eskimos bereits darauf aufmerksam geworden waren, verließen wir den Fluß etwa in 67° 30' nördlich vom Aequator aus seinem rechten Ufer, um in westlicher Richtung die Mündung des Backs-Flusses zu erreichen. Auch hier bot

Eine Granitkugel.

uns eine gute, durch viele Seen erleichterte Fahrbahn ein schnelles Fortkommen, und am 22. campirten wir am Fuße eines Hügels, der eine gute Aussicht versprach. Trotz eines gräßlichen Sturmes, der den Aufenthalt auf der Kuppe selbst unmöglich machte, bestiegen wir denselben und blickten, blos den Kopf über die letzte Steinlagerung streckend, vor uns hin. Der Schnee war des Tages über feucht geworden, konnte daher die Aussicht nicht hindern, und vor uns lag ein seltsam schöner Anblick. Die große breite Mündung des Backs-Flusses lag vor uns als die hindernißlose Bahn nach König Wilhelms-Land; nach einem glücklich zurückgelegten Landmarsche von 385 Meilen haben sich alle Befürchtungen, durch naturelle Hemmnisse im Fortkommen gehindert zu sein, als unnütz erwiesen. Nun konnte der Schnee schmelzen, so rasch er wollte, ja, die ersten Regentropfen, die heute an unser Schneedach klopften, begrüßten wir gerne als den Anfang einer besseren Jahreszeit.

Das östliche Ufer des Backs-Flusses, das wir nunmehr verfolgten, ist wieder nur Granit. Einem eigenthümlichen Naturspiele begegneten wir in einem großen Granitsteine, der ganz die Form einer etwa acht Fuß im Durchmesser messenden Kugel hatte und auf

An der großen Wendung des Hayes-Flusses.

einer verhältnißmäßig sehr kleinen Basis stand. Der oberste Theil der
Kugel war ganz so gefärbt, als ob Jemand ein Gefäß mit weißer
Farbe darüber ausgegossen hätte, und fast hatten wir Lust, das
Ganze einer nachdrücklichen Untersuchung zu unterziehen, als uns noch
rechtzeitig klar wurde, daß die Färbung von dem jahrelang angesam=
melten Guano der Seemöven herrühre.

Unser nächstes Ziel war die Insel Montreal, die, nach den in
der Einleitung besprochenen Berichten des Dr. Rae, allgemein als
jener Punkt angesehen wurde, wo ein Theil der Franklin'schen Leute
gestorben sein soll. Wir campirten auf dem östlichsten Theile der
Insel und blieben auch den kommenden Tag, den 27. Mai, um nach
einem Cairn zu suchen, den Sir Leopold Mc. Clintock bei seinem Besuche
daselbst im Frühjahre 1859 errichtet haben soll. Er hatte die Gewohn=
heit, seinen Steindenkmalen stets einige Kleinigkeiten, als Messer,
Scheeren, Fischhaken 2c., beizulegen, um die Eingebornen durch den
Fund solcher Gegenstände von der Zerstörung allenfallsiger darin
befindlicher Documente abzuhalten. Natürlich bewirkte er gerade das
Gegentheil, da diese den Cairn dann bis zum Grunde vernichteten.
Dies mag auch hier der Fall gewesen sein, denn trotzdem wir die
ganze Insel absuchten, fanden wir auch nicht die geringste Spur
eines Steindenkmales.

Die Insel Montreal ist nicht so groß, wie sie die Karten dar=
stellten, sie ist höchstens sechs Meilen lang und auch nicht ein
geschlossenes Eiland, sondern ein Archipel kleinerer Inseln, die, durch
enge Meeresarme von einander getrennt, im Sommer die Jagd nach
Seehunden erleichtern. Dann ist die Insel auch ein beliebter Aufent=
haltsort von Netchillik=Eingebornen, die sie Kajektuariuk nennen,
nach Kajek (das Seehundsboot), das hier oft gebraucht wird. Am
28. betraten wir die Ogle=Halbinsel und mit ihr ein Terrain, das
von dem bisher durchwanderten ganz verschieden, flach, sandig und
lehmig ist. Keine Spur von irgend welcher Vegetation zeigend, ist
die Gegend auch vollkommen wasserarm, so daß wir unsere letzten
Oelvorräthe verwenden mußten, um Trinkwasser zu bekommen. So
flach die Ogle=Halbinsel, so seicht ist auch der Barrow=Golf, und nur
durch genauere Untersuchung des Eises konnten wir uns überzeugen,
daß wir den Golf bereits betreten hatten.

Einen schöneren Anblick gewährt die Adelaide=Halbinsel jenseits
des Barrow=Golfs. Nach unserer laufenden Marschrechnung (todte
Rechnung genannt) mußten wir bald die Simpson=Straße, welche

König Wilhelms=Land von dem amerikanischen Continente trennt, zu
sehen bekommen, als uns auf einem größeren Teiche plötzlich frische
Schlittenspuren auffielen. Dieselben zeigten nach Breite und sonstiger
Beschaffenheit, daß sie nicht von einem aus Holz verfertigten Schlitten
herrühren, sondern daß derselbe aus einem Stück Eis, wie es die
Eskimos manchmal in Ermanglung anderen Baumaterials verwenden,
gemeißelt war.

Einer unserer Begleiter, den ich in Zukunft seiner Abstammung
von den Netchilliks halber »Netchillik Joe« nennen will, erklärte, wir
seien nur eine kleine Distanz von einer Ansiedlung seiner Stammes=
genossen entfernt. Auf einem
Hügel hielten wir an und
ließen die Schlitten gleich
einer in's Feuer gehenden
Kanonenbatterie auffahren.
Vor uns lag die durch
tiefe Einbuchtungen zerris=
sene Küste der Adelaide=
Halbinsel, und auf einem
Meeresarme, eine Meile ent=
fernt, befanden sich 13 bis
15 Schneehütten der er=
wähnten Netchilliks. Aus
jeder Hütte kamen Eskimos
und blickten verwundert zu
uns herauf. Wir überließen,
wie bei jeder neuen Be=
gegnung, die Schlitten der

Eisschlitten.

weiblichen Begleitung und gingen auf die Ansiedlung zu. Auf halbem
Wege kam uns ein Parlamentär (siehe Abbildung Seite 77) in Gestalt
einer Frau von mittleren Jahren entgegen, und je mehr sie sich unseren
Gruppen näherte, desto langsamer und kleiner wurden ihre Schritte, und
ihre Gesichtszüge verriethen eine gewisse Unbehaglichkeit. Sie hatte ein
kleines Messer als Waffe bei sich, und so sonderbar auch die Art, ein
Weib den Fremden entgegenzusenden, ist, so kommt sie doch bei diesem
Stamme stets in Anwendung. Unsere Dolmetscher machten die Ankunft
von Kablunas (Weißen) bekannt und in wenigen Minuten waren alle
Zweifel gehoben, daß Joe's Befürchtungen und die von ihm angeratenen
Vorsichtsmaßregeln unnütz waren. Der Ruf: »Kablunas!« allein that

Eskimo-Parlamentär.

seine Zauberwirkung, und die so oft gefürchteten Netchilliks waren unsere Freunde. Wir schlugen unser Lager in ihrer Nähe auf und begannen schon am folgenden Tage in einem Concil jene Individuen, deren Aussage durch frühere Forscher bekannt gemacht worden, zu citiren, um deren Wahrheitstreue durch Kreuzfragen zu prüfen. Eine jede Person, die wie immer in irgend welche Berührung mit Franklin's Leuten oder deren Habseligkeiten gekommen war, wurde zwei- bis dreimal über eine und dieselbe Sache verhört. Die Zeugen wurden getrennt vernommen und Alles angewendet, um jedem allenfallsigen Humbug vorzubeugen und die reine Wahrheit zu erhalten. Erst, als ihre Aus= sagen erschöpft waren, wurde eine große Belohnung für die Auf= findung von Papieren und Schriften oder anderen, indirect zu nützlichen Schlußfolgerungen führenden Gegenständen ausgeschrieben.

Die Eingebornen des Netchillik=Stammes bewohnen heute die ganze Küste der Adelaide=Halbinsel; doch war dies keineswegs zur Zeit Franklin's der Fall. Ihre alten Jagdgründe liegen an Boothia's Land= enge (östlich von König Wilhelms=Land), und nur hie und da unternahm eine oder die andere Familie, dem Nomadentriebe folgend, eine Wan= derung nach den gegenwärtig bewohnten Punkten und König Wilhelms= Land. Das letztere ist auch jetzt von ihnen nur im Herbste besucht, und dann nur auf dem südöstlichen Theile. Die nordwestliche Küste der Insel ist ihnen erst durch den Verlust von Franklin's Mannschaften bekannt geworden und wurde ihre Aufmerksamkeit durch Mc. Clintock's Besuch auf diesen Theil der Insel gelenkt. Von verschiedenen Personen erhielten wir Aussagen, deren bemerkenswertheste ich hier aus meinem Tagebuche copire, wie diese am Platze von den verschiedenen Zeugen gegeben wurden:

Sioteitschung (ohrenlos, so genannt, weil er schwerhörig ist) ist ein Mann von 50—55 Jahren und hat vor Jahren etwas westlich von Richardson=Landspitze ein Boot gesehen, und neben diesem Skelete gefunden. An Einzelheiten kann er sich nicht erinnern, doch lebt eine alte Frau in der Ansiedlung, die einst die Finderin des Ortes war, und ein besseres Gedächtniß hat. Er erbietet sich, die Partie nach dem Punkte zu bringen, wo das Boot gefunden wurde, und zeigte uns die Stelle, die wir später als Starvation Cove (Hunger=Bucht) werden kennen lernen.

Tuktutchiak, eine Greisin aus dem Stamme der Pelly=Bai= Eskimos, jedoch schon lange unter den Netchilliks lebend, erzählt: „Ich habe Franklin=Leute nie lebend gesehen, doch fand ich ganz nahe am Strande einer kleinen Einbuchtung Skelete und eine Leiche. Ich war

damals in Begleitung meines Gatten, meines hier anwesenden Adoptiv=
sohnes Ilro und sieben anderer Eskimos. Das gefundene Boot lag
auf dem Kiele (?)* und in diesem befanden sich einige Skelete, deren
Zahl ich nicht angeben kann. Außerhalb des Bootes sah ich vier
Schädel und andere menschliche Gebeine. Nur eine Leiche war noch
mit Haut und Haaren (blond) versehen. Die letztgenannte Person
konnte erst den Winter oder das Frühjahr vorher gestorben sein und
war gut erhalten, obzwar Wölfe und Füchse daran genagt zu haben
schienen. Ich weiß mich genau zu erinnern, daß dieser Mann Augen=
gläser und Blendgläser neben sich liegen hatte, einen Ring am Finger
trug, Ohrringe und eine Uhr mittelst einer Kette an diese (?) (die
Ohrringe) befestigt hatte. (Diesen Irrthum wollte die Zeugin und ihr
Sohn Ilro nicht einsehen und behauptete ihre Aussagen fest gegen alle
Einwendungen.) Im Boote selbst befanden sich einige der verschiedensten
Gegenstände, als: Uhren, Augen= und Blendgläser, eine kleine Säge,
Thonpfeifen, Holz, Blech, Segeltuch und Kleider, ein Stück Eisen mit
einem Loch darin, das bei Annäherung von sirvik (Eisen) sich bewegte
(offenbar eine Compaßnadel), ferner ein Blechgefäß (bei einem Fuß
breit und zwei Fuß lang) mit Büchern und Schriften, eine andere
Büchse mit menschlichen Knochen (?) und ein Zinngefäß mit Tabak.
Von den Gegenständen haben wir viele mitgenommen und unseren
Kindern zum Spielen gegeben, und die Gebeine, glaube ich, sind mit
der Zeit von Sand und Seegras bedeckt worden. Mit Weißen habe
ich schon früher in den alten Netchillik=Landen verkehrt."

Die nächste wichtige Zeugin ist Alakak aus dem Stamme der
Netchillik's, circa 55 Jahre alt, und sagt aus:

„In Gemeinschaft meines seither gestorbenen Mannes und zweier
anderen Familien waren wir des Seehundsfanges halber in König
Wilhelms=Land (in der Umgebnng von Washington=Bai, nahe Cap
Herschel) und trafen, südöstlich gehend, eine Partie Weißer, die, etwa
zehn an der Zahl, auf einem Schlitten ein Boot zogen. Wir hatten
zuerst Angst, doch als einige von den Weißen auf uns zukamen, ließen
wir uns mit ihnen in ein pantomimisches Gespräch ein. Sie sahen
alle mager, ausgehungert und schlecht aus, waren schwarz um Augen
und Mund und hatten keine Pelzkleider an. Wir campirten zusammen
vier Tage lang und theilten einen Seehund mit den Weißen wofür

---

* Stellen, mit einem Fragezeichen versehen, sind Aussagen, die verschiedenartig
gegeben wurden und zweideutig sind. In diesem Falle behaupten einige Zeugen, das
Boot wäre mit dem Kiele nach aufwärts gefunden worden.

Im Concil mit den Netchillik-Eskimos.

6

ich ein Hackmesser als Bezahlung erhielt. So viel ich mich zu erinnern
weiß, führten die Weißen nichts zu essen mit sich, und während unseres
Beisammenseins schliefen sie theils im Boote, theils in einem kleinen
Zelte. Während der Zeit war ich öfter bei den Weißen. Der Mann,
von dem ich das Messer erhielt, wurde von den Anderen Tuluak
genannt, war groß und stark gebaut und hatte einen schwarzen, mit
Grau gemischten Bart. Aglukan (auch ein dem Betreffenden von den
Eskimos gegebener Name) war kleiner als der Beschriebene mit roth-
braunem Bart, und Doktuk (jedenfalls ein Doctor), ein dicker Mann,
trug, wie die beiden Anderen, Augen-, aber keine Blendgläser (die
Augengläser bezeichnen die Eskimos bestimmt dadurch, daß sie das
Glas derselben mit Eis (siko) vergleichen). Wir wären länger bei
den Weißen geblieben, doch fing das Eis von Simpson Straits an
zu schmelzen und unsicher zu werden. Nachdem wir uns getrennt und
den Uebergang erfolglos versucht, gingen wir an die Küste von
König Wilhelms-Land zurück und blieben den ganzen Sommer daselbst
in der Umgebung von Gladman-Landspitze, ohne jedoch die Weißen
wieder zu Gesichte zu bekommen. Das kommende Frühjahr fand uns
in der Umgebung von Terror Bai (alle diese Punkte sind durch die
Vorlage einer großen Karte von den betreffenden Individuen bestimmt
worden), und dort auf einem kleinen Hügel mit äußerst wenig Schnee
am Boden fand ich ein Zelt mit außerhalb liegenden Skeleten. Etwa
zwei waren mit Sand und kleinen Steinen zugedeckt. Im Zelte lagen
auch Skelete mit Kleidern und Decken bedeckt, und verschiedene Gegenstände als: Löffel, Messer, Uhren und Papiere umher."

Die Zeugin giebt zu, daß ihre Leute alles ihnen als nützlich Dünkende
fortschleppten, versichert auch, keine Gräber geöffnet zu haben, doch
steht das mit dem Umstande, daß sie wußte, daß zwei Leichen begraben
waren, im Widerspruche. Die anderen Aussagen, die bei der Langsamkeit der Verdolmetschung geraume Zeit wegnahmen, zielen alle
darauf hin, daß König Wilhelms-Land durch die Eskimos von einem
Ende bis zum andern durchsucht wurde, ja, daß, ihrem eigenen Zuge-
ständnisse nach, nicht nur ihr Stamm, sondern auch andere Stämme
oft nach dem nordwestlichen Theile der Insel zu gehen pflegten,
um von den dort herumliegenden Gegenständen, Holz, Kupfer,
Eisen 2c., zu holen.

Das sind im Wesentlichen die kurzgefaßten Angaben, die uns als
Grundlage zu einer planmäßigen Durchführung unserer Forschung
nothwendig waren.

Der Stamm der Netchilliks scheint, soweit wir Gelegenheit hatten, denselben einer Schätzung betreffs seiner Seelenzahl zu unterziehen, ziemlich zahlreich, doch bildete die zuerst getroffene Ansiedlung wohl den Kern des Ganzen. Der übrige Theil wohnt in kleineren Ansiedlungen zu zwei bis sieben Familien längs der nördlichen und westlichen Küste von Adelaide-Halbinsel zerstreut, wo sich die Leute um diese Jahreszeit theils vom Fisch=, theils vom Seehundsfang-nähren.

Die Nachricht von unserer Ankunft verbreitete sich wie ein Lauf= feuer durch die nächstliegenden Ansiedlungen und schon am nächsten Tage trafen die Männer derselben zu unserem Besuch ein. Eine solche Deputation erschien unter Anderem auch am 1. Juni um die elfte Nacht= stunde, und, um den Anforderungen der Netchillik'schen Gebräuche oder den Sitten des Landes, wie sie Eskimo Joe zu nennen pflegte, zu genügen, mußten wir hinaus, um jene langweilige Doppelaufstellung in Reihen zu wiederholen und auf die Fragen unserer Besucher zu antworten.

Unsere Hütten, die der warmen Tage halber statt der Schnee= kuppeln eine Eindeckung aus alten Rennthierfellen erhalten mußten, die verschiedene Costümirung, das bunte Gemisch von Männern, Weibern und Kindern, dies Alles um die Mitternachtsstunde beim Scheine der Sonne, die heute zum erstenmale nicht unterging, und, nachdem sie die Hügel blos mit dem unteren Rande berührte, sich wieder zu heben begann, bot ein ebenso farbenreiches, als interessantes Bild. Ich hatte mich, ungesehen wie ich glaubte, mit meinem Skizzenbuche auf einen nahen Hügel begeben und fing an zu zeichnen. Kaum aber hatte ich einige Striche gemacht, als die Menschenzahl sich bei den Hütten stets verringerte und ich von einem großen Kreis Neugieriger eingeschlossen war, die, erst später begreifend, was ich eigentlich thue, sich herbeiließen, mir wenigstens die freie Aussicht nicht zu versperren.

Während unseres ganzen Aufenthaltes in der ersten, sowie auch in den weiteren, in unserer Marschrichtung gelegenen Ansiedlungen brachten uns die Leute Reliquien der verschiedensten Art, doch keine derselben hatte irgend ein Merkmal, das zu einer Identificirung hätte führen können. Wir vermutheten, daß die Leute aus unbekannten Gründen nicht Alles zeigten, und wirklich, als wir uns daran machten, in sämmt= lichen Hütten Hausdurchsuchung zu halten, fanden wir mehrere bedeutendere Gegenstände, unter Anderem ein Brett, in welchem mit Kupfernägeln die Buchstaben L. F. eingezeichnet waren. Der Ort, wo dieses Brett gefunden worden, liegt am östlichen Theile einer Halbinsel, in deren

Nähe das schon besprochene Schiff gesunken war; der Fund war insofern interessant, als, falls die zwei Buchstaben die Namens=Initialen eines Mit= gliedes von der Franklin=Mannschaft waren, man leicht ausfindig machen konnte, welches der beiden Schiffe es war, das so weit südlich kam. Eine Blechschüssel wurde vom Eigenthümer gerne als Ersatz genommen, das Brett die ganze Zeit von uns als Kleinod bewahrt; leider aber erwies sich, daß die Buchstaben nicht die vermuthete Bedeutung hatten, und das Brett verlor dadurch für uns seinen Werth.

Die Versammlungen, die wir in jeder Ansiedlung veranstalteten, hatten für uns ein zweifaches Interesse. Wir erfuhren Anhaltspunkte zur Forschung und hatten Gelegenheit, den Netchillik=Charakter zu studiren. Für die Abhaltung eines solchen Concils (siehe Illustration Seite 81) wurde eine geräumige Schneehütte gewählt, Jeder, der kommen wollte, konnte sich einfinden, und wahrlich, an neugierigen Gesichtern, die förmlich jedes Wort zu erhaschen beflissen waren, fehlte es nicht. Zur Verständigung dienten zwei Dolmetscher, nämlich Eskimo Joe, der die Frage englisch erhielt, und Netchillik Joe, der das, was ihm der Erstere sagte, seinen Landsleuten verständlicher machen konnte, als es diesem bei den, wenn auch kleinen Abweichungen der Sprachweise der einzelnen Stämme möglich war.

Daß die Ausfragung auf diese Weise eine sehr zeitraubende Arbeit war, ist natürlich, doch was das geistige Vermögen der Eskimos anbelangt, so mußte man über dasselbe ein alle Erwartung übertreffendes günstiges Urtheil fällen. Ein gutes Beispiel hierfür gab das Verständniß der vorgezeigten Karten. Für einen Landestheil, der dem Eingebornen durch längeren Aufenthalt bekannt ist, genügt eine einfache Karte voll= kommen, um ihm gewisse Punkte zeigen zu können. Auf ein paar Meilen mehr oder weniger kommt es ihm freilich nicht an, aber er wird, falls eine größere Bucht, eine Halbinsel oder sonst ein bemerkens= werthes Kennzeichen die in Frage stehende Gegend bestimmt, seine Vorstellung des Landes mit der der Karte in vollkommene Harmonie bringen können. Seine Zeichnungen einer ihm bekannten Küstenstrecke sind besonders interessant, weil er zwar eine jede, auch geringste Land= spitze andeutet, aber die großen Krümmungen nach den verschiedenen Weltgegenden gänzlich ignorirt, so daß man sich an seine gradlinigen Zeichnungen erst gewöhnen muß, um sie zu verstehen. Seine schwächste Seite in der geistigen Entwicklung bildet das Zählen. Sein Zahlen=System geht absolut nur bis zwanzig, und er bildet alle bis dahin reichenden Zahlen aus den Nummern 1 atouscha.

2 melrony, 3 pingasuit, 4 sitamany, 5 tadlimany, 6 aquanat, 10 kolet, 11 aquanakpuk. Die Zahl 7 ist das zweite 6, demnach melrony aquanat; 12 das zweite 11, demnach melrony aquanakpuk, und 19 somit das vierte, sechste 11, also sitamany aquanat aquanakpuk — jedenfalls ein langer Name für die kleine Zahl. Zwanzig ist das zweite 10, folglich melrony kolet; Alles, was zwanzig übersteigt, wird mit Hilfe der Finger genau, oder mit amischuadly (viel) ausgedrückt.

Auf dem Marsche durch die verschiedenen Ansiedlungen längs der nördlichen Küste der Adelaide-Halbinsel erhielten wir unter anderen Nachrichten auch Kenntniß von dem Bestehen eines unversehrten Steindenkmales, und Lieutenant Schwatka mit Gilder, Tuluak und einem Eskimoführer unternahm am 5. Juni mit einem leichten Schlitten einen Ausflug dahin.

Die Aussage bewahrheitete sich. C. F. Hall hatte den Steinhaufen am 12. Mai 1869, also gerade vor circa zehn Jahren, über den Ueberresten zweier Personen (Unbekannten der verunglückten Expedition) unter den Augen der Eingebornen errichtet, und diese wußten, daß darin nichts zu finden war. Der Steinhaufen selbst ist aus flachen Thonsteinen erbaut und einer derselben trägt die eingekratzte Inschrift: Eternal honor to the discoverers of the North West Passage. (Ewiger Ruhm den Entdeckern der nordwestlichen Durchfahrt.) H., 12. Mai 1869. Mit diesem einfachen Denkmale hat der am 8. November 1871 im Commando der „Polaris" Nord-Expedition gestorbene Erbauer den Beweis geliefert, daß er, wie selbst von seinen Freunden bezweifelt wurde, die Gestade von König Wilhelms-Land selbst erreichte.

Als Beispiel, was mit Hunden bespannte Schlitten unter Führung eines geübten Eingebornen an Schnelligkeit zu leisten vermögen, sei hier erwähnt, daß der hier geschilderte Ausflug, trotzdem, daß die Wegstrecke hin und zurück 50 Meilen betrug, auch mit Einschluß eines $1^1/_2$ stündigen Aufenthaltes, im Ganzen blos $8^1/_2$ Stunden dauerte.

Am 10. Juni gegen Mittag erreichten wir, die schmale SimpsonStraße kreuzend, das niedrige Küstengestade von König Wilhelms-Land, und gravirten zum Zeichen unserer glücklichen Ankunft daselbst mit einem Messer die Buchstaben U. S. F. S. (United States Franklin Search) Juni X. 1879. Alls well in einen großen Thonstein ein. Am 12. Abends erreichten wir Cap Herschel.

V.

Von Cap Herschel nach Cap Felix. 12. Juni bis 3. Juli.

Ein altes Steindenkmal. — Die Theilung der Partie. — Das letzte Brot. — Beschwerliche Märsche. — Eine Ueberraschung. — Kreuzung von Erebus=Bai. — Das erste Grab. — Die Funde an Irwing=Bai. — Cap Felix. — Eine Bärenjagd.

In der Geschichte der Polarreisen ist Cap Herschel wegen eines Steindenkmales bekannt, welches die Polarreisenden Dease und Simpson am 25. August 1839 zur Bezeichnung des nördlichsten, von ihnen erreichten Punktes errichteten. Der Cairn wurde zwar von den Eingebornen theilweise demolirt, doch hat sich noch ein hinreichend großer Theil erhalten, um seinen Standpunkt angeben zu können. Obzwar Cap Herschel nie, weder von den Eingebornen, noch von früheren Reisenden, als ein von der Franklin'schen Expedition speciell berührter Punkt angegeben wurde, so wird doch eine solche Vermuthung rege durch 12—15 Steinhaufen, die, in der nächsten Nähe des erwähnten Cairn stehend, Gräbern sehr ähnlich sehen.

Bei unserem diesmaligen Aufenthalte ließ sich jedoch, da der Schnee noch hoch lag, darüber nichts Bestimmtes sagen, und wir mußten es einer späteren Periode überlassen, diese Stellen genauer zu untersuchen.

Mit dem Erreichen des Cap Herschel waren wir am Anfangspunkte unserer Forschung angelangt. Zur Durchführung derselben konnten wir die mitgebrachten Eskimos nicht verwenden, und Lieutenant Schwatka ließ diese mit der Weisung zurück, hier oder auf Adelaide=Halbinsel für den eigenen Lebensunterhalt zu sorgen und durch fleißigen Seehundsfang hinlänglich Thranöl für den Retourmarsch nach Hudsons=Bai einzulegen. Nur eine Familie sollte uns begleiten. Tuluak hatte sich durch Energie und Geschicklichkeit Aller Achtung und Vertrauen erworben, und was seine Fähigkeiten als

Jäger anbelangt, so waren wir gewiß, daß er und sein Repetir=
gewehr (ein Geschenk der Firma Winchester und Sohn) im Stande
waren, uns zu ernähren. Täglich sahen wir Rennthierheerden vom
Hauptlande herüber auf die Insel kommen, und der Aussage der
Netchilliks zufolge soll König Wilhelms=Land im Sommer keinen
Mangel an Wild leiden.

Eskimo Joe wurde beauftragt, nach besten Kräften für die
Erhaltung und sichere Aufbewahrung unserer Vorräthe an Munition 2c.
zu sorgen, und falls sich König Wilhelms=Land wider Vermuthen zu
wildarm zeigen sollte, um die unter seiner Aufsicht zurückgebliebenen
Eskimos zu ernähren, und diese daher sich gezwungen sähen, nach
dem Hauptlande zu gehen, sollte er mit Ausnahme des Kajeks die
gesammten Vorräthe mit sich nehmen. Das Seehundsboot war aber
unter allen Bedingungen in vollkommen gebrauchsfähigem Zustande
an diesem Punkte zurückzulassen und sollte durch seine Stellung uns
die Richtung andeuten, in welcher Joe sich mit unserem Depot befand.

Der 15. Juni ist für die Partie ein denkwürdiger Tag. In der
letzten Schneehütte für diese Saison wurde heute der letzte Rest unserer
Vorräthe an Zwieback an die Eskimos, die per Kopf seit unserem
Abmarsch von Hudsons=Bai täglich mit ½ Pfund bedacht worden, ver=
theilt, und wir selbst verzehrten die letzten Krümchen zum Abend=
essen. (Siehe Illustration Seite 89.) Für die nächsten acht Monate
mußten wir somit des Brotes entbehren, und bald war Fleischkost
allein unsere einzige Nahrung.

Ein Käse, 40 Pfund gepreßten Fleisches und ebensoviel Korn=
stärke war alles Eßbare, was auf dem Schlitten lag, als wir am 17 Juni
Morgens Eskimo Joe und seine Partie verließen, um, quer durch's
Land gehend, noch vor dem Schwinden des Schnees den nördlichsten
Punkt von König Wilhelms=Land, Cap Felix, zu erreichen. Es war
ein hartes Stück Arbeit, täglich 10 bis 12 Meilen vorzudringen, und
nur Derjenige kann sich einen Begriff von den Beschwerden des
Unternehmens machen, der täglich Schritt für Schritt entweder durch
12 bis 18 Zoll tiefes Wasser watete oder knietief in den breiigen
Schnee sank. Die Sonne hatte aufgehört, Tag und Nacht zu scheiden,
und wenn die Temperatur zeitweise auch noch die Bildung dünner
Eiskrusten ermöglichte, so war es doch auch hierzulande Sommer
geworden und die unermeßlichen Schneefelder verwandelten sich bei
der sehr flachen, nur leicht hügeligen Terrainformation in große,
lagunenartige Wasseransammlungen, welche die unter dem Schnee

Die letzten Schneehütten auf Cap Herschel.

befindlichen, jetzt sichtbar werdenden Mooswiesen in beinahe unpassir=
bare Moräste umänderten. Jeder Tritt war unsicher, und namentlich
waren es die Schnee=Anwehungen, die, bodenlos, den Uebergang für
Menschen und Hunde erschwerten. Unter solchen Umständen schien uns
die Distanz bis zum Collinson=Golf, zu dessen nächster Erreichung
wir nach den Karten eine nordnordwestliche Richtung eingeschlagen
hatten, viel zu groß, doch noch größer war unser Erstaunen, als wir
am 20. Abends mit dem Fernrohre in nördlicher Richtung unebenes
Meereis sahen. Sollten die Karten eine so große Abweichung von der
richtigen Landform haben? Es klingt das für die Glaubwürdigkeit
der bisherigen kartographischen Darstellung dieser arktischen Gegenden
freilich nicht sehr günstig, und doch haben wir am folgenden Tage
die Erebus=Bai, die wir weiter westlich dachten, erreicht und setzten,
der Küste folgend, unseren Marsch auf dem Eise weiter fort. Am
Abende des 21. fanden wir zu unserer Befriedigung auch ein großes
Stück Treibholz und konnten also hoffen, für die Bereitung unserer
Mahlzeiten auch Brennmaterial zu finden.

Der 22. Juni steht in unseren Journalen schwarz angeschrieben,
denn an diesem Tage erreichten die Mühseligkeiten des Marsches ihren
Gipfelpunkt. Das Eis der Victoria=Straße, welche die nordwestliche
Küste dieses Landes bespült, gehörte keinesfalls einer neuen, letztherbst=
lichen Formation an, sondern bestand aus großen und kleinen Eis=
schollen, die weiter im Norden gebildet, durch die Strömung südlich
getrieben und durch die Herbststürme hier in wildem Chaos kurz vor
dem Zusammengefrieren abgelagert wurden. Aus einer Gruppe scharf=
kantiger Eisstücke ragt hie und da ein kleiner Eisberg hervor, während
sich zwischen allen weiche Schneebänke oder Wasserpfützen befinden und
ein halbwegs mit dem Schlitten passirbarer Weg nur mit Mühe und
auf Umwegen zu finden ist. Tuluak's Frau, die mit einem wohl=
genährten Jungen am Rücken mit Mühe und der äußersten körper=
lichen Anstrengung von Eisstück zu Eisstück hüpft, um nicht ganz
durch's Wasser zu müssen, ist Gegenstand allgemeinen Mitleids, doch
diese Beiden wie sonst auf dem Schlitten fortzubringen, ist unmöglich.
Dieser selbst bleibt alle Augenblicke stecken und die Hunde allein sind
nicht im Stande, ihn auch nur um ein Haarbreit fortzubringen,
wenn er gegen verdecktes Eis stößt, halb in Schnee oder eine seiner
Schleifen in einen der vielen unsichtbaren Eisrisse versinkt. Da ist
Tuluak der Mann, der mit seinem großen Messer oft ein Stück Eis
abmeißelnd, uns mit Peitsche, Stimme und starkem Arm aus der

Schlappe zieht, und ein Jeder von uns Weißen hat sein Zuggeschirr schon lange am Schlitten befestigt und hebt, zieht oder schiebt aus Leibeskräften. (Siehe Jlluſtration Seite 97.) So geht's 10 lange Meilen fort. Noch nie ſind die ſteinigen Hügel der monotonen Küſte uns willkommener geweſen, als an dieſem Abend, und noch nie hätte ein gut gekochtes Nachteſſen beſſer geſchmeckt als heute, wo wir unſeren einzigen Kochkeſſel an einem Stücke Eiſe zum unbrauchbaren Krüppel zerſchlagen haben. Tuluak hat ſeit unſerem Verlaſſen des Cap Herſchel bereits manches Stück Fleiſch von der Jagd heimgebracht, Enten, Gänſe und Schwäne ſind überall in Ueberfluß, die Zeit des Eierlegens iſt gekommen, Treibholz als Brennmaterial iſt auch zu finden, und wir haben — o Jammer! keinen Kochkeſſel.

Im Weitermarſche brauchten wir des noch immer nicht gänzlich geſchmolzenen Schnees wegen nicht mehr zu eilen und hielten fleißig Raſttage, die benützt wurden, um die Gegend zu durchſtreifen und uns für die genaue Begehung vorzubereiten.

An der Franklin-Landſpitze fanden wir in einem Steinhaufen, der einem über dem Boden gemachten Grabe ähnlich ſah, einen Schädel, den Lieutenant Schwatka ſofort als den eines Weißen erklärte. Derſelbe wurde nach einer genauen Durchſuchung des Grabes wieder beſtattet und die Stelle durch ein kleines Monument markirt.

Ein anderesmal, am 27., gingen ich und Franz Melms der Küſte entlang auf die Victory-Landſpitze zu, wo Sir James Roß auf einer ſeiner Reiſen eine Steinſäule errichtete. Melms fand nahe an der Waſſerlinie ein Band aus Segeltuch (wie man es zum Ziehen von Schlitten verwendet), das mit einem T. 11 gezeichnet war, und während er am Platze nähere Umſchau hielt, ſah ich einen Steinhaufen und neben dieſem einen menſchlichen Schädel. Es war ein Grab aus flachen Thonſteinen, einer Gruft ähnlich, aber oberhalb des Bodens gebaut, war ſeinerzeit überdeckt und augenſcheinlich ſchon Gegenſtand einer Durchſuchung geweſen. Der Schädel (unſtreitig der eines Weißen), ſowie andere menſchliche Gebeine lagen außerhalb, und im Grabe wucherte üppiges Moos auf blauen Tuchüberreſten, die, den Knöpfen und der feinen Textur nach zu urtheilen, einſt einer engliſchen Officiers-Uniform angehört haben. Ein ſeidenes Taſchentuch in merkwürdig gut erhaltenem Zuſtande lag am Kopfende und oberhalb deſſelben auf einem Steine offen und frei eine $2\frac{1}{2}$ bis $2\frac{3}{4}$ Zoll im Durchmeſſer meſſende ſilberne Medaille. Daß dieſe Denkmünze den Augen der Eingebornen entgangen iſt, kann ich nur dem Umſtande zuſchreiben, daß ſie entweder durch liegenden Schnee verdeckt oder daß

die Beute der Eingebornen ohnehin groß war und sie in der Freude
darüber das Silberstück übersahen, welches selbst mir im ersten Augen=
blicke, seiner gleichen Farbe mit dem Steine halber, nicht auffiel. Das
solide Silberstück enthält auf der einen Seite das Reliefbild des
englischen Königs mit der Umschrift: »Georgius IIII. D. G. Britan.
Rex 1820«; auf der anderen einen Lorbeerkranz, außerhalb desselben
die Rundschrift: »Second Mathematical Price, Royal Naval College«
und innerhalb: »Awarded to John Irving, Midsummer 1830« ein=
gravirt. Die Münze war dem Gestorbenen (Lieutenant des Schiffes
»Terror«) etwa 30 Jahre früher mit in's Grab gegeben worden,
hat sogar in der langen Zeit auf dem Steine einen Eindruck hinter=
lassen und diente schließlich als Beweis der Identität des Begrabenen.

Keine hundert Schritte von der Meeresküste waren die Ueber=
reste eines zusammengeworfenen, künstlichen Steinhaufens, ein Haufen
alter Kleider und eine große Zahl von Gegenständen, die offenbar zur
Ausrüstung einer arktischen Expedition gehörten. Unter Anderem vier
Kochöfen mit Kesseln und sonstigem Zubehör. Auf eine kurze Strecke
der Küste entlang lagen Theile von Kleidungsstücken, aus wollenen
Decken genähte Strümpfe und Fäustlinge, Rasirmesser 2c. 2c., sowie
auch der Turniquet eines Wundarztes. Ein irdener Krug enthielt als
Brandeindruck die Worte: »R. Wheatly, Wine and Spirite Merchant,
Greenhithe, Kent« und eine Bürste mit dem in's Holz geschnittenen
Namen »H. Wilks«.

So mannigfaltig die Natur der umherliegenden Gegenstände
auch war und so eindringlich auch die kommenden Tage durch uns
gesucht wurde, es kam nichts zum Vorschein, das nähere Aufklärung
zu geben versprach. Ein einfaches Notizbuch wäre ein Fund gewesen,
dessen Tragweite auf dem Gebiete der Forschung zu großen Errungen=
schaften hätte führen können. Doch es war zu spät, 31 lange Winter
sind über diese Stelle gezogen, seitdem Franklin's Leute im April 1848
drei Tage lang hier campirten.

Die historische Bedeutung des Ortes (ich greife des besseren
Zusammenhanges willen hier der chronologischen Ordnung meiner
Schilderung vor) wurde uns erst klar, als wir etwa 14 Tage später
wieder an dem Orte weilten, um auf dem Grabe Irving's, dessen
Ueberreste die Partie (um sie vor nochmaliger Ausgrabung zu schützen)
zur Uebersendung nach England mitnahm, ein Monument zu errichten.
Tuluak und seine bessere Ehehälfte sahen sich am Platze nach neuen
Funden um, und Letztere entdeckte zwischen drei Steinen etwa vier

bis fünf Fuß von dem schon erwähnten Steinhaufen ein Papier, das sich als ein Brief des Capitäns Mc.Clintock herausstellte. Der Brief enthielt eine wortgetreue Copie des Original=Documentes, das Franklin's Leute hier in einem Steinhaufen deponirt hatten, und lautet in deutscher Uebersetzung wie folgt:

7. Mai 1859.
Nördl. Breite 69° 38', westl. Länge 98° 41'.

Dieser Steinhaufen wurde gestern von einer Partie der Lady Franklin'schen Forschungs = Yacht „Fox", welche gegenwärtig in Bellot Strait wintert, gefunden und enthielt eine Notiz, von welcher Nachstehendes eine genaue Copie ist:

„28. Mai 1847.

Ihrer Majestät Schiffe „Erebus" und „Terror" winterten im Eise in einer nördlichen Breite von 70° 5', westlichen Länge von 98° 23', nachdem sie an Beechy Island (nördl. Breite 74° 43' 23", westliche Länge 91° 39' 15") den vorigen Winter (1845—46) zubrachten und dorthin von Wellington Channel, welcher bis zur nördl. Breite von 77° verfolgt wurde, um Cornwallis Island herum gelangten.

Sir John Franklin, Commandant der Expedition — Alles wohl.

Eine Partie, bestehend aus 2 Officieren und 6 Mann, verließ die Schiffe am Montag, den 24. Mai.

Gez. Graham Gore. Charles F. D. Vaux."

Dieses war geschrieben auf ein gedrucktes Formular, welches in sechs Sprachen die Bitte enthielt, daß, wenn gefunden, das Papier der britischen Admiralität eingehändigt werden möge. Am Rande des Papieres war geschrieben:

„25. April 1848.

Ihrer Majestät Schiffe „Erebus" und „Terror" wurden am 22. April 15 Meilen nordnordwestlich von hier verlassen, nachdem sie seit dem 12. September 1846 vom Eise umschlossen waren. Die Officiere und Mannschaften, 105 an Zahl, unter dem Commando des Capitäns F. R. M. Crozier, landeten hier in einer nördlichen Breite von 69 Grad 37' 12" und westlichen Länge 98 Grad 41 Dieses Papier wurde von Lieutenant Irving unter einem Steinhaufen, 4 Meilen nördlich von hier, gefunden, der vermuthlich durch Sir James Roß im Jahre 1831 gebaut ward, und wo es durch den seither verstorbenen Commandanten Gore im Juni 1847 wieder deponirt wurde. Das Papier ist dann nach dieser Stelle gebracht worden und ein Steindenkmal wurde . . . . . . errichtet. Sir John Franklin ist am 7. Juni 1847 gestorben, und der Gesammtverlust an Todten war 9 Officiere und 15 Mann.

Gez. F. M. Crozier,
Capitän und ältester Officier.
James Fitzjames,
Capitän J. M. S. „Erebus"

Wir brechen morgen nach dem Backs=Flusse auf."

Bei diesem Steindenkmale, welches wir gestern Mittags erreichten, scheinen die letzten Mannschaften eine Auswahl von Reisematerial gemacht und alles Ueberzählige in der Umgebung liegen gelassen zu haben. Ich verblieb bis beinahe heute Mittag, nach Reliquien suchend, am Platze. Ein anderes Papier ist nicht gefunden worden. Es ist mein Vorhaben, die Küste nach dem Süd= westen zu verfolgen und nach dem Wrack eines Schiffes zu sehen, das nach Eskimo=Aussage sich am Strande befindet.

Drei andere Steinhaufen sind zwischen hier und Cap Felix gefunden worden, sie enthalten nicht . . . . darüber.

Gez. William R. Hobson,
Lieutenant im Commando der Partie.

Dieses Papier ist eine Copie des Documentes, zurückgelassen von Capitän Crozier, als er sich mit den Mannschaften des »Ere= bus« und »Terror« nach dem Backs=Flusse zurückzog.

Die Nachricht von der Entdeckung durch Lieutenant R. W. Hobson ist für mich bestimmt, da die Eingebornen einen 1831 errichteten Steinhaufen hier zusammengerissen zu haben scheinen. Ich beabsichtige, ein ähnliches Document 10 Fuß nördlich von der Mitte dieses Steinhaufens und einen Fuß unter dem Grunde zu vergraben.

F. L. Mc. Clintock,
Capitän der engl. Kriegsflotte.

*   *   *

Das Papier ist seit Mai 1859, also volle 20 Jahre hier gelegen, und sein Fund versetzte uns in große Aufregung. Jeder von uns glaubte hierin ein neues, noch unbekanntes Document gefunden zu haben, und selbst Tuluak, der mit freudestrahlendem Gesichte uns den glücklichen Fund seiner Frau überbrachte, schien die Tragweite eines beschriebenen Papieres zu kennen. Ist es auch nur die Copie eines (wie wir später erfuhren) bekannten Schriftstückes, so ist sein Wiederfinden doch ein Beweis, einestheils, daß Documente, wenn gehörig deponirt, und namentlich, wenn sie mit Bleistift geschrieben sind, leserlich bleiben, anderntheils aber, daß unsere Forschung keine nur oberflächliche war.

Die Küste weiter verfolgend, fanden wir den Schnee meistens geschmolzen, und als wir am 3. Juli durch eine zweite Ansammlung von Ueberresten der Franklin'schen Expedition im Marsche aufgehalten wurden, wendete sich das Land etwa eine Meile nördlich von uns dem Often zu. Wir hatten Cap Felix, den nördlichsten Punkt dieser Insel, erreicht. Nahe der Küste stand ein jedenfalls von Menschenhand aufgeführter und theilweise wieder zusammengerissener Cairn, und um diesen lagen leere und gebrochene Bierflaschen, ein Zeichen, daß Menschen hier einst in besseren Verhältnissen lebten, als heute wir. Segeltuch, wollene Decken ꝛc. waren im wirren Durcheinander zu sehen, und nach den Berichten der Mc. Clintock'schen Expedition muß

Cap Felix.

dieser Ort es auch gewesen sein, an welchem Lieutenant Hobson 1859 eine englische Flagge fand.

Die Fernsicht, so weit das Auge reichte, bot nichts als Eis, eine öde, aus einem Gemisch großer und kleiner Eisstücke zusammengeworfene Eisfläche, jenseits welcher am nordöstlichen Horizonte ein dunkelschwarz= grauer Strich die Küste der Halbinsel Boothia Felix kennzeichnete.

Den 4. Juli als 103. Geburtstag der Vereinigten Staaten von Nordamerika feierten wir hier durch Hissen unserer Expeditionsflagge und mit der Erlegung eines großen Polarbären, dessen Fleisch unseren Hunden manche gute Fütterung versprach. Der unheimliche Geselle

Der Uebergang über die Erebus = Bai.

war etwa sechs Meilen seewärts mit dem Vertilgen eines Seehundes beschäftigt, als Tuluak seiner durch ein Fernrohr ansichtig wurde.

Mit Franz Melms und einem 14jährigen Jungen begann er auf dem leichten, mit 12 Hunden bespannten Schlitten sogleich dessen Verfolgung. „In weniger als einer Stunde waren wir," so erzählt mein Kamerad, „dem Bären auf etwa 4=—500 Schritte nahe. Im Angesichte seiner Verfolger suchte der Weißpelz sein Heil in der Flucht; doch zu spät. Tuluak hatte von dreien seiner besten Hunde die Zugstränge bereits durchschnitten und diese setzten der Beute nach, während die anderen mit dem Schlitten über holperige Eisstücke und tiefe Wasserpfützen dahinter herjagten. Ein Bär kommt trotz seiner Schwerfälligkeit, wenn verfolgt, rasch vorwärts, und falls offenes Wasser in der Nähe, ist dieses stets der Zielpunkt seiner Flucht. Doch der Schlitten gewinnt an Raum, schon hat Tuluak sein Magazin= Gewehr mit neun Schüssen bereit, und das Messer im Munde haltend, peitscht er die Hunde vorwärts. Der Schlitten fliegt durch und über alle Hindernisse und die drei auf dem Schlitten Sitzenden haben Alles aufzubieten, um darauf zu bleiben. Drei andere Hunde werden los= gelassen, der Bär hat aufgehört, zu rennen, sucht sich an einem hohen Eisstücke eine günstige Defensivposition und wehrt die sechs unheim= lichen Creaturen ab, die hier und dort an seinem Pelze zupfen und die Aufmerksamkeit des Bären vom Jäger ablenken. Tuluak's Zeit ist gekommen. Aus der Distanz von 25 Schritt feuert er den ersten Schuß, einen zweiten — der Bär fällt nicht, kratzt sich jedoch hinter den Ohren und stürzt auf Tuluak los. Dieser springt zurück und mit neuer Wuth ergreifen die Hunde die Partei ihres Herrn, der mit einem weiteren Schusse das Herz seines Verfolgers trifft und diesen zu Boden streckt. Die heiße Kampfscene hat ein Ende und in wilder Ungeduld verlangen mit Bellen und Heulen die Hunde ihren Antheil. Aus einem Kopftheile des Bären zieht unser Held eine Kugel, die, obzwar nur auf 25 Schritte abgeschossen, nicht durch den Knochen drang und ganz flach geschlagen wurde. Das Fell des erlegten Bären maß von der Schnauze über den ganzen Rücken 10' und 4". Schon den folgenden Tag kam ein anderes Riesenexemplar unserem Zelte bis auf 300 Schritte nahe, wurde aber durch einen Gewehrschuß verwundet und suchte das Weite. Polarbären sind in dieser Gegend keine Seltenheit, kommen, wenn hungrig, zur Winterszeit bis an die Schneehütten, und die Netchilliks haben mit ihnen manch' muthiges Handgemenge zu bestehen.

VI.

Die eigentliche Forschung und ihre Ergebnisse. 6. Juli bis 6. August 1879.

Cap Felix. — Sommerleben der Partie. — Verfolgung der Marschlinie der Franklin'schen Leute. — Ihre Ueberreste. — Eine denkwürdige Stelle an Erebus-Bai. — Ein schönes Naturspiel. — Das Aufbrechen des Eises. — Ein mühsamer Landtransport. — Ein junger Bär. — Terror-Bai. — Des Lieutenants erstes Rennthier. — Das Ergebniß der Forschung auf Terror-Bai und Cap Crozier.

Etliche 15 bis 20 Meilen in nordnordwestlicher Richtung seewärts von Cap Felix ist der Ort, wo am 12. September 1846 die Schiffe des Sir John Franklin vom Eise im weiteren Vordringen für immer gehemmt wurden, und während einer zwanzigmonatlichen Gefangenschaft in diesem blieb sich deren Distanz zur Küste zwischen Cap Felix und Irving-Bai beinahe immer gleich. Hier also scheiterten die schönen Hoffnungen der Franklin'schen Expedition, hier begann ihre Unthätigkeit, der Anfang alles Uebels, hier forderte der Tod in Sir John Franklin, Lieutenant Graham Gore, in noch sieben anderen Officieren und weiteren fünfzehn Personen der Bemannung zahlreiche Opfer, hier wurden die Leute zum Verlassen der Schiffe gezwungen, und hier begannen für die Ueberlebenden jene furchtbaren Qualen, die nur in dem Tode als willkommenem Erlöser ihr Ende fanden. Daß der Punkt, in dem unsere Partie am 3 bis 6. Juli ihre höchste geographische Breite erreichte einst von den Officieren und Mannschaften oft besucht worden, beweist, wie schon erwähnt, nicht nur die einst hier gefundene englische Flagge, sondern auch heute noch bezeugen die mannigfaltig umherliegenden Gegenstände, daß der Ort entweder als Jagdstation oder als Observatorium benützt worden war. Zwei in der Nähe befindliche künstliche Steinhaufen sind den Blicken der zerstörungssüchtigen Eingebornen entgangen und von uns einer genauen Untersuchung unterzogen worden.

Einer davon befand sich etwa zwei Meilen im Innern des Landes, war acht Fuß hoch, unversehrt und enthielt selbst nichts, während dessen Bauart, seine mit schwerem Moos bedeckten Steine und die nächste Umgebung keinen Zweifel übrig ließen, daß Weiße selbst sich hier einst ein Denkmal errichteten.

Die Visitirung des zweiten, an der Küste gelegenen, brachte als Resultat ein altes Papier zum Vorschein, das in Bleistift die Zeichnung einer zeigenden Hand in Lebensgröße enthielt, dessen unteres Ende aber leider unter den elementaren Einflüssen vermodert war. Der nach dem Süden weisende Finger hatte gewiß etwas zu bedeuten, doch die Erklärung war nicht vorhanden und der Fund hatte nur eine vergrößerte Aufmerksamkeit von unserer Seite zur Folge.

Für den Fall, daß Franklin's Expedition ihre Todten zur Beerdigung an's Land gebracht hatte, mußte in der Küstenstrecke zwischen Cap Felix und Irving Bai deren Begräbnißort liegen, da die Terrainverhältnisse ganz geeignet waren, daß Grabstätten, falls sie mit einiger Sorgfalt und Ueberlegung erbaut waren, weder durch den Zahn der Zeit, noch durch die Eingebornen derart zerstört werden konnten, um jede Spur derselben für einen beobachtenden und denkenden Menschen für immer zu verwischen.

Während unseres ganzen Aufenthaltes in dieser Gegend und am Marsche von Cap Felix südwärts, also vom 7. bis 24. Juli, gebrauchten wir im Suchen die größte Vorsicht und ließen sozusagen keinen Stein, der uns in seiner Stellung und Lage verdächtig erschien, unberührt. In einiger Entfernung von einander getrennt, begingen wir jede kleinste Aus= oder Einbuchtung der Küste und unternahmen jeden anderen Tag, unseren Lagerplatz nicht ändernd, weitere Ausflüge in's Innere des Landes, um der Ansicht mehrerer früherer Forschungsreisenden, daß Franklin's Leute die Deponirung ausführlicherer Documente von der Küste weiter entfernt vornahmen, Rechnung zu tragen.

Die Arbeit selbst war eine sehr mühevolle. Zu dem Einflusse der ungewohnten, verhältnißmäßig - hohen Temperatur gesellten sich die Unannehmlichkeiten eines beim Gehen ermüdenden Terrains, auch machte sich der Uebergang zur alleinigen Fleischkost an unserem Organismus in sehr unangenehmer Weise kenntlich.

Die Bodengestaltung von König Wilhelms=Land selbst gehört einer neueren Periode an und ist eine aus weißen und grauen Thonsteinlagerungen entstandene Landmasse. Die fortgesetzte Neubildung derselben wäre dem Geologen in diesen Gegenden ein dankbares Feld für sein Studium, aber auch dem aufmerksam beobachtenden Laien kann es nicht entgehen, wie langsam und doch mit Aufbietung furcht= barer Naturkräfte jährlich die gebrochenen Eismassen Stein auf Stein vom Meere heran gegen die Küsten schieben und jene terrassenförmigen Stufenschichten entstehen lassen, über deren Gleichförmigkeit und all= gemeines Vorkommen an der westlichen und südlichen Küste er erstaunt ist. Die sehr langsam gegen das Innere sich hebenden Land= strecken sind im Innern von ungeheuerem Wasserreichthum und zwischen den prachtvollen Seen und Teichen erstrecken sich meilenweit die üppigsten Mooswiesen, doch werden diese gegen die Küste immer spärlicher und hören am Strande gänzlich auf. Liegt in einer kleinen Vertiefung ein wenig fruchtbarer Grund, so ist er auch mit einem ärmlichen, vom Rennthiere verachteten Moose bedeckt, grünt mit dem schmelzenden Schnee, blüht während der Dauer des kleinen Wassertümpels mit einer schwach= rothen Blume, und ist todt, sobald die Sonne seine einzige Lebenskraft, das Wasser, aufgesogen hat. Im Innern ist die Flora etwas reichhaltiger, und der berühmte Botaniker Professor Dr. Moriz Willkomm, Director des k. k. botanischen Gartens zu Prag, hatte die Güte, einige Pflanzen, welche ich als die am häufigsten auf König Wilhelms=Land vor= kommenden, gepflückt und mitgebracht hatte, auf mein Ersuchen zu bestimmen. Ich füge die Namen derselben für die Freunde der Botanik bei: Epilobium latifolium L., Saxifraga cernua L., Salis Myrxiniter L., Stellaria humifura Rottb., Draba alpina L., Rubus Chamremorus L., Cineraria congesta R. Br. (eine unbestimmte Gattung Potentilla), Oxytropis arctica R. Br., Cassiope tetragonia Don. (eine mit Anthemis alpina L. verwandte Gattung) und Eiophorum Scheuch- zeri Hoppe.

Aber auch dieser Schmuck ist noch eine Seltenheit im Verhältnisse zu den kleinen Thonsteinen, die meist mit ihren flachen Seiten im buntesten Gewirr durcheinander liegen, oft aber durch Frost und Kälte mit den scharfen Kanten nach aufwärts gestellt sind und für den mit schwachen Seehundssohlen versehenen Wanderer ein unangenehmes Pflaster bilden. Eine kleine Strecke sonniger Küste ist eine ebenso seltene, als erwünschte Abwechslung.

Mit den gleichen Unbehaglichkeiten, wie wir Weiße am Lande, kämpfte der unseren Schlitten über das Eis führende Tuluak.

Die Jahreszeit war selbst für die kolossalen Eismassen schon zu weit vorgerückt, und mit dem Wegschmelzen des Schnees zeigten sich breite und tiefe Risse. Die Formen des Eises traten kantiger, unebener.

und für das Passiren des Schlittens hindernder auf, als zuvor, und namentlich am Abende, wenn wir durch ein verabredetes Zeichen zum Campiren den Schlitten nahe dem Lande brachten, gab es manche nasse Arbeit zu verrichten. Die dem Lande entströmenden Wassermassen hatten das Eis in der unmittelbaren Nähe der Seeküste schon geschmolzen, und nur bei Eintritt der Ebbe war es nunmehr möglich, falls man nicht tief durch's Wasser waten wollte, unsere Sachen an's Land zu schaffen.

Im Juni hatte uns der weiche Schnee viel Unangenehmes bereitet, jetzt war es das Wasser, welches uns überall hemmte. Die kleinen Wasseradern waren zu reißenden Strömen, die großen Wiesenflächen zu Morästen und) jede Terrain=Niederung je nach ihrer Größe zum Teiche oder See geworden.

Wer das Naßwerden der Füße scheut, darf wahrlich im Sommer nicht nach König Wilhelms=Land gehen, denn einen ganzen Monat lang wußten wir nicht, was eine trockene Fußbekleidung ist. Die Seehunds= stiefel sind sowohl, was Material als Arbeit anbelangt, vollkommen wasserdicht — doch ein Terrain, wie dieses, spottet jeder Haltbarkeit des Schuhwerkes. Unsere emsige Hausfrau war früh und spät mit den Flickarbeiten für die sechs Personen beschäftigt, und doch hatte keiner von uns ein paar ganze Sohlen.

Vom Morgen bis Abends auf dem Wege, befanden wir uns stets bei sehr gutem Appetit, für welchen das Land den Bedarf lieferte. Auf dem Lande gab es Rennthiere, auf dem Eise Seehunde, und von diesen verschaffte Tuluak genügenden Vorrath. Für Geflügel und Eier sorgten wir. Namentlich an letzteren war keine Noth, denn wo wir gingen und eine Ente oder Gans in der Nähe auffliegen sahen, dort gab's für uns einen kostenfreien Eiermarkt.

Es ist ein merkwürdiger Unterschied zwischen Winter und Sommer in diesen Gegenden. So kurz die Saison des letzteren ist, so schnell ist auch der Uebergang vom Winter zum Sommer, und wie im Nu wimmelt es dort von animalischem Leben, namentlich was Vogel= gattungen anbelangt, wo früher nur Schnee und Eis war und sich allenfalls nur ein Polarbär, Fuchs oder eine Schnee=Eule aufhielt.

Von nächtlicher Ruhe war bei dem unordentlichen Leben ohne bestimmte Zeiteintheilung keine Rede. Nacht gab es keine, und wenn wir auch müde genug waren, um bei vollständiger Tageshelle zu schlafen, trat unsere unbändige Hundemeute, die bei der geringen Arbeit, die sie that, sehr gut gefüttert wurde, als Störenfried auf, und es bedurfte erst

Tuluak's kräftigster Einwirkung mit Peitsche und Steinwürfen, um sie zur Ruhe zu bringen.

So führten wir ein Nomadenleben in des Wortes vollster Bedeutung und verfolgten von Irving=Bai an die Spuren des Rückzuges der Leute der Franklin'schen Expedition. Doch wie bald sahen wir deren Zahl geringer werden. An der nach Le Visconte (einem der Officiere der Expedition) benannten Landspitze fand sich wieder ein Grab, daneben, ganz wie bei der Ruhestätte des Lieutenant Irving, die seither durch Eingeborne berührten Gebeine. Die Erbauer der letzten Ruhestätte waren aber nicht mehr die starken Leute, die aus den großen Steinen eine oberirdische Gruft bauen konnten. Einige Steine, das war Alles, womit sie die Leiche umgeben hatten, und nichts deutet auf die Möglichkeit hin, den Namen des Beerdigten zu erfahren.

Den Weg, den die Unglücklichen auf ihrem traurigen Marsche genommen hatten, deuteten sicher und untrüglich eine Menge blauer Tuchflecken, Knöpfe und anderer Kleinigkeiten an, und hier und da bezeichneten in einem großen Vierecke gelegte Steine das einstmalige Vorhandensein eines Zeltes.

Hätten wir wohl die Wahrheit der eigenen Aussagen der Eskimos, wie fleißig sie einst die Westküste von König Wilhelms=Land durchsuchten, bezweifeln können, dann durften wir uns noch immer der frohen Hoffnung hingeben, einen Schlüssel zur Enthüllung des Geheimnisses jener Katastrophe zu finden — doch jene Aussagen bewahrheiteten sich nur zu genau. Auf Adelaide=Halbinsel erzählte uns ein Eskimo, daß er Blechbüchsen, Faßdauben eine Art und andere Gegenstände gefunden, dieselben aber aus Mangel an Transportmitteln nicht mitgenommen, sondern unter Steinen versteckt habe. Als er wieder kam, habe er die Gegenstände nicht wiederfinden können. Unseren forschenden Augen entging aber selbst dieses Versteck nicht, und wir fanden genau die erwähnten Gegenstände, alle den breiten Pfeil der Königin von England als sicheres Zeichen der Echtheit tragend, wohlerhalten unter Steinen verborgen.

Mitte Juli nahmen die Schwierigkeiten des Fortkommens auf dem Eise stets zu und der stark eintretende Nebel wirkte so nachtheilig auf die Erhaltung der Eisfläche als Fahrbahn, daß wir uns nun beeilen mußten, um wenigstens noch Cap Crozier, den westlichsten Punkt der Insel, vor dem gänzlichen Aufbruch des Eises zu erreichen. Doch auch hierin sahen wir uns getäuscht.

Nachdem wir den de la Roquette=Fluß, bis über die Hüften im Wasser gehend, passirt, die denselben umgebenden Moräste knietief durch= watet hatten, wonach wir erst gegen drei Uhr Morgens wieder unseren Schlitten fanden und um fünf Uhr Morgens endlich nachtmahlten, brachen wir, es war den 21. Juli, nach 2½ Uhr Nachmittags wieder auf, um unseren Marsch fortzusetzen. Gegen 10 Uhr Nachts bemerkte Melms am Strande ganz nahe der Meeresküste drei menschliche Schädel, als wir näher traten, bot sich uns ein trauriger Anblick dar.

Wir lasen nicht weniger als 76 Menschenknochen auf, die bei oberflächlicher Untersuchung auf wenigstens vier Personen schließen ließen, welche hier ihr Leben geendet hatten.

Diese Ueberreste wurden sogleich unter einem kleinen Steindenkmal beerdigt und ein Document über den Fund beigelegt.

Auf einem Flächenraume von beinahe einer Achtel=Quadratmeile lagen die Trümmer eines großen Bootes, und unter ihnen die mannigfaltigsten Gegenstände, von denen am meisten einige Sacktücher auffielen, in welche Kugeln und Schrot, sowie auch einige Percussions= Zündhütchen eingebunden waren. Ohne Zweifel war dies derselbe Ort, wo Capitän Mc. Clintock 1859 das Boot mit den zwei Skeleten gefunden hatte und von dessen Anwesenheit die Eskimos erst durch ihn Kunde erhielten.

Noch denselben Sommer begaben sie sich hierher, wobei sie etwa eine Viertelmeile weiter landeinwärts ein zweites, ebenfalls auf einen Schlitten geladenes Boot fanden, welches früher von einer Schnee= wehe verdeckt gewesen war. Beide Boote wurden zerstört und alles Brauchbare mitgenommen. Nur die Schlitten zeigten sich in ihrer Form auch für die Eingebornen tauglich, existirten noch und einer derselben war schon auf Adelaide=Halbinsel von uns angekauft worden.

Capitän Mc. Clintock war bereits der Ansicht, daß hier die physische Kraft die Expedition schon so weit verlassen hatte, daß sie sich zum Stehenlassen ihrer Boote gezwungen sah, oder daß, wenn aus der Stellung der Schlitten besondere Schlüsse gemacht werden könnten, sich die Leute hier getheilt und eine Partie es vorgezogen hatte, zu den Schiffen zurückzukehren, um, auf diese vertrauend, einer Rettung mit dem abbrechenden Eise entgegenzusehen. Zwar spricht das Document von einem gänzlichen Verlassen der Schiffe, daß aber eine solche zurückkehrende Partie bestanden haben muß, findet seinen Beweis darin, daß die Eskimos auf dem an der Westküste von Adelaide= Halbinsel gestrandeten Schiffe Leute gesehen zu haben glaubten.

Von welcher Seite immer betrachtet, ist der Ort, an dem unsere Partie eben weilt, charakteristisch für die Geschichte der unglücklichen Franklin'schen Expedition, ebenso der Weg, den sie zu ihrer Rettung eingeschlagen hat. Jedenfalls müssen die hier umgekommenen Leute krank oder auf eine andere Weise marschunfähig gewesen sein. Die Anwesenheit der so einzeln herumliegenden Skelete scheint auch darauf hinzudeuten, daß die Disciplin in dem damaligen Commando der Partie bereits gelockert war.

Wir hatten uns mit der Untersuchung des Ortes ziemlich lange aufgehalten und es war kurz vor Mitternacht, als wir die verabredeten drei Signalschüsse für unseren am Eise fahrenden Schlitten abfeuerten.

Die Nacht war kalt; den kleinen Wasserpfützen nach zu urtheilen, die Temperatur wenig unter dem Gefrierpunkte, und doch war es noch immer Tag. Die Sonne berührte mit dem unteren Rande ihrer großen Scheibe gerade den Horizont, welchen eine Masse wild durcheinander geworfener Eisstücke bildete, bewegte sich mit großer Schnelligkeit an demselben fort und begann nach nur wenigen Minuten wieder zu steigen. Es war ein Sonnenunter= und Aufgang fast auf einmal, und die eigenthümliche Beleuchtung des Eises, das uns seine dunklen Schattenseiten präsentirte, im Vergleiche zu der schwach=röthlichen, glanzlosen Färbung der Sonnenscheibe selbst, bot ein Bild wunderbarer Naturschönheit. Von nun an ging auch für uns die Sonne wieder unter. „Wir haben," sagt Lieutenant Schwatka, „die besten Preisläufer der Welt übertroffen, indem wir von Sonnenauf= bis Sonnenuntergang (1. Juni bis 22. Juli) in der Marschrichtung allein 422 Meilen zurückgelegt haben."

So schön aber auch der Anblick der Mitternachtssonne war, an Majestät und packender Großartigkeit wurde er durch den Eintritt der lang gefürchteten Katastrophe, durch das endliche Aufbrechen des Eises unserer Fahrbahn am 24. Juli noch übertroffen.

Am genannten Tage wollten wir zeitlich, noch vor Eintritt der Hochfluth, unseren Weitermarsch fortsetzen, um unsere Ladung per Schlitten wenigstens noch bis zum Cap Crozier zu bringen, doch ein starker Nordwestwind beschleunigte den Eintritt der Fluth, und als wir mit Aufbietung aller Kräfte dennoch den Schlitten beladen wollten, bemerkten wir, wie sich die Eisfläche, sonst still und unbeweglich, ungleichförmig zu heben und zu senken begann.

Aber auch diese Bewegung dauerte nur sehr kurze Zeit, denn schon in den nächsten Augenblicken trat die Pressung des Eises von

der Meerseite her ein, die kolossalen Eisstücke wurden wie Kieselsteine
an den flachen Strand geworfen oder wie Dachschindeln unter= und
übereinander geschoben. Es war ein seltsamer Anblick, dieses Arbeiten des
Wassers und Sturmes, welche mit unbeschreiblicher Schnelligkeit an den am
meisten vorspringenden Landspitzen große Massen Eis ablagerten. Das
Reiben und Drücken, das Schieben und Stoßen dauerte etwa eine halbe
Stunde fort, und unser Schlitten, der früher kaum 8 Zoll über dem
Wasserspiegel stand, war sammt dem darunter befindlichen Eisstück, dessen

Aufbrechen des Eises.

Gewicht nach Tonnen zählte, von einer anderen, noch mächtigeren Eis=
tafel gefaßt und etwa 10 bis 12 Fuß gehoben worden.

Der Rettung unseres Schlittens galten natürlich unsere ersten Be=
mühungen, und als dieser durch vereinte Kraft sammt den darauf befind=
lichen Sachen geborgen war, erklärte Lieutenant Schwatka, daß wir nun
vor Allem sämmtliche Gegenstände, Reliquien und sogar den Schlitten über
die nur 13 Meilen breite Landzunge nach Terror=Bai zu schaffen hätten.

Diese Bai ist bekanntlich der Ort, wo, nach Eskimo=Aussagen,
der größte Theil der Franklin'schen Expedition sein trauriges Ende fand,

und es handelte sich nun darum, die Stelle zu finden, wo das bereits früher erwähnte Zelt einst gestanden hat. Von Terror-Bai aus konnten wir dann die Forschung um den westlichsten Theil der Insel fortsetzen.

Schon den folgenden Tag nahm Tuluak die Wallfischknochen-Bekleidung des Schlittens ab und Jeder von uns nahm eine Last auf den Rücken und ging damit in unserer neuen Marschrichtung fort. Den dritten Tag folgten wir mit den letzten Resten und versetzten unseren Campirungsplatz auf diese Weise etwa um eine Meile südlicher. Der Anblick unserer Colonne erhielt jetzt eher das Aussehen einer Schmuggler-bande, als das einer arktischen Expedition. Jeder hatte seinen Schlaf-sack mit anderen Gegenständen tornisterartig auf den Rücken geschnallt, sein Gewehr und sonstiges Privateigenthum in der Hand und so ging es langsam vorwärts.

Tuluak und seine Frau trugen abwechselnd den Jungen, und die Hunde unter der speciellen Aufsicht des Arunak waren jeder mit einer Bürde beladen. Der eine hatte das Zelt, ein anderer unsere wenigen Fleischvorräthe auf dem Rücken und jedem war extra entweder eine Zelt-stange oder ein Stück Brennholz angebunden worden, das er hinter sich herschleifen mußte. Sehr behaglich war diese Transportweise für Keinen, weder für Menschen noch für Hunde, welche letztere sich jeden Augenblick niederlegten oder zu unserer großen Unzufriedenheit die tiefste Stelle jeder Wasserpfütze durchwaten wollten. Am schlechtesten ging es aber mit dem Fortschaffen des Schlittens. Dieser glitt nur schlecht über die kleinen Steine und es nahm die vereinte Anstrengung sämmtlicher Personen und aller Hunde in Anspruch, um ihn über das erste Drittel der Halbinsel zu bringen. Bei dieser mühevollen Arbeit wurde Meister Schmalhans zum erstenmale Küchenmeister. Die vielen Hunde machten, trotzdem wir sie Nachts an große Steine banden, viel Lärm und verscheuchten die ohnedies spärlichen Rennthiere.

Wenn wir des Abends campirten, lief unser Nachtmahl gewöhn-lich noch auf seinen vier Beinen herum und einmal mußten wir sogar 36 Stunden auf dasselbe warten. Einen besonderen Lecker-bissen erhielten wir durch Tuluak's Fürsorge. Er hatte an einem Punkte der verlassenen Terror-Bai ein großes Stück Treibholz gesehen und nahm die Hunde mit, um es durch diese in's Lager schleifen zu lassen; ganz ausnahmsweise hatte er diesmal sein Gewehr nicht mitgenommen. An Ort und Stelle angelangt, bemerkte er eine große Bärin mit einem circa 3 bis 4 Monate alten Jungen. Bevor sich die beiden Bären dessen versehen konnten, hat Tuluak sämmtliche Hunde losgelassen, die Alte mit Steinwürfen tractirt, sie von ihrem Kleinen getrennt und das letztere mit einem einfachen Messer erstochen. Der alten Bärin blieb nichts übrig, als sich vor den Hunden in das offene Wasser zu flüchten, unser Jäger aber machte sich an die Arbeit und brachte den jungen Bären auf dem Holz zu uns geschleift. Bärenfleisch ist, wenn

Partie nach dem Aufbrechen des Eises; vom 25. Juli bis 3. August 1879.

man durch Rennthierfleisch nicht verwöhnt ist, eine kräftige, wenn auch für den Sommer etwas zu thranige Nahrung, doch das Fleisch des Jungen hatte neben seiner Zartheit einen besonders pikanten Geschmack, und wir bedauerten sehr, daß die alte Bärin nicht zwei Junge hatte.

Der Marsch nach Süden war mühselig und langwierig und erst am 4. August erreichten wir, des Schleppens müde, mit Sack und Pack Terror=Bai. Dort war das Meer auch noch nicht ganz eisfrei, die großen Floen begrenzten der ganzen Länge nach den Horizont und selbst an der Küste trieben sich einzelne Stücke massenhaft herum. Während des Ueberganges vom nördlichen zum südlichen Theile der großen Graham Gore=Halbinsel machte sich ein bedeutender Unterschied bemerkbar. Die scharfen Thonsteine hörten auf und an ihre Stelle traten mit unserem weiteren Vordringen Wiesengründe und zahlreiche Seen. Die nächste Umgebung von Terror=Bai ist ein wahres Paradies gegen die nördlich gelegenen Theile von König Wilhelms=Land und der Reich= thum an Rennthieren daselbst sehr groß. In Bezug auf Güte und Feinheit des Fleisches ließen diese Thiere jetzt nichts zu wünschen übrig. Die guten Futtergründe und der verhältnißmäßig kleine Raum, auf dem sie sich bewegen konnten, setzten am Rücken und den Rippen der Thiere bedeu= tende Quantitäten Talg an und wir konnten wieder einmal Steaks von Rennthierfleisch essen. Auf der Suppe, die wir aus dem Rippen= stücke kochten, schwamm das Fett nicht in Augen (wie man zu sagen pflegt), sondern sammelte sich als dicke Schicht am obersten Theile der Portionen. Die paar Tage in Terror=Bai genossen wir die weit beste Küche während der ganzen Expedition. Jeder wollte Rennthiere schießen und sprang denselben fleißig nach; am theuersten bezahlte aber der Lieutenant seinen ersten Bock.

Der Küste nachgehend, sah er hinter einem Hügel ein prächtiges Geweih, er schlich sich an und feuerte, tödtete das Thier aber nicht, sondern zerschmetterte demselben ein Hinterbein. Für den Hirsch gab es nur einen Weg, und der war, in das Meer zu gehen, eine kurze Strecke im seichten Wasser fortzuwaten und dann auf eines der nahe liegenden Eisstücke zu klimmen. Dort traf ihn die zweite Kugel des Lieutenants, er brach zusammen und war todt. Nun war es aber Sitte bei uns, daß Jemand, wenn er das Fleisch eines erlegten Thieres nicht gleich mitbrachte, sondern unter Steinen deponirte, stets ein Zeugniß mitbringen mußte, welches ihn zum Eintragen einer Einheit in die Jagdergebnisse und das Schießbuch der Partie berechtigte. Die Zunge, die Leber, ja selbst die Ohren genügten zu diesem Zwecke.

Lieutenant Schwatka, schon von dem fernen Westen Amerikas her ein guter Jäger, konnte sich unmöglich diese Einheit, noch weniger sein erstes Rennthier entgehen lassen, und mußte daher in's Wasser steigen, um seinen Bock in's Trockene zu bringen. Ich stand eben am Koch=

keſſel, als er über dem nahen Hügel erſchien; doch konnte ich nicht
begreifen, weshalb er ſein rothes Taſchentuch und noch einen anderen
Gegenſtand am Gewehre hängen hatte. In dem rothen Tuche hatte
er in früheren Tagen manches Dutzend Eier nach Hauſe gebracht —
doch jetzt Eier, im Auguſt — die würden ſonderbar in meine Küche
paſſen. Wir Alle ſchauten und behaupteten Verſchiedenes, unter Anderem
auch, daß er irgend eine Reliquie gefunden habe, ſahen auch ſcharf
durch das Fernrohr — daß der Lieutenant aber ſeine durch das
Waten durch's Waſſer naß gewordene Unterhoſe am Gewehrlauf aufgehängt hatte, daran dachte Niemand.

Die Erzählung ſeines Abenteuers war gelungen anzuhören, doch
noch lieber wäre es mir geweſen, wenn ich ungeſehener Zeuge des
Vorfalles geweſen wäre und ihn hätte ſkizziren können, als er im
Hemd und Unterhoſen über die Hüften im kalten Eiswaſſer ſtehend, ſeine
Beute bei den Hörnern vom Eisſtücke nach dem Lande hinter ſich herzog.

Doch genug der Anekdoten, wir ſind als Forſchungspartie hier.

Die vorgerückte Jahreszeit mahnte zur Eile und wir hatten vor
dem erſten Schneefalle, der unſerer Arbeit einen ſchnellen Abſchluß
machen dürfte, eine noch ſehr große Strecke des Landes zu begehen.
Unſere Theilung war deswegen eine Nothwendigkeit, und während ich
es dem Leſer in dem kommenden Capitel überlaſſe, meine Partie zu
begleiten, will ich der zeitgemäßen Ordnung etwas vorgreifen und
mit Lieutenant Schwatka und Gilder die Begehung des weſtlichſten
Theiles von König Wilhelms-Land beendigen.

Die Begehung wurde pedantiſch durchgeführt, doch was den
Erfolg anbelangt, ſo iſt er in wenigen Worten wiedergegeben.

Von dem ehemaligen Standpunkte des Zeltes war nicht nur nichts
zu finden, ſondern eine nochmalige Nachfrage bei der einſtigen Finderin
darüber ergab, daß ſchon vor etwa ſechs Jahren (ſechs Sommer nach
ihrer Ausdrucksweiſe), um welche Zeit die Frau den Platz zum letzten-
male beſucht hatte, jede Spur verwiſcht war.

Die Begehung von Cap Crozier wurde auch durchgeführt, doch
außer dem Schädel eines Weißen für den Erfolg der Forſchung nichts
Bemerkenswerthes gefunden. Die beiden Herren verblieben einen ganzen
Monat in der Gegend, deponirten die Reliquien, ſowie auch den
Schlitten ſo, daß er beim Beginne des Winters leicht wieder gefunden
werden konnte, und wendeten ſich, als Melms und Tuluak zurückkehrten und die ſehr gewünſchte Fußbekleidung brachten, dem ſüd-
öſtlichen Theile der Inſel zu.

VII.

Getheilte Forſchung. 6. Auguſt bis Ende September.

Marſch nach Gladman = Landſpitze. — König Wilhelms = Land, ſeine geographiſchen Verhältniſſe, Bodengeſtaltung und ſein Thierreichthum. — Cap Herſchel. — Nebel. — Kleine Rationen. — Unſere Eskimos. — Neue Funde. — Adelaide = Halbinſel und ihre Beziehungen zu Franklin's Untergang. — Muthmaßlicher Weg der Unglück= lichen. — Eskimo Joe. — Eskimo = Sitten. — Winteranfang. — Eine neue Nahrungs= quelle. — Ueberfahrt nach König Wilhelms = Land. — Ankunft der Schwatka'ſchen Partie. — Beendete Forſchung.

Am Morgen des 6. Auguſt trennten wir uns in zwei Partien. Lieutenant Schwatka mit Gilder blieben an Ort und Stelle, um die Forſchung im weſtlichen Theile von König Wilhelms=Land zu beendigen, während für mich und Melms die Aufgabe eine doppelte war. Wir ſollten auf unſerem Marſche ſüdöſtlich die Küſte begehen, die Simpſon= Straße, falls unſere Eskimos nicht auf der Inſel ſelbſt wären, kreuzen und dann auf der Adelaide=Halbinſel die Forſchung fortſetzen. Tuluak, der unſere Partie begleitete, ſollte mit verſtärkter Hundezahl und mit den ergänzten Vorräthen an Munition, Tabak und Fußbekleidung nach Terror=Bai zurückkehren.

An ein beſonders ſchnelles Fortkommen war nicht zu denken, da wir einestheils unſer Hab und Gut ſelbſt tragen mußten, andern= theils aber die in den erſten Tagen durchzogene Gegend eine ſehr wildreiche war, und namentlich die feinen Rennthierfelle mit ihren jetzt noch kurzen Haaren Tuluak zum fleißigen Jagen bewogen. Dieſe reichen Jagdgründe reichten jedoch öſtlich nur bis gegen Cap Herſchel, von dort an waren trotz der ſchönen Mooswieſen Rennthiere nur ſpärlich zu erblicken. Der Uebergang war ein ſtaunenswerther, und inſoferne, da wir auf unſeren Hunden keine beſonderen Vorräthe mit= führen konnten, war dieſes beinahe gänzliche Ausbleiben der Renn= thiere für uns ſehr unangenehm.

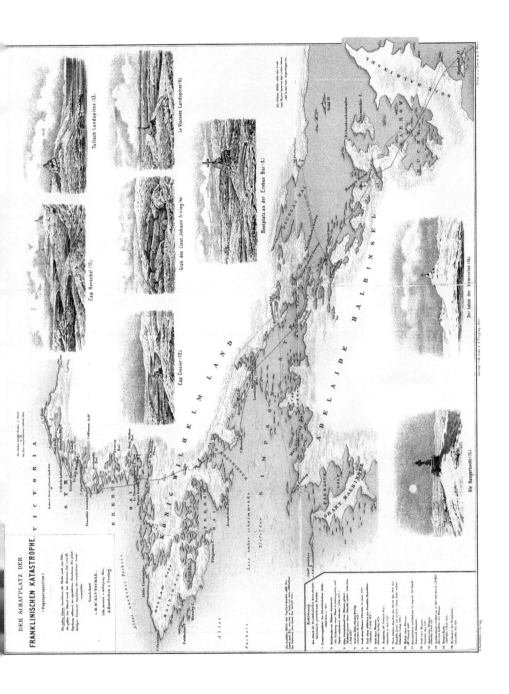

The material originally positioned here is too large for reproduction in this reissue. A PDF can be downloaded from the web address given on page iv of this book, by clicking on 'Resources Available'.

Die ganze Zeit hatten wir uns meistens an der Küste selbst auf=
gehalten und bekamen Gelegenheit, sowohl die horizontale, als auch die
verticale Bodengestaltung der Insel König Wilhelms=Land zu beobachten.
Die Küstenentwicklung ist, sowie im nordwestlichen Theile, auch im süd=
lichen eine sehr bedeutende. Terror=Bai allein, welche an ihren in's offene
Meer auslaufenden Grenzen von der Fitzjames= bis zur Asaph Hall=Insel
in der Richtung von Westen nach Osten blos eine Distanz von 15 Meilen
aufweisen kann, hat, wenn man dem Strande nachgeht, eine Ent=
wicklung von 96 Meilen. Alle Punkte von Cap Felix bis Tulloch=
Point tragen, mit Ausnahme einiger äußerst kurzen sandigen Strecken
und der ganz flachen lehmigen Strände, im südöstlichen Theile von
Erebus=Bai und nördlichen Theile von Washington=Bai denselben
Charakter.

Aus dem sehr seichten Meere hebt sich in kleiner Thon=
steinbildung die Küste in wellenförmigen, zu einander parallelen
Terrassen, und erst in der vierten oder fünften Abstufung zeigt sich eine
schwache Andeutung vegetabilischen Lebens. In den Buchten steigen
die Terrassen höher und bilden sich zu kleineren Hügeln, die in
ihrer Formation den der Küste nächstliegenden gleich sind. Auf den
verschiedenen Landspitzen, wie z. B. den kleinen Halbinseln in Terror=
Bai, namentlich aber auf dem Landvorsprunge zwischen Terror=
Bai und Washington=Bai, tritt die Neubildung des Landes noch
charakteristischer hervor.

An den der Küste nächstgelegenen Theilen sind die schon
erwähnten Terrassenformen wieder vertreten, doch hinter denselben
auf nur kleiner Höhe vom Meeresniveau dehnen sich oft ein bis zwei
Meilen weit die prächtigsten Mooswiesen aus, auf denen man sehr
oft auch Reste von Treibholz findet. Gegen das Innere sind diese
Mooswiesen dann durch bastionartige Hügelgürtel begrenzt, die aus
Thonsteinen gleichsam erbaut zu sein scheinen. Sie haben eine Höhe
von 30 bis 40 Fuß und besitzen gegen die Seeseite eine verhältniß=
mäßig steile Böschung von 45 bis 60°, ja stellenweise fallen dieselben
beinahe senkrecht ab.

Die auf Seite 114 beigesetzten Figuren zeigen den Durchschnitt
der verschiedenen senkrechten Landgestaltung, während die Zeichnung
auf Seite 116 einen solchen Bastionhügel veranschaulicht.

Die Thonsteine selbst sind, ob klein oder groß, stets flach und
zeigen eine Unzahl von Ab= und Eindrücken, von denen die drei auf
Seite 115 beigefügten Formen am häufigsten vorkommen.

Klutschak. Unter den Eskimos.   8

Namentlich die oberste und unterste ist allgemein, und man kann sagen, daß auf jedem zehnten Steine sich eine dieser zwei Formen zeigt. Einen bedeutenderen Thier= noch irgend einen Pflanzenabdruck haben wir weder auf König Wilhelms=Land noch auf Adelaide=Halbinsel zu Gesichte bekommen.

Mit der Gestaltung des verticalen Durchschnittes des Landes selbst steht auch die Anwesenheit des Rennthieres in den verschiedenen Gegenden in engster Verbindung. Die Rennthiere halten sich während der Wurfzeit gerne einzeln und von der Meeresküste entfernt auf und dieses wird ihnen durch die Bodengestaltung des Innern von König Wilhelms=Land mit seinen guten Futtergründen sehr erleichtert. Im Juli und Anfang August dagegen findet man sie in der Nähe des Salz=

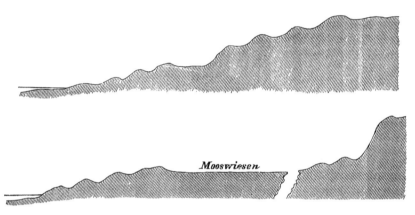

Mooswiesen

wassers, wo eine salzhaltige Moosgattung wächst und in den niedrigen Wiesenländern häufig vorkommt. Diesem Grunde ist es zuzuschreiben, daß wir bis westlich von Cap Herschel viele Rennthiere sahen, während diese mit dem 13. August, an welchem Datum wir das Cap selbst betraten, gänzlich aufhörten. Die Küstenentwicklung von dort bis Tul= loch Point ist keine bedeutende, das Vertical=Profil des Landes ent= behrt der breiten moosbewachsenen Niederungen in der Nähe des Salzwassers, und es hat die Gegend für das Wild daher keine Anziehungskraft. Dazu mag sich noch der Umstand gesellen, daß die Netchilliks zeitweise den eben besprochenen Theil bewohnen und die Rennthiere verscheuchen, obzwar, wie wir später sehen werden, letztere oft bis in die nächste Nähe der Ansiedlung von Menschen kommen.

Die gehegten Hoffnungen, unsere Eskimo=Ansiedlung am Cap Herschel zu finden, blieben unerfüllt. Alles was diese dort übrig gelassen war das Kajek, eine große Zahl von Seehunds= und Geflügelknochen, ihre Steinlampen und anderes erst im Winter nothwendige Material. Die Stellung des Kajek zeigte in südsüdöstlicher Richtung nach dem Hauptlande und wir mußten die Küste vor Allem weiter verfolgen, um später die Simpson=Straße an ihrer engsten Stelle zu übersetzen.

Die Unter=suchung der schon Eingangs erwähn=ten vermeintlichen Grabstätte auf Cap Herschel war nicht von dem gehofften Erfolge begleitet. Die Steinhaufen waren keine Grä=ber, sondern Cashes (Verstecke), wie sie die Eingebornen zur Aufbewahrung von Oel= und Fleischvorräthen verwenden. Die in Kreisform gelegten Steine und zahl=reich herumliegen=den Seehunds=knochen bewiesen uns, daß die Eskimos sich hier öfters aufhielten. Auch die Unter=suchung des älten

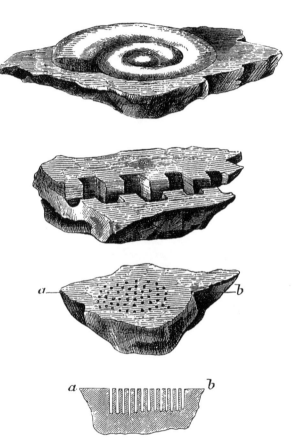

Cairn nach einem von Franklin's Leuten allenfalls hier deponirten Documente erwies sich als erfolglos.

Am 15. setzten wir uns zu einer ungewöhnlich frühen Morgen=stunde in Bewegung, doch war es nicht Eifer, der Tuluak bewog, zum Aufbruch zu mahnen. Ein fernes Gewitter war es, das ohne Blitz=erscheinung mit dumpfem Donner die Familie unseres Begleiters so zeitlich auf die Beine brachte. Ist es die Seltenheit des Donners oder hängt

8*

es mit den religiösen Anschauungen der Eskimos irgendwie zusammen, daß sich selbst eines so muthigen Mannes, wie es Tuluak unstreitig war, eine solche Furcht und die sichtlichste Aufregung bemächtigte? Die Antwort darauf muß ich dem Leser schuldig bleiben, doch versichern kann ich ihn, daß es keine 15 Minuten dauerte, bis unser Zelt abge=brochen, die Hunde bepackt waren und Tuluak, da sich nächst. der Küste eiseshalber kein Fahrwasser befand, sein Kajek am Kopfe tragend, zum Abmarsche fertig stand.

Auf dem Marsche nach Gladman Point schien sich überhaupt Alles gegen uns verschworen zu haben. Ein dichter, undurchdringlicher

Thonsteinhügel auf König Wilhelms=Land.

Nebel lagerte sich über die ganze Gegend und versperrte jede Aussicht, hinderte uns im schnellen Fortkommen und auch unsere Jagd blieb erfolglos. Wir liefen täglich, nachdem wir das Campirungszelt auf=geschlagen hatten, 4 bis 5 Stunden in der Gegend nach Rennthieren suchend umher, sahen aber weder solche selbst, noch die geringsten Zeichen von ihnen. An Nahrung war Mangel eingetreten. So bildete eine Ente und ein Pfund Rennthiertalg für unsere ganze, aus sechs Personen beste=hende Partie für 36 Stunden einmal unsere einzige Mahlzeit. Am 17. unternahm es Tuluak, da die Küste eisfrei geworden war, nach dem Haupt=lande zu kreuzen und nach unseren Eskimos zu suchen. Er kam zurück,

ohne sie gefunden zu haben, doch gelang es ihm drüben ein Renn=
thier zu schießen, dessen Fleisch er mit herüberbrachte, und da wir auf
diese Weise für 2 bis 3 Tage mit Proviant versehen waren, ging er
schon am folgenden Tage wieder hinüber.

Die drei Tage seiner Abwesenheit waren für uns sehr unangenehme.
Das Wetter war prachtvoll und warm, doch konnten wir es nicht
ausnützen, wir waren in des Wortes vollster Bedeutung barfuß. Das
letzte Stückchen Seehundsleder war auf der Wanderung zu Grunde
gegangen, die Seehundsstiefeln hatten neue Löcher bekommen und zum
nochmaligen Flicken fehlte das Material. So mußten wir denn die
ganze Zeit — drei lange Tage — im Zelte zubringen. Ich citire hier
wörtlich eine Stelle aus meinem Tagebuche:

„20. Juli 1879. Zwei Tage sind erst verflossen, seitdem Tuluak
und Arunak (bekanntlich ein Junge) nach dem Hauptlande gingen,
um nach unseren Eingebornen zu sehen, doch für uns sind sie eine
Ewigkeit.

Der schöne arktische Sommer, von dem wir in den letzten
Tagen eine Idee erhalten haben, scheint, nach dem heutigen Wetter
zu schließen, wirklich zu existiren, denn die Nebel haben sich ver=
zogen, die See ist wie ein Spiegel und es ist in Anbetracht der
hohen Breite fürchterlich heiß. Und doch diese Langeweile! In
solch' einer Situation waren wir eigentlich schon lange nicht! Keine
Schuhe, daß man herumlaufen könnte, kein Tabak, daß man rauchen
könnte und keine großen Vorräthe, daß man sich mit Essen die Zeit
vertriebe. Gestern hatten wir zwei Zündhölzchen und ich wollte es
den Eskimos nachmachen, welche die Zündhölzchen spalten, um mit
einem zweimal Feuer zu machen; doch hatte sie Susy (Tuluak's Frau)
zum Anzünden ihrer letzten Tabaksreste aufgebraucht, und so bleibt
uns nichts übrig, als nachzugrübeln, ob Tuluak unsere Eskimos
finden oder nicht finden werde.

Wenn er nur wenigstens die Munitions= und Tabaksvorräthe
fände, dann ginge es noch, wir haben so viel schon fertig gebracht,
vielleicht lernen wir auch noch auf König Wilhelms=Land und seinem
herrlichen Mosaikpflaster mit bloßen Füßen herumlaufen. Die größte
Sorge machen mir unsere Hunde. Hier liegen sie, zwölf an der Zahl, an
Steine angebunden, schon sieben Tage ohne Nahrung und viel länger
halten sie es nicht mehr aus. Lassen wir sie aber frei herumlaufen,
so riechen sie den einen Rennthierschlägel, den wir noch haben und
wiederholen, wie verflossene Nacht, die Attaque darauf."

Mit Niederschreiben ähnlicher Bemerkungen vertrieb ich mir die langen Stunden und als sich Abends wieder Nebel zeigte, feuerte ich, für den Fall, daß Tuluak schon auf dem Wege zu uns wäre, drei Signalschüsse ab.

Noch eine Stunde verging und wir vernahmen die leisen Schläge eines Ruders im Wasser. Freudig sprangen wir aus dem Zelte, doch Tuluak war schon gelandet und brachte am Rücken ein Bündel in's Zelt. Alles war in Ordnung; Eingeborne und Vorräthe waren gefunden und für unsere Uebersetzung an die andere Seite der Wasserstraße war Sorge getragen.

Die Meisterschaft und Zuverlässigkeit unseres Jägers befriedigten am folgenden Morgen auch die Hunde. Gerade als wir im Begriffe waren, der besseren Ueberfahrt halber weiter südlich zu übersiedeln, entdeckte Tuluak's Frau ein einzelnes Rennthier am Kamm des nahen Hügels. Schweigend ergriff Tuluak sein Gewehr und im nächsten Augenblicke war das Rennthier, mit ihm aber auch Tuluak hinter dem Horizonte verschwunden.

Lange Minuten banger Erwartung folgten. Es handelte sich um das Leben unserer Hunde; wenn ein Schuß krachte, mußten wir, daß das Thier erlegt war. Ein Schütze wie Tuluak brauchte nur die Gelegenheit, zum Schuß zu kommen — dann war die Beute sein. Eine halbe Stunde war verflossen — noch kein Knall. Jetzt kracht ein einzelner Schuß. Ich und Melms hatten die Leinen zum Heimtragen der Beute schon bereit und liefen jetzt, da uns der einzelne Schuß schon Beweis genug lieferte, daß Tuluak Erfolg gehabt, ihm nach. An Ort und Stelle angelangt, war die Beute schon abgezogen und bald war sie bei unseren Hunden, die auch sogleich gefüttert wurden. Eine Viertelstunde später war außer ein paar Knochen und dem Fell nichts mehr übrig, wir setzten unseren Marsch fort und am Abend übersetzte uns ein Netchillik-Eskimo auf zwei aneinander gebundenen Seehundsbooten über die Simpson-Straße hinüber auf's Hauptland.

Am 24. trafen wir unseren Eskimo Joe. Vor Allem mußte Tuluak nach Terror-Bai gesendet werden, um die von Lieutenant Schwatka gewünschten Sachen zu übergeben. Melms übernahm es freiwillig, die retournirende Partie, der sich auch Netchillik Joe sammt Familie anschloß, zurückzuführen, indem er wußte, daß die Eingebornen ohne Weißen, wenn sie gute Jagdgründe passiren, gerne herumlungern, während die an Terror-Bai befindliche Partie, namentlich der Fußbekleidung wegen, auf deren Rückkehr sehnlichst warten dürfte. Mit der

Sendung von Fußbekleidung sah es freilich traurig aus. Die Weiber, wenn sie, wie damals, viel zu essen haben, werden faul, und während der besten Rennthierjagdzeit dürfen dieselben ihrem Aberglauben zufolge nicht an Seehundsfellen nähen. Mir blieb daher nichts übrig, als eine regelrechte Requisition anzustellen und die fertigen Seehundsstiefel, wem sie auch immer gehörten, wegzunehmen. Dieses allerdings ungerechte Mittel war das einzige, meine Leute an Terror=Bai vor dem Barfuß= gehen zu bewahren.

Einen angenehmeren Platz, wie sich ihn Eskimo Joe mit seinem neu erworbenen Schwiegervater ausgesucht hatte, kann man sich als arktische Sommerresidenz kaum denken.

Auf einem circa 400 Fuß hohen Hügel, der im Norden über die Simpson=Straße, im Süden aber einem großen Theil der Adelaide= Halbinsel dominirte, hatten die Beiden neben einem kleinen Teich ihr Zelt aufgeschlagen. Die Rennthiere sind hier knapp am Meeresufer zu finden und werden erst gejagt, wenn sie in die Nähe des Zeltes kommen, da es zum Anlegen von Fleischvorräthen im August noch etwas zu zeitlich ist und das Fleisch bei dem warmen Wetter leicht verdirbt. Meilen= weit in der Runde wohnte jetzt keine Seele, denn die Netchillik=Eskimos sind alle im Inlande, um auf den großen Teichen mit Hilfe ihrer Kajeks Rennthiere zu erlegen. In der Nähe eines kleinen Hügelpasses errichten sie in Reihen Steinhaufen, die von Weitem wie Menschen aussehen und jagen dann die Rennthiere zwischen denselben durch, in den dahinter befindlichen größeren Teich, wo die Thiere von den Ver= folgern mittelst Seehundsbooten leicht eingeholt werden.

Gegenden, die solche Jagdarten zulassen, müssen gewiß wildreich sein; um so unbegreiflicher ist es für Jemanden, der mit den Landes= verhältnissen bekannt ist, wie Franklin's Leute so hilflos zusammen= brechen konnten. Man könnte wohl die Einwendung machen, daß diese die verschiedenen Gegenden gerade zu einer Zeit besuchten, um welche solche, wie schon oben angedeutet, sehr wildarm sind; doch sollte man glauben, daß über hundert Personen, die zwanzig Monate beinahe unthätig zubrachten, sich während dieser Zeit nicht immer auf den Schiffen befanden, sondern wenigstens im Sommer Jagd= und Recognoscirungs=Excur= sionen unternahmen, wodurch sie die Eigenthümlichkeiten des Landes hätten kennen lernen müssen, um sich bei ihrem Rückzug darnach ein= zurichten.

Unsere unter Joe's Aufsicht zurückgelassenen Eskimos waren bis zum Unsicherwerden des Eises auf Cap Herschel, wo wir sie verlassen hatten, geblieben, dann aber mit unseren Vorräthen nach Adelaide=Halb= insel gezogen, um sich dort am Fischfang zu betheiligen.

Der Salm ist Ende Juni und Anfang Juli an den hiesigen Küstenstrichen sowohl quantitativ als auch qualitativ sehr zahlreich ver= treten, denn um diese Zeit wird es ihm möglich, aus den großen Inland= teichen, wo er im Herbst seinen Laich absetzt, zurückzukehren.

Der Fang dieses Fisches ist für die Netchillik=Eskimos eine Hauptnahrungsquelle. Haben sich im Eise Risse und Löcher gebildet, dann stellen sich die Männer um die Zeit der höchsten Fluth an dieselben

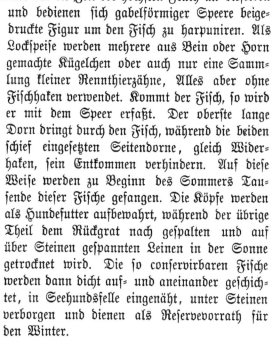

und bedienen sich gabelförmiger Speere beige= druckte Figur um den Fisch zu harpuniren. Als Lockspeise werden mehrere aus Bein oder Horn gemachte Kügelchen oder auch nur eine Samm= lung kleiner Rennthierzähne, Alles aber ohne Fischhaken verwendet. Kommt der Fisch, so wird er mit dem Speer erfaßt. Der oberste lange Dorn dringt durch den Fisch, während die beiden schief eingesetzten Seitendorne, gleich Wider= haken, sein Entkommen verhindern. Auf diese Weise werden zu Beginn des Sommers Tau= sende dieser Fische gefangen. Die Köpfe werden als Hundefutter aufbewahrt, während der übrige Theil dem Rückgrat nach gespalten und auf über Steinen gespannten Leinen in der Sonne getrocknet wird. Die so conservirbaren Fische werden dann dicht auf= und aneinander geschich= tet, in Seehundsfelle eingenäht, unter Steinen verborgen und dienen als Reservevorrath für den Winter.

Die Anwesenheit unserer Eingebornen in Gemeinschaft mit den Netchilliks hatte aber auch noch den Zweck, die Küste der Adelaide=Halbinsel einer Forschung zu unterziehen. Eskimo Joe, der in dieser Beziehung seine volle Schuldigkeit gethan hat, war schon während der ersten Monate seines Aufenthaltes an der Hungerbucht gewesen und hatte im Sande und im Seegrase in der nächsten Nähe der Hochfluth=Grenze nicht nur Gebeine gefunden, sondern auch Kleidungsstücke herausgegraben, welche letztere wahrscheinlich Officieren gehört hatten. Schuhe, Stiefel, Uniformbestandtheile, Knöpfe 2c., das Alles lag noch hier und in der

Nähe fand sich auch eine kleine silberne Gedenkmünze an das Vom-
stapellassen eines großen englischen Dampfers am 23. August 1843
durch Se. Hoheit den Prinzen Albert.

Außerdem fanden die Eskimos erst im vergangenen Sommer,
5 Meilen von der Hungerbucht entfernt, die Ueberreste eines Kaukasiers,
und dieser Fund allein ist es, der als Beweis dienen muß, daß das
in der oft genannten Bucht gefundene Boot durch den Willen und die
Kraft seiner Insassen und nicht durch die Willkür des Windes und der
Strömung dort an den Strand getrieben wurde.

Mit dieser Ueberzeugung wird sich aber auch die Frage aufwerfen,
was die daselbst gelandete Partie, falls sie noch in thatfähigem Zustande war, an diesem Punkte thun wollte. Ihren Curs nur wenig weiter
östlich nehmend, hätten die Leute die Mündung des Backs-Flusses —
ihr erstes Ziel — erreicht, denn diesen hatten sie offenbar stromaufwärts zur Reise nach dem ersten englischen Handelsposten benützen
wollen. Der Hauptgrund der Landung der Leute hier konnte also in
erster Linie nur darin liegen, daß sie entweder vollkommen unfähig
waren, ihr Boot zu regieren, oder das erste Land, mit der Hoffnung,
jagdbare Strecken zu finden, zum Anlegen wählten.

Einen anderen Zweck konnte ihre Landung nicht haben, denn
falls Adelaide-Halbinsel überhaupt eine Wichtigkeit als Rückzugslinie
für sie gehabt hätte, so hätte sich ihnen ja weiter westlich an der blos
3 Meilen breiten Simpson-Straße eine bessere Stelle zum Uebersetzen
dargeboten. Daß sich eine Partie der verunglückten Expedition je auf
der Adelaide-Halbinsel aufgehalten hatte, dafür spricht nicht das geringste
Zeichen; vom Gegentheil aber kann man sich leicht überzeugen.

Betrachten wir den Rückzug der Leute von Irving-Bai, so finden
wir ihre Zahl stets kleiner werdend; zuerst eine Desorganisation der
damals noch an 100 Mann zählenden Abtheilung an Erebus-Bai, ihre
gänzliche Auflösung als disciplinirtes Commando aber an Terror-Bai.
Da die Leute von den Schiffen aus — der Größe der Bootbestandtheile
nach zu schließen — nicht mehr als drei Boote mitgenommen haben
dürften, zwei aber bekanntlich schon an Erebus-Bai zurückgelassen werden
mußten, so wäre ein Boot noch mit der Abtheilung nach Terror-Bai
gekommen und dieses findet sich nach der Aussage der Eingebornen
mit der von diesen gesehenen Partie nahe Cap Herschel und — ich
will dies nicht positiv behaupten, doch ist die Annahme eine sehr wahrscheinlich richtige — schließlich in der Hungerbucht wieder. Der Leser
wird sich aber aus den vorhergehenden Seiten aus Alanak's Aussage

zu erinnern wissen, daß das Eis damals schon schlecht war (es war also Anfangs Juli), und die Partie durfte sich so lange im Küstenwasser des südöstlichen Theiles der Insel langsam weiter bewegt haben, bis ihnen das Aufbrechen des Eises eine Ueberfahrt gestattete. Von dieser Partie mögen auch die Skelete stammen, die 1869 der Forscher C. F. Holl auf einer der drei Todd-Inseln fand und beerdigte, während die einzelnen an der Küste von König Wilhelms-Land zwischen Washington-Bai und Booth-Landspitze liegenden und vor der Entdeckung unbeerdigten Ueberreste von Weißen aus den letzten Stadien des Elends der Leute, bevor sie dem Hungertode erlegen sind, herrühren. Beinahe schon im letzten Todeskampfe erfaßt den Menschen die Willenskraft noch einmal, er rafft sich mit Aufbietung seiner äußersten Kräfte auf und sucht sich zu erhalten. So mag es bei Franklin's Leuten auch gewesen sein — einzeln, getrennt, blos auf die eigene Rettung bedacht, eilten sie weiter, doch nur kurze Zeit, dann brachen sie zusammen, um ihr Leben zu enden. Daß im Juli und August gerade in dem Theile der Insel kein Wild ist, wissen wir ja aus eigener Erfahrung.

Durch diese Betrachtung über den muthmaßlichen Weg und das Ende der Franklin'schen Leute sind aber auch die Grenzen für eine weitere Aufklärung der Sache gezogen, denn für weitere, besonders für mit genügenden Beweisen belegte Details fehlen jede ferneren Anhaltspunkte. Der Franklin'schen Forschung ist viel Geld gewidmet worden, es haben verschiedene Personen große Energie, Ausdauer und Leistungsfähigkeit entwickelt, doch hat der ganzen Forschung der ersten 20 Jahre nach der Katastrophe selbst die ruhige, überlegende Denkkraft gefehlt und dieser Mangel an Ueberlegung hat sich schwer gestraft. Die Forscher, die vor 20 und auch noch vor 10 Jahren gerade am Schauplatze des Unterganges einer so großen Menschenzahl waren, haben sich mit leichten Errungenschaften zu rasch befriedigt gestellt, anstatt die gefundenen Spuren bis auf's äußerste zu verfolgen. Eine halbwegs genaue Forschung hätte damals gewiß Bedeutendes geleistet, ja vielleicht den ganzen Thatbestand aufgeklärt. Für uns natürlich hat die Zeit von 32 Jahren ihre Einflüsse schon zu sehr zur Geltung gebracht.

In Anbetracht der bereits erfolgten Durchforschung der Adelaide-Halbinsel durch die Netchilliks unter der Leitung Eskimo Joe's war ich denn jetzt zum erstenmale Herr meiner freien Zeit. In der Ueberwachung unserer Depots, die hier und da an einige Meilen von einander entfernten Punkten unter Steinen vergraben waren, bestand meine einzige Pflicht und Schuldigkeit. An Nahrung fehlte es hier nicht, denn für genügende Vorräthe sorgte Joe's Schwiegervater, Joe selbst aber lag beinahe einen Monat an Rheumatismus krank. Zwei Polar- und drei Franklin-Aufsuchungs-Expeditionen macht man, selbst wenn man Eskimo ist, nicht ohne Nachtheil für die Gesundheit mit. Indessen trat in seinen Zustand nach und nach Besserung ein.

Meine Ruhe, der ich mich hinzugeben gedachte, dauerte aber nicht lange, nach zwei oder drei Tagen mußte ich — das Herumwandern war mir nunmehr Bedürfniß geworden — hinaus auf die Jagd. Joe, die Gewohnheiten der Weißen kennend, warnte mich dabei auf das eindringlichste, ich möge doch ja nicht allein solche Ausflüge unternehmen, ich könnte mich leicht verirren. Er hatte schon früher Gelegenheit gehabt, Verirrte suchen zu müssen und seine Besorgnisse waren ganz berechtigte. In einem Lande, welches in seiner Einförmigkeit keine besonderen Anhaltspunkte zur Orientirung bietet, und besonders dann, wenn Nebel, Regen und Schnee die Sonne, Mond und Sterne, die einzig sicheren Wegweiser straßenloser Gegenden, unsichtbar machen, verirrt man sich sehr leicht. Ich hatte mir bald zur Gewohnheit gemacht, stets Richtung und Distanz meiner Marschrichtung im Gedächtnisse zu behalten und mit einem Bilde des gemachten Weges im Kopfe fand ich leicht meinen Weg zurück.

Der Zweck der meisten meiner Spaziergänge war die Aufsuchung alter Campirungsplätze der Eingebornen. In deren nächster Umgebung pflegten nämlich kleine Stückchen Holz zu liegen, meistens Ueberreste der verloren gegangenen Schiffe Franklin's, die vielleicht schon seit langen Jahren bei Verarbeitung der Schiffsbestandtheile zu Geräth- schaften und Utensilien durch Eskimos als Abfall liegen geblieben sind. Diese Späne waren für mich ein Schatz, denn Treibholz gab es auf Adelaide-Halbinsel keines, brennbare Moose fanden sich erst weit im Inlande und so blieben diese Holzabfälle unser einziges Brennmaterial. Mit der größten Geduld und Aufmerksamkeit sammelte ich oft stunden- lang knieend die kleinsten Späne, um mit gleicher Sparsamkeit und Vorsicht dieselben zum Kochen einer sogenannten warmen Mahlzeit zu benützen.

Das Leben unter Eskimos war mir allmählich fast zur zweiten Natur geworden, ich lebte mich langsam in ihre Gewohnheiten, ja bei- nahe selbst in ihre abergläubischen Sitten ein.

Gerade wie es während der Zeit der Seehundsjagd dem Eskimo durch traditionell fortgepflanzte religiöse Satzung verboten ist, die Hunde beim Füttern an einem Seehundsknochen nagen zu lassen, so ist es

124

auch bei der Rennthierjagd. Die Hunde, die, gleich den Eingebornen selbst, den ganzen Sommer nichts thuend, fett und wohlgenährt aussehen, sind Alle an Steinen angebunden und erhalten an den Fütterungstagen nur Leber, Herz, Milz 2c., während die Knochen der Rennthiere von der Hausfrau mit großer Sorgfalt so lange aufbewahrt werden, bis sich eine größere Menge angesammelt hat. Dann werden dieselben entweder, mit großen Steinen beschwert, vergraben oder in einen tiefen Bach geworfen, um sie nicht den Hunden zur Beute fallen zu lassen.

Am Salmbach.

Eine andere eigenthümliche Sitte ist die, daß ein erlegtes Rennthier so zerlegt werden muß, daß dabei kein Knochen gebrochen wird. Der Eskimo besitzt daher in Hinsicht auf Rennthiere auch einige anatomische Kenntnisse und die Schnelligkeit, mit der er seine Beute zerlegt, würde unter geübten Metzgern ihres Gleichen suchen.

Das Mark der Fußknochen ist unter den Eingebornen ein äußerst beliebter Leckerbissen und hatte auch für uns einen an Butter erinnernden Geschmack. Nun durften die Eskimos aber zu dieser Jahreszeit keine Knochen zerschlagen und wollten es anfangs auch nicht leiden, daß ich es that. Ich zerschlug jedoch die Knochen nun außerhalb der nächsten

Umgebung des Zeltes; als die Eskimos dies gewahr wurden, ersuchten sie mich, dasselbe auch für sie zu thun. Und so kam es auch noch bei vielen anderen abergläubischen Sitten zu einem kleinen Compromiß.

Aber das Herkommen, das ihnen verbot, während der Jagdzeit neue Kleider zu machen, befolgten sie stets mit aller Standhaftigkeit.

Mit dem Eintritte der ersten Septembertage meldete der Winter= könig seine Ankunft. Das schöne Augustwetter war vorüber und das nunmehrige Sinken der Temperatur unter den Gefrierpunkt mahnte stark an die bevorstehende Periode, wo Schnee und Eis für neun lange Monate die einzige Hülle für Land und Wasser sein wird. Regen, Hagel und endlich Schnee fingen an, den Aufenthalt im Freien unangenehm zu machen. Zu unserem großen Verdruß fanden wir eines Morgens unsere Seehundsstiefel zum erstenmale gefroren. Selbst die Rennthiere, die sich so zahlreich in der Umgebung der Seeküste ein= gefunden, wurden spärlicher und hörten nach wenigen Tagen ganz auf, sichtbar zu sein. Unsere Jäger konnten nicht, wie früher, sozusagen vom Zelte aus den nöthigen Wildbedarf für die Hauswirthschaft ver= schaffen, sondern mußten hinaus, um von Früh bis Abends die Renn= thiere aufzusuchen. Doch ihr Erfolg wurde täglich geringer und zuletzt kehrten sie heim mit dem einfachen, lakonischen Ausspruch: tuktuk pikihangitu (d. h. die Rennthiere sind Alle). Eskimo Joe, der nun so weit genesen war, daß er mit einem Stocke wieder herumgehen konnte, hatte jedoch bereits eine neue Nahrungsquelle gefunden.

Am Fuße des Hügels, auf dem wir wohnten, war ein wohl seichter, aber reißender Bach, der, den darin befindlichen Steindämmen nach zu schließen, schon früher Menschen aus der Verlegenheit geholfen hatte. In den letzten August= und ersten Septembertagen verläßt der Salm das Salzwasser und geht durch die Bäche und Flüsse in die großen Teiche des Inlandes, um seinen Laich zu legen. In kurzer Entfernung vom Strande war der Bach in der stärksten Strömung eingedämmt und durch einen Stein eine Schleuße gebildet, die in der Fluthzeit offen gelassen wird, um die Fische einzulassen. Alle Nebencanäle sind sorg= fältig unpassirbar gemacht und am Ende seewärts aus Steinen Fallen gebaut, die, einem deutschen Fischkorb ähnlich, die Fische herein= lassen, deren Austritt aber unmöglich machen. Hat die Fluth den Culminationspunkt erreicht und beginnt der Wasserspiegel zu sinken, dann wird die Schleuße geschlossen und mit einer Stange die so ein= geschlossenen Fische in die Steinfallen getrieben. Auf diese Weise fingen wir in einer Fluth 19 schöne Exemplare.

Diese Art des Salmfanges währt aber nur sehr kurze Zeit und der Eintritt der ersten Kälte, die den seichten Bach gefrieren läßt, macht der weiteren Ausbeute ein Ende. Ich für meine Person war voll= kommen befriedigt, die Fischkost los zu werden, denn wenn man dreimal des Tages nichts als ein Stück in salzigem Wasser gekochten Fisch erhält und diese Diät acht Tage lang fortsetzen muß, dann läßt man sich einen so langen Freitag gerne aus dem Kalender streichen und sehnt sich nach Abwechslung.

Eine arktische Fähre.

Das Thierleben war aber auch im Inlande spärlich geworden, denn die Netchilliks kamen fleißig an die Seeküste und übersiedelten nach dem südöstlichen Theile von König Wilhelms=Land, um dort durch die massenhaft vorhandenen Rennthiere ihre Nahrung zu gewinnen.

Zu demselben Zwecke übersetzten wir am 17. September die drei Meilen breite Meeresstraße. Das originelle „Ferryboot“ war natürlich einheimischer Construction und bestand aus vier aneinander befestigten Seehundsbooten, die das einzige Wasserfahrzeug der hier lebenden Eskimos bilden und für ihre Größe verhältnißmäßig bedeutende Lasten tragen. Unsere Partie, im Ganzen aus 17 Personen und 13 Hunden bestehend, wurde mit zweimaliger Fahrt auf das jenseitige Ufer gebracht. Wie viel Raum dabei auf eine Person kam, mag sich Jeder aus den Dimensionen des so gebildeten Flosses vorstellen, das eine etwa 5 Fuß breite und 10 Fuß lange Basis bot. Menschen, Hunde und Bagage lagen, saßen und kauerten da in dichtem Knäuel und während der drei= stündigen Fahrt (das Ganze wurde nur mit zwei Rudern fortbewegt) kam mir unter anderen schönen Betrachtungen der Gedanke, was wohl aus uns werden würde, wenn eines oder mehrere der Boote zufällig leck würden.

Einmal übersetzt, bauten wir unsere Ansiedlung auf einem Hügel nahe an der Seeküste, von dem man eine gute Uebersicht auf das Land hatte, und begannen schon am folgenden Tage eine mit Erfolg begleitete Jagd, auf die ich im nächsten Capitel zu sprechen kommen werde.

Einige Tage später, am 21. September, erhielt ich durch einen Netchillik die Nachricht, daß Lieutenant Schwatka's Partie in unserer Gegend angelangt sei und sich circa sieben Meilen westlich von uns in einem permanten Camp niedergelassen habe, um durch Theilung der Jäger diesen die Jagd zu erleichtern.

Der häufigere Schneefall hatte den Boden weiß bedeckt, die Stürme schufen frische Schneewehen und unsere Arbeit als Forscher be= schränkte sich für diesen Monat nunmehr darauf, die Gebeine eines Weißen, die an Tulloch Point lagen, und von denen wir durch Ein= geborne Kenntniß erhielten, zu beerdigen. Ein gut erhaltener Schädel sammt Unterkiefer und 17 verschiedene Knochenstücke waren Alles, was wir von dem Unglücklichen nach Verlauf von 32 Jahren endlich der Erde übergeben konnten. Mit diesem Acte schloß unsere Sommer= begehung und Forschung auf König Wilhelms=Land und unsere Gedanken richteten sich nunmehr der Heimat zu.

VIII.

Im permanenten Camp. (October 1879.)

Die Rennthierjagd. — Im permanenten Camp. — Unthätiges Leben. — Zubereitung
der Felle. — Eine Eskimo = Schneider = Werkstatt. — Die Netchilliks. — Oelvorräthe.
— Ein Kauf=Essen. — Ein Gaunerstück. — Der Hohepriester. — Fadenspiele, ein
Zeitvertreib der Eingebornen. — Ein Schneesturm. — Die Erlangung eines Eskimo=
Schädels. — Tuluak holt unsere' Sachen von Terror=Bai. — Eine dreifache Bären=
jagd. — Vorbereitungen zum Abmarsch.

Der südöstliche Theil von König Wilhelms=Land mag im Herbst
mit Recht das Eldorado des Rennthierjägers genannt werden, und nie
habe ich während eines vierjährigen Aufenthaltes in und an den Grenzen
des nördlichen Polarkreises mehr Wild beisammen gesehen, als hier.
Der Hügel, auf dem unser Zelt inmitten einer kleinen Ansiedlung von
Netchillik=Eskimos stand, gewährte eine Rundschau von fünf bis sechs
Meilen im Umkreise und während der Zeit von 10 Uhr Morgens bis
5 Uhr Abends gab es auch keinen Augenblick, wo wir nicht nach Hun=
derten Rennthiere zählen konnten. Ich habe schon früher bemerkt, daß
diese während des Sommers den nördlichen und westlichen Theil
der Insel zu ihrem Heim machen, und dort auf den großen Moos=
wiesen reichlich Nahrung finden; naht aber der Herbst, dann sammeln
sie sich in großen Heerden, die täglich unter der Leitung majestätischer
Böcke zum Meeresstrande kommen. Es ist nicht nur die Quantität,
sondern auch die Qualität der Thiere, was die Rennthierkost zum
Hauptnahrungsmittel macht. Namentlich die Böcke sind sehr fett und
die Dicke des Talges an den Rückenseiten erreicht oft 2½ Zoll. Die
Rennthiere sind auf König Wilhelms=Land auf einen verhältnißmäßig
kleinen Raum beschränkt und dies in Verbindung mit der prächtigen
Weide ist die Hauptursache ihres guten Zustandes. Der Talg ist die
einzige Delicatesse des Eskimos und ich muß, wenn auch mit gewissen

Bedenken, eingestehen, daß auch wir in dem besagten Artikel etwas
Feines fanden. Rennthier, Seehund und Enten waren seit vier
Monaten unsere einzige Nahrung gewesen, und Feingeschmack gehörte
bei uns zu den Begriffen der Vergangenheit. Wir aßen nämlich, um
zu leben, und lebten nicht, um zu essen. Holz ist in diesen Theilen
der Insel nicht zu finden, dafür ist aber die bereits erwähnte Cassiope
tetragonia in großen Massen vorhanden und ihr Gehalt an Harz
macht sie zu einem besonders guten Brennmaterial. So lange es der
Schnee zuließ, gingen wir täglich unter der Leitung von Eskimos landeinwärts, um in Säcken so viel davon als möglich nach Hause zu bringen;
als aber die Schneekruste dick wurde, konnte nur so viel Fleisch gekocht
werden, als der über die Oellampe gehängte Kessel auf einmal fassen
konnte. Rohe Fleischkost bildete daher die Hauptnahrung und die
Quantität, die eine Person in einem Tage zu sich nimmt, ohne sich
zu überessen, steht mit dem Begriffe Mäßigkeit in schauderhaftem
Widerspruche.

Unsere Hauptbeschäftigung war die Jagd. Kaum war eine Heerde
auf eine bis zwei Meilen den Zelten nahe gekommen, so ging Alt und
Jung, Weiße und Eskimo derselben nach. Man sollte glauben, daß die Netchilliks von unserer Anwesenheit nicht besonders erfreut waren, und diesen
Herbst nicht, wie sonst, hinter einem Steine liegend, abwarten konnten,
bis die Hirsche in der alten bekannten Fährte ankamen. Unsere gute
Bewaffnung hatte zur Folge, daß verhältnißmäßig mehr Wild verwundet wurde, als dies bei Benützung von Vorderladern der Fall
gewesen wäre, und da das Rennthier, um einen alten Jägerausdruck
zu gebrauchen, „viel Blei tragen kann", so waren es diese verwundeten
Thiere, auf die es unsere Netchillik-Freunde abgesehen hatten, und die
sie gewöhnlich auch alle erlegten. Noch nie sind auf König Wilhelms-
Land so viele Rennthiere auf drei Beinen herumgelaufen, als diesmal,
und noch nie waren die Jagdergebnisse der einheimischen Bewohner so
ergiebig, als diesen Herbst. Das größte Jagdergebniß der Partie für
einen Tag waren 24 Rennthiere.

Kommt ein Jäger oder eine Partie auf Schußweite an die Rennthiere heran, dann machen sie von ihren Hinterladegewehren Gebrauch,
und aus einer Heerde erlegte einst Eskimo Joe acht und Tuluak zwölf
Stücke, die am Platze liegen blieben; wie viele außerdem verwundet wurden,
das hätten uns die Netchilliks am besten sagen können. Die zwei
Genannten waren jedenfalls die besten Jäger der Partie, und während
Tuluak die meiste Beute erlegte und im kritischen Moment, wo es

sich um Fleisch und Hunger handelte, ein unfehlbarer Schütze war, brauchte der Eskimo Joe verhältnißmäßig am wenigsten Munition; mit Lieutenant Schwatka's 26 Schüsse haltendem Evans = Magazin= Gewehre erlegte er acht Rennthiere mit zehn Patronen. Ein Vergleich der Rennthierjagd mit dem Jagen amerikanischer Hirsch = Arten ist nicht anzustellen, da das Rennthier in seinen Bewegungen albern, ungeschickt ist. Ein verfehlter Schuß auf einen Hirsch hat die Folge, daß dieser Reißaus nimmt und dem Jäger das Nachsehen übrig bleibt, während beim Rennthier mit dem ersten Schusse, falls er nicht tödtlich trifft, die Jagd erst anfängt. Ein Rennthier, falls es der Jäger versteht, diesem der Landformation gemäß zu folgen, kann stundenlang verfolgt werden und es wird dem Jäger immer noch Gelegenheit geben, zum Schusse zu kommen. Nur müssen die Eskimohunde gänzlich unver= wendet bleiben, und wenn sie zum Fortbringen der Beute gebraucht werden, unter specieller Aufsicht eines Zweiten auf gehörige Distanz zurückgelassen werden. Treibjagden in unserem heimischen Sinn des Wortes sind den nordischen Völkern unbekannt, doch erinnere ich mich zweier Fälle, wo Rennthiere von Jägern in größerer Zahl ver= folgt wurden.

Die eine Art und Weise habe ich gelegentlich der Tödtung der Renn= thiere mit Benützung der Kajeks auf den Inland = Teichen schon erwähnt; die andere ist nur in speciellen durch die Landesverhältnisse möglich gemachten Fällen anwendbar. Ein Beispiel hievon giebt Folgendes: Am Uebergangspunkte zum Hauptlande, nahe bei König Wilhelms=Land, liegt circa $^3/_4$ Meilen von diesem entfernt eine kleine Insel, die den Namen Itah (so viel wie Essen) hat und die in den Tagen der ersten Eis= bildung schnell durch eine Brücke mit der Hauptinsel in Verbindung steht. Bei den Versuchen, die Meeresstraße zu kreuzen, kommen große Heerden oft auf die Insel und diese Zeit bildet dann eine reiche Ernte für die Netchilliks. Wie ein Lauffeuer bringt die Kunde durch die Ansiedlung und was da laufen kann, bewaffnet sich mit Bogen, Speeren, Messern und Stöcken. Die Eisbrücke wird besetzt und in Reih und Glied rückt die Colonne vor, auf die Insel zu, mit dem Bemühen, durch Schreien so viel Lärm als möglich zu machen, um die Renn= thiere zu verwirren. Diese rennen zuerst auf der Insel herum, wagen dann aber, durch die Verfolger durchzubrechen und werden durch diese auf einen ihnen wohlbekannten Punkt gedrängt, dessen Eis nicht stark genug ist, um die Thiere zu tragen. Deren Durchbruch durch das Eis und eine gräßliche Confusion ist unseren Jägern der erwünschte

Augenblick, um eines nach dem andern zu tödten und so auf leichte Weise der Beute in Masse habhaft zu werden.

Im Winter selbst bilden die Rennthiere nur selten das Jagdziel der Eskimos und für die Stämme, die, wie die Netchilliks zur Zeit unserer Ankunft, noch keine Feuerwaffen besaßen, ist die Zuhilfenahme von Fallen die einzig mögliche Fangweise. Zu diesem Zwecke werden in tiefe Schneebänke Gruben gegraben und mit einer dünnen Kruste aus Schneetafeln, die durch in's Wasser getauchten Schnee zusammengehalten werden, überdeckt. Um die Thiere auf die gefährliche Stelle zu locken, wird Hunde-Urin auf den Schnee der Umgebung und auf die Fallendecke geschüttet, dem die Rennthiere des Salzgehaltes wegen nachgehen. Durch die Decke brechen sie dann durch und werden auf diese Weise den Eingebornen zur Beute.

Mit dem 1. October war die Eisdecke auf der Simpson-Straße so dick geworden, daß sie Menschen und Thiere tragen konnte, und die folgenden Tage sahen wir Heerde auf Heerde nach dem Hauptlande ziehen, um in weiter südlich gelegenen Landstrichen den Winter hindurch besseren Schutz gegen die nordischen Stürme zu finden. Jetzt blieb König Wilhelms-Land wie im vergangenen Winter nur ein ödes, alles Leben entbehrendes Schneefeld, dessen Bodengestaltung nicht einmal dem nordischen Wolfe zum Aufenthalt dienen konnte. Die Wölfe scheinen überhaupt den Uebergang über das Salzwasser-Eis nicht zu lieben, denn trotz der vielen Rennthiere, die doch auf dem Festlande stets Rudel von Wölfen im Gefolge haben, sahen wir während unseres ganzen Aufenthaltes auf der Insel nur ein Exemplar dieser Raubthiere.

Der Monat October sollte dazu dienen, die Bildung genügender Schnee- und Eiskrusten abzuwarten und den Eskimos Gelegenheit zu geben, für uns und sich aus den dicken Herbstfellen für einen Wintermarsch genügende Kleider anzufertigen, sowie die noch nöthigen Vorbereitungen für den Abmarsch zu treffen.

Etwa sieben Meilen von einander entfernt bezogen beide Partien ein permanentes Lager, das mit allem bei unseren Netchilliks möglichen Comfort eingerichtet wurde. Lieutenant Schwatka's Abtheilung baute sich in der Nähe eines großen Sees ein Eishaus, welches mit seinen Nebenbauten und den diese massenhaft umgebenden Felle und der großen Sammlung prachtvoller Rennthiergeweihe ein imposantes Aussehen hatte.

Dann und wann besuchten wir uns gegenseitig, doch daß der in solchen Gegenden nunmehr zwecklose Aufenthalt für uns Weiße

9*

kein Vergnügen war, brauche ich nicht erst zu sagen. Mit sichtlicher
Zufriedenheit sahen wir den Schnee immer tiefer werden und dessen
Tauglichkeit zur Schlittenfahrt sich täglich bessern. Die Stunde, wo
wir unsere Heimreise würden antreten können, war uns erwünschter,
je tiefer die Sonne sank und je kürzer die Stunden wurden, während
welcher durch die kleinen Eisfenster unserer Schneehütten die spärlichen
Sonnenstrahlen eine angenehme Abwechslung in ein seiner Unthätig=
keit wegen doppelt unangenehmes Dasein brachten. Es war ein Leben

Schwatka's Herbst=Residenz auf König Wilhelms=Land.

ohne Zweck, ohne Erheiterung, ohne Bequemlichkeit; die langen
Stunden schleppten sich wie eine Ewigkeit über uns hinweg, und nur
selten war unser Schlaf von Träumen begleitet, deren angenehme
Verwirklichung in noch so weiter Ferne stand.

Zu lesen gab es absolut gar nichts, der Conversationsstoff mit
Melms, mit dem ich zusammen eine Schneehütte bewohnte, war längst
schon erschöpft, und so beschäftigte ich mich in den wenigen Tagesstunden
einzig und allein mit einer detaillirten Führung meiner Journale und
der Ausführung meiner Skizzen. Aber auch diese Arbeit ging nur
unter sehr ungünstigen Verhältnissen von Statten. War die Hütte

einmal längere Zeit bewohnt und, wie es von Seite unserer nächsten Nachbarn, den Netchilliks, oft geschah, dicht mit Menschen gefüllt, so erhöhte sich die Temperatur über den Gefrierpunkt, die Schneedecke fing an zu schmelzen und das so erzeugte Wasser tropfte unaufhörlich auf mein Papier. Bei eintretender Abkühlung froren die Blätter meines Buches zusammen, und wenn ich wieder an die Arbeit wollte, mußte ich die Seiten erst durch Auflegen der warmen Hände auf= thauen und von einander trennen.

Die in beiden Campirungsplätzen wohnenden Eingebornen hatten indessen vollauf zu thun. Mit der Verfertigung der Kleider waren Alt und Jung, Mann und Frau. beschäftigt. Das Gerben der Häute, das Trocknen ausgeschlossen, durfte, der alten Sitte gemäß, erst be= ginnen, als die Rennthiere die Insel verließen und die Jagd ihr Ende nahm.

Das Gerben des Felles geschieht ohne jede Zuhilfenahme eines chemischen Präparates. Die Felle werden im abgezogenen Zustande aller Fleisch= und Fettbestandtheile entledigt und dann auf dem Schnee oder im Sommer auf den Moosgründen aufgespannt, mittelst Renn= thierrippen befestigt und auf diese Weise in der Sonne getrocknet. Ist dieses geschehen, dann nehmen die Männer einen flachen Stein (Schiefer, wenn er zu bekommen ist) und kratzen vorsichtig den blut= oder fleisch= gefärbten ersten Hautbestandtheil ab. Nach dieser Arbeit wird die innere Seite des Felles mit lauwarmem Wasser befeuchtet und jenes in fest zusammengerolltem Zustande 24 Stunden liegen gelassen, um das Leder zu erweichen. Ein nochmaliges Kratzen mit dem Schulterblatte eines Rennthieres oder mit einem aus Eisenblech verfertigten Kratzeisen giebt dem Felle seine Weichheit und lichte Färbung und es geht nun zur Weiterverarbeitung in die Hände der Frauen über.

Eine von Eskimos bewohnte Hütte bietet zu dieser Jahreszeit im Innern ein Bild reger Thätigkeit. Vom frühen Morgen bis zum späten Abend sitzen die Frauen und Mädchen mit der Nadel in der Hand vor den hellbrennenden Thranlampen und reihen emsig die feinen Fäden aneinander. Ihr Maßstock ist die Handlänge, ihre Kreide die Zähne, indem sie durch Eindrücke mit denselben die Linien markiren, und so diesen mit ihren halbrunden Ulus (eine Art Sattlermesser) folgend, das Zuschneiden besorgen. Die Kleinen spalten die Rennthiersehnen zum Nähen der Kleider, und nur von Zeit zu Zeit kommt die Arbeit in's Stocken, wenn die Hausfrau aus ihrer Vorrathskammer ein Stück Rennthierfleisch holt und es unter die Anwesenden vertheilt.

Hauptmahlzeiten hat der Eskimo blos zwei, Imbiffe aber werden zu jeder Stunde des Tages und der Nacht eingenommen, und den ihnen ungewohnten riefigen Ergebniffen der Herbftjagd wurde diesmal befonders fleißig zugefprochen.

Die Netchilliks fanden fich zum gemeinfchaftlichen Mahle pünktlich und gerne bei unferen Eskimos ein, doch blieben fie auch unferer Hütte, wo es für fie keine Imbiffe gab, nicht ferne. Von den umlie= genden Anfiedlungen kamen fie theils auf Befuch, um ihre Neugierde zu befriedigen, theils brachten fie folche Gegenftände, die wir beim Antritte unferer Reife gebrauchen, zum Verkaufe. In meiner Ver= wahrung befand fich die Kifte mit Taufchmaterial und diefe hatte für fie eine befondere Anziehungskraft. Im Handeln und in der Beobachtung ihres Zeitvertreibes fand ich eine erwünfchte Befchäftigung. Schon im Sommer ift den Netchilliks von unferer Seite bedeutet worden, daß wir im Herbfte allen Ueberfluß an Oel ihnen abkaufen werden. Diefes Anerbieten haben fich diefelben wohl gemerkt und den Sommer fleißig Seehunde gefangen. Der Thran wurde in Stücke gefchnitten, in unverarbeitete Seehundsfelle geftopft und diefe dann unter Steinen aufbewahrt. Acht folche volle Behälter lagen bereits in unferen Magazinen, und zum Ankaufe eines neunten begab ich mich mit Netchillik Joe auf das Hauptland.

Wie es felbft in civilifirten Ländern manchmal der Fall ift, fo folgt auch beim Eskimo nach gemachtem Kaufe und Verkaufe eine kleine Mahlzeit. Es hat eine folche ihre intereffanten, wenn auch nicht befonders gaumenreizenden Seiten, und ich will eine folche hier erzählen.

Auf ein ausgebreitetes Fell legt der Hausherr ein Stück halb gefrorenes Rennthierfleifch, das, je nach der Zahl der Gäfte, im Gewichte von 10 bis 30 Pfund variirt, fchneidet ein Stück ab und fchiebt es dem neben ihm Sitzenden zu. Diefes Fleifch macht nun, indem Jeder davon ißt, die Runde, geht noch einmal und fo lange herum, bis nur der blanke Knochen übrig bleibt. Die Frauen nehmen das gemein= fchaftliche Mahl nur in Gefellfchaft ihres Gefchlechtes ein. Ein Unterfchied exiftirt aber doch; bei den Frauen hat der Mund die Arbeit des Effens und Sprechens zugleich zu beforgen, indeß bei den Männern während des Effens eine feierliche Stille herrfcht. Das Fleifch begleitet ein Alub (der fchon bekannte Becher aus Mofchusochfenhorn), mit Seehundsthran gefüllt, und diefer muß bis auf den Boden geleert werden. Erft nach beendetem Mahle beginnt das Gefpräch. In der

Conversation, auch wenn man der Sprache nicht so weit mächtig
ist, um Alles zu verstehen, spiegelt sich der kalte, monotone, ganz dem
Lande seines Aufenthaltes angepaßte Charakter des nordischen Be=
wohners. Er spricht seine Gedanken schnell aus, Frage und Antwort
aber folgen nur langsam auf einander, und die ungemein tiefe
Stimme, die den Eskimos des Netchillikstammes schon in der Jugend
eigen ist, giebt dem Ganzen ein auffallendes, ernstes Gepräge.

Lebhafter ging es zu, wenn ich und Melms mit den Netchilliks
verkehrten. Alle möglichen Gegenstände brachten sie uns zum Verkaufe,
unter Anderem kamen auch interessante Reliquien zum Vorscheine.
So erhielten wir z. B. einen Theil einer großen, aus nicht weniger
als ⅓ Zoll starkem Stahlblech gemachten Eissäge, den oberen Theil
eines Bootmastes ꝛc., und sammelten, stets nach dem Fundorte
fragend, Gegenstände von allen durch Franklin's und seiner Leute
Untergang bekannt gewordenen Punkten.

Da wir die Sachen stets genau betrachteten, um uns von deren
Echtheit zu überzeugen, wurden die Eskimos aufmerksam, und mit der
Zeit entdeckten sie, daß der breite Pfeil der Königin von England,
welcher jedem einzelnen Theile eines englischen Kriegsschiffes eingeprägt
war, beim Ankaufe eine Rolle spielte.

Eines Tages kam der Hohepriester des Stammes, ein ver=
schmitztes Individuum, zu uns und offerirte uns ein aus Kupfer
verfertigtes, mit einer schön gearbeiteten knöchernen Handhabe ver=
sehenes Messer. Auch das Kupfer trug den breiten Pfeil, doch nicht
eingeprägt, sondern eingekratzt, und der alte Ankut (die Bezeichnung
für die priesterliche Würde) wunderte sich nicht wenig, als er zur
Thüre hinausgewiesen wurde. Es war dies der einzige Fall, wo
wir uns über einen Täuschungsversuch von Seite der Eingebornen
beklagen konnten. Charakteristisch ist es, daß gerade der Ankut es
war, der uns betrügen wollte.

Bei der Auffindung der ersten Reliquien der Franklin'schen Expedition
durch die Eskimos war nach ihren Aussagen auch der Ankut betheiligt
und fand eines Tages ein schön verziertes Pulverhorn. Er nahm den
Fund mit nach Hause und begann den ihm unbekannten Gegenstand
bei der Lampe näher zu besehen. Es ist leicht zu errathen, was
geschah. Ein noch nie gehörter Krach und die Decke der Hütte flog in
die Luft, des Hohenpriesters Gesicht aber wurde so verbrannt, daß er
einen ganzen Monat nichts sehen konnte und, wie von seinen Stammes=
genossen behauptet wird, ist er bis heute noch „nicht recht gescheidt".

So oft wir ihn auch schon aus der Hütte gewiesen hatten, er kam doch immer wieder, und wir mußten uns endlich seine unschuldige Zudringlichkeit um so eher gefallen lassen, als er bereitwilligst jeden erhaltenen Auftrag für den Preis eines kleinen Kaffeelöffels und einiger Nadeln pünktlich und gewissenhaft ausführte, und bei dem Stamme der Netchilliks, trotz seiner Albernheit, der Würde seines Amtes zufolge noch immer eine einflußreiche Persönlichkeit war.

Der, wie bereits erwähnt, sehr starke Stamm der Netchilliks ist durch seine Jagdgründe im Stande, im Sommer und Herbst Nahrung genug aufzubringen, um den Winter hindurch, wo außer Fischfang durch das Eis keine besondere Jagdweise möglich ist, sorgen= frei zu leben. Ihre Rennthierfleisch=, getrockneten Salm= und bedeu= tenden Thranvorräthe machen eine besondere Anstrengung für sie den Winter hindurch nicht nothwendig, und es ist daher kein Wunder, wenn wir sie den ganzen Tag hindurch bei uns sehen mußten. Es gab nur ein Mittel, um sie los zu werden, und dieses brachten wir dann in Anwendung, wenn wir allein sein wollten. Melms oder ich brauchten dann nur unser Gewehr oder eine Pistole zu nehmen, um dieselbe scheinbar zu putzen. Die Katastrophe des Ankut hatte ihnen die Kraft des Pulvers bewiesen, und Alles, was mit diesem in Ver= bindung stand, war ihnen ein Dorn im Auge. Sie bewunderten die Kraft und Wirkung der Gewehre; selbst einen Probeschuß zu thun, dazu konnte man Keinen bewegen. Wenn ich in ihrer Begleitung, das Gewehr mit der Mündung nach vorne über die Achsel tragend, dieses zufällig so hielt, daß die Läufe nach dem Nebenmanne gerichtet waren, so baten sie mich sofort, die Tragweise desselben zu ändern, auch wenn ich noch so sehr versicherte, daß das Gewehr nicht geladen sei.

Zeitvertreib ist auch den Eskimos eine Nothwendigkeit, und die Netchilliks, selbst erwachsene, alte Männer, haben stets ein Geflecht von Rennthiersehnen bei sich, aus dem sie durch verschiedenartige Ver= knüpfung (wie dieses ähnlich auch bei uns noch hie und da als Kinder= spiel bekannt ist) verschiedene figurale Verschlingungen hervorbringen, die sie dann, ihrer Phantasie freien Lauf lassend, nach verschiedenen Thieren benennen. Die auf Seite 139 befindlichen Figuren geben mit den dazu gesetzten Namen eine bildliche Erläuterung dieses Spieles. In der Geschwindigkeit der Ausführung der Fadenverschlingungen wett= eifern die Leute, einander zu übertreffen, und finden auf diese un= schuldige Weise ihren Spaß und eine Unterhaltung.

Zeltlager auf König Wilhelms-Land. (Seite 128.)

Unsere Besuche in Lieutenant Schwatka's Eishaus boten keine große Abwechslung, denn auch er und Gilder litten an demselben Uebel, wie wir, an geistiger und körperlicher Unthätigkeit. Schwatka hat in seinem nautischen Werke die Richtigkeit aller darin gegebenen Beispiele bereits nachgerechnet und Gilder studirte aus langer Weile in einem alten Herald = Kalender den Curs der amerikanischen Werthpapiere vom Jahre 1877. Eine kleine Abwechslung brachte ein furchtbarer Sturm, der uns durch drei Tage in den Schneemassen, die er daher trieb, zu begraben drohte. Jede halbe Stunde mußten wir den Eingang ausschaufeln, und um zur nächsten circa dreißig Fuß entfernten Hütte zu gelangen, mußte man eine genaue Ortskenntniß besitzen, denn sehen konnte man absolut gar nichts, und bedurfte seiner ganzen Kraft, um sich gegen den Wind aufrecht zu erhalten.

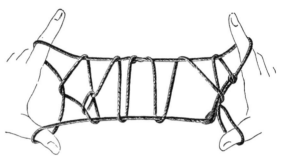

Tuktuk (Rennthier).

Amau (Wolf).

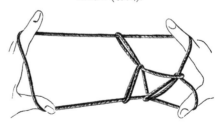

Kakbik (Schwein).

Diese Schneestürme hatten aber auch ihre guten Seiten, denn ohne einen solchen hätten wir es nie zu Wege gebracht, im Interesse der Wissenschaft für das amerikanische National-Museum einen Eskimoschädel zu bekommen.

Schon während der Forschung an der nordwestlichen Küste hatten wir Gelegenheit, einen solchen zu finden, doch stemmte sich unser

Schlittenführer sehr dagegen, denselben seiner Ladung beizugesellen. Erst nach langem Zureden gab er nach, doch mußte dieser Schädel stets die Schuld tragen, wenn irgend ein Mißgeschick den Schlittenführer oder uns betraf. Das Skelet des Lieutenant Irving konnte er anstandslos führen, den Schädel eines inuit (Eskimo) aber nicht, das verboten ihm seine religiösen Begriffe. Fehlte er einen Seehund bei der Jagd, oder konnte er keine Rennthiere erblicken, gab's schlechtes Wetter — dann war es der Schädel, der dies verschuldete; beim Aufbrechen des Eises hatte in erster Linie der mitgeführte Schädel die Schuld daran, so daß Lieutenant Schwatka endlich, einsehend, daß uns dieser Schädel noch manchen Verdruß bereiten würde, bevor wir denselben an Ort und Stelle brächten, Tuluak ganz freien Willen ließ, als dieser wiederholt fragte, ob er den Schädel abladen dürfe, so daß letzterer endlich zurückgelassen wurde.

Wir mußten daher einen Schädel so zu bekommen und so zu verwahren trachten, daß unsere Eskimos nichts davon erfuhren. Die Gelegenheit hierzu ergab sich eines Tages, als ich und Melms, in der Nähe unseres Campirungsplatzes planlos herumspazierend, ein Eskimograb trafen. Außer einem sehr gut erhaltenen Schädel befanden sich keine Gebeine darin, und vor demselben lagen, wie dies bei jeder Grabstätte der Eingebornen der Fall ist, einige Gegenstände, die er bei Lebzeiten gebraucht hatte. Gerade als wir uns den Fund näher betrachteten, erschien auch unser zudringlicher Bekannter, der Hohepriester, und machte uns begreiflich, daß wir den Schädel, der der eines Eingebornen ist, also nicht von den gestorbenen Kablunas (Weißen) stammt, nicht anrühren dürfen. Als wir ihm aber, gleichsam auf den Zahn fühlend, zu verstehen gaben, daß uns dessen Besitz angenehm wäre, und ihn frugen, was er dafür haben wolle — da sträubte sich der Alte, offerirte uns gerne die übrigen nebenliegenden Gegenstände, aber den Schädel könnte er uns nicht verkaufen. Wir waren über das Resultat, theilweise auch über unsere zu große Aufrichtigkeit nicht sehr erfreut, doch der Schädel — mußte unser sein. Wir verließen mit dem Hohenpriester die Stelle — doch hatten wir uns dieselbe nach Schritten und Direction schon so eingeprägt, daß wir sie zu jeder Stunde bei Nacht und Nebel finden konnten.

Vierzehn Tage vergingen ohne ein besonderes Ereigniß, der Schädel blieb unter den Steinen, doch jedesmal, wenn ich und Melms auf eine halbe Meile in die Nähe desselben kamen, war uns der wachsame Ankut auf den Fersen. Von unserer Seite wurde er ebenso scharf beobachtet, ob er den Schädel nicht vielleicht an einen anderen Ort brachte, und wenn, wohin er ihn gab. Bei Nacht konnten wir unser Vorhaben nicht ausführen, da uns die Fußspuren verrathen haben würden, und erst, als es eines Tages anfing recht dicht zu schneien und zu stürmen, gelang es Melms, auf einem Umweg den Schädel zu holen und denselben, indem er ihn circa drei Meilen unter seinem Pelzrock am bloßen Leibe getragen, in unserer Schneehütte in sicherem Gewahrsam unterzubringen. Der fallende Schnee hatte seine Fußspuren sogleich verdeckt und der ganze Vorfall blieb sowohl dem Hohenpriester, als auch unseren Eingebornen, die den Schädel nun Tag für Tag auf dem Schlitten führten, unbekannt.

In den letzten Octobertagen endlich ging Tuluak in Begleitung einer Frau mit einem Hundegespann nach Terror=Bai, um die dortselbst zurückgelassenen Gegenstände zu holen. Er legte den Weg hin und retour, etliche 110 Meilen, in vier Tagen zurück und erlegte gelegentlich drei Eisbären. Diese hatten sich gerade nach ihrer Art amüsirt, als sie der ihnen im vollen Lauf nachspringenden Hundeschaar ansichtig wurden. Ihr erstes Ziel war eine in ihrer Nähe befindliche offene Stelle Seewasser, doch hatten sie dieselbe kaum erreicht, als Tuluak mit wohl= gezielten fünf Schüssen einen nach dem anderen traf und tödtete. Der unangenehmste Theil der Arbeit mag für die zwei Personen wohl der gewesen sein, die bereits im Wasser verendeten, nach den Fellen zu urtheilen, 800 —1000 Pfund per Stück wiegenden Thiere mit Hilfe der Hunde herauszuziehen. Einem Tuluak war — außer dem Führen eines Eskimoschädels natürlich, nichts unmöglich.

Uebersichtstafel der Temperatur=Verhältnisse vom 1. April bis 31. October 1879.

Monat	Temperatur in Graden (nach Celsius)				
	Durchschnitt für			Beobachtung im Schatten	
	den ganzen Monat	die erste	die zweite	höchste	niedrigste
		Hälfte des Monats			
April	—14	—19	—10	0	—35
Mai	— 8	— 9	— 7	+ 6	—18
Juni	0	— 2	+ 2	+15	—10
Juli*	—	—	—	—	—
August* . . .	—	—	—	—	—
September . . .	— 6	— 3	— 9	+ 6	—20
October	—17	—12	—22	— 4	—39

* In Folge des Verlustes unseres Thermometers auf König Wilhelms=Land mußte durch diese beiden Monate die Notirung der Temperatur unterbleiben.

IX.

Von König Wilhelms-Land nach den gefährlichen Stromschnellen des Großen Fischflusses.

Abermalige Theilung der Partie. — Abmarsch der Partie. — Die Schwatka'sche Partie. — Sherman-Golf. — Vorbereitungen zum Abmarsch der zweiten Partie. — Der Abmarsch. — Die Hungerbucht. — Der Letzte der Vermißten. — Rückblick auf die Forschung. — Abschiedsfest von den Netchilliks. — Montreal-Inseln. — Eine Nacht auf dem glatten See-Eise. — Die Insel Ominäkzuak. — An der Delta-Mündung des Großen Fischflusses. — Der Lady Daly-See. — Ein historischer Cairn. — Eine schauerliche Fahrt. — Die Ukusitsiilik-Eskimos. — Reicher Fischfang. — Die gefährlichen Stromschnellen. — Wiedervereinigung der Partie.

Der langersehnte Zeitpunkt der Abreise nach Hudsons-Bai war gekommen und die Partie theilte sich abermals in zwei nach verschiedenen Richtungen marschirende Abtheilungen. Lieutenant Schwatka mit Gilder, Tuluak, Eskimo Joe und den dazu gehörigen Familien wollten mit nur einem Schlitten die Adelaide-Halbinsel westlich umgehen und einen tiefen Golf, der nach den Berichten der Eingebornen sich dort befand, und nicht auf den Karten verzeichnet war, vermessen; während der Rest mit drei Schlitten seinen Weg direct nach dem großen Fischflusse zu nehmen, die Hungerbucht zu besuchen, daselbst ein Monument zu errichten, ein Document zu deponiren und bei den „Gefährlichen Stromschnellen" des besagten Flusses behufs Wiedervereinigung· auf die andere Partie, falls sie noch nicht am Platze sein sollte, zu warten bestimmt war.

Am 1. November Morgens gingen ich und Melms in Gesellschaft mehrerer Netchilliks hinüber in Lieutenant Schwatka's permanentes Camp, um bei seinem Abmarsch zugegen zu sein. Zur leichteren Transportirung der großen Fleischvorräthe hatte er sich für den ersten Tag einen unserer Schlitten geborgt und ließ Tuluak und Joe beim Vertheilen ihrer Ladungen freie Hand. Unsere 300 Pfund Rennthiertalg bildeten jedenfalls für die Eingebornen den werthvollsten Theil der Ladung, nach ihm aber die Rennthiere, die als ganzer Rumpf, d. h. ohne Füße und Kopf aufgeladen wurden. Es dauerte bis gegen Mittag, bevor Alles auf den beiden Schlitten war, die, mannshoch beladen, ein Bild des Ueberflusses, die Frage aufdrängten, wie die Partie Alles dieses in den späteren Marschtagen fortbringen werde. Eines mußte zu unserem größten Bedauern zurückbleiben. Es waren dies die stattlichen Geweihe, die bis 5 und 6 Fuß hoch mit ihren großen, schaufelartigen Enden und den breiten, zum Aufwühlen des Schnees bestimmten Vorderblättern für manche Sammlung unserer Jagdfreunde ein Schatz gewesen wären. Es fehlte uns zu ihrer Mitnahme an den erforderlichen Transportmitteln.

Unser Thermometer zeigte — 33° C. und die Sonne stand bereits im Meridian, als die wohlgenährten Hunde anzogen und wir mit einem warmen Händedruck auf baldiges Wiedersehen uns von unseren Reisegenossen verabschiedeten.

Kaum hatte sich der Schlitten aber auch nur in Bewegung gesetzt, als die Netchilliks in das Eishaus drangen und dieses durchsuchten. Die Geweihe, alte Felle, zurückgelassene Fleischtheile, die wegen ihres Knochenreichthums nicht mitgenommen wurden, wie die Köpfe c., ferner Kleinigkeiten, die bei einem einmonatlichen Aufenthalte im Schnee verdeckt liegen geblieben waren, dies Alles bildete für sie noch verwendbare und nützliche Gegenstände. In dem einfachen, anspruchlosen Leben der Eskimo spiegelt sich die Sparsamkeit oft im kleinsten Detail. Ein gefundenes Zündhölzchen z. B. wird auf das beste aufgehoben, ja, wie schon erwähnt, gespalten, um durch seine Verwendung die mühselige Arbeit des Feuermachens durch Reibung des Holzes zu ersparen.

Daß Lieutenant Schwatka heute schon aufbrechen konnte, ist aber auch zum großen Theile das Verdienst des eben so flinken wie energischen Tuluak. Man kann ihn mit all' seinen herrlichen Eigenschaften, wenn er einmal an die Arbeit gegangen war, nicht als ein Muster der Eskimos, sondern muß ihn, was Willenskraft und Ausdauer anbelangt, als eine Ausnahme unter denselben hinstellen. Leider hatten ich und Melms keinen Tuluak mit uns, sondern eine ebenso langsame als willenlose Bande, die unter Anderem nicht begreifen konnte, weshalb wir den Marsch nach Hudsons-Bai im strengsten Winter durchzuführen nöthig hatten. Daß ich manche Stunde des Aergers erleben werde, bevor ich Netchillik Joe und dessen Sippschaft, der sich auch noch dessen Schwager beigesellte, an dem besprochenen Vereinigungspunkte dem Commando des Lieutenants werde übergeben können, dachte ich mir wohl, begann aber auch gleich zu unserem eigenen Aufbruche Vorbereitungen zu treffen. Meiner Partie Fleischvorräthe lagen noch in den bekannten tuktuksuks (Stein= haufen) im Lande umher, und während die Eskimos diese langsam sammeln, folgen wir dem Lieutenant auf seinem Wege nach dem Süden.

Sein erster Tagemarsch war ein sehr kleiner. Nach zurückgelegten drei Meilen schon hielt er am Meer=Eise der Simpson=Straße und blieb bis nächsten Morgen, den ausgeborgten Schlitten noch benützend, um seine großen Vorräthe über die genannte Straße an die Küste der Adelaide=Halbinsel zu bringen. Dort wurden die ganzen Rennthier= rumpfe zerschlagen, die Hunde noch einmal gefüttert, die compactere Masse nun auf e i n e n Schlitten geladen und mit Zurücklassung eines großen Superplus der Weitermarsch angetreten. Von Smith's Land= spitze, die, wie die südlich gelegene Grant=Landspitze, sehr flach gegen die See ausläuft, konnte die Partie einen Blick auf die circa fünf Meilen entfernten zwei Inseln werfen, in deren Nähe (3 Meilen west= lich davon nach Ikinilik petulak's und anderen Eskimos Aussagen) eines der Franklin'schen Expeditionsschiffe scheiterte. Theils auf dem Land, theils auf See=Eis setzte die Partie ihren Marsch südlich fort und gelangte im Camp Nr. 83 zu einer großen Ansiedlung von Eskimos, die, den Ugzulik= und Netchillik=Eskimos angehörend, bezüglich des einst gefundenen Schiffes allen früheren gleichlautende Angaben machten. Ob das Boot, welches einst in Wilmot=Bai gefunden und von dem für uns noch ein Stück als Reliquie käuflich erworben wurde, mit Menschen an's Land gekommen war, oder nach dem Sinken dorthin getrieben wurde, ist nicht mit Bestimmtheit zu sagen. Doch behaupten die Eskimos mehr= fach, daß sie im Winter, nachdem sie das Frühjahr zuvor beim Schiffe gewesen und Spuren von Menschen gesehen zu haben glaubten, eben= falls am Lande, nahe dem Boote, Fußspuren fanden. Die Weißen selbst sind ihnen nie zu Gesichte gekommen. Die Behauptung, das Schiff habe die Segel ausgebreitet gehabt, mag eine irrige sein, im besten Falle aber mögen diese, durch Stürme von den Raaen gelöst, in Fetzen von diesen gehangen haben.

Die Existenz eines großen, flaschenförmigen Golfes, der in einer Länge von etwa 45 Meilen in südöstlicher Richtung die Adelaide= Halbinsel in einer verhältnißmäßig nur schmalen Landenge mit dem Continente verbunden ist, hat sich erwiesen. Lieutenant Schwatka hat denselben Sherman=Golf genannt, seiner vollen Länge nach bereist und, so weit es die vorgerückte Zeit zuließ, kartographisch dargestellt. So wenig Interesse er der Erdkunde mit seinen felsigen Küsten und seinen

runblichen Klippen=Inseln auch bietet, so ist er doch barum bemerkens=
werth, weil er die Bewohnbarkeit der Halbinsel selbst durch einen so
verhältnißmäßig zahlreichen Volksstamm ermöglicht. Wie schon erwähnt,
locken die schönen Mooswiesen und die sehr beträchtliche Küstenentwicklung
zahlreiche Rennthiere an, die den Sommer hindurch an der Küste reich=
lich ihr Bedürfniß an salzhaltigem Moosfutter finden; erst mit dem
ersten Schneefall beginnen sich die Heerden zu sammeln und nach dem
Süden zu ziehen.

Der Golf, über den sie im Frühjahre auf dem Eise kamen, ist
dann offenes Wasser, zu breit, um hinüberschwimmen zu können,

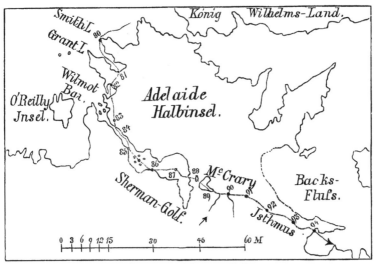

Karte von Sherman=Golf.

und so haben die Rennthiere entweder den östlichen Weg über die
Landenge zu wählen, oder den westlichen, kaum drei Meilen breiten
Canal, der den Golf mit dem Meere verbindet, zum Uebergang zu
benützen. Beide Stellen sind von den Eingebornen strenge überwacht
und bilden für dieselben einen sehr wichtigen Landtheil, da sie dort nicht
nur die erforderliche Herbstnahrung finden, sondern auch ihre Winter=
vorräthe sammeln, ohne die sie bei der sonstigen Armuth an Thieren
den langen Winter hindurch gar nicht existiren oder sich nur noth=
dürftig und sehr mühselig ernähren könnten. Auch der Eskimo weiß, wie
gut es ist, in den Winterstürmen daheim bleiben zu können, wenn für die
betreffenden Vorräthe schon in der besseren Jahreszeit gesorgt worden ist.

Nahe dem Ende des Golfes fanden unsere Reisenden einen größeren Teich,* der einen bedeutenden Zufluß aufnahm, und welch' letzteren sie so lange verfolgten, bis sich derselbe mit seinem Laufe in einer ihrer Marschdirection ungünstigen Richtung abwandte.

In südsüdöstlicher Richtung weitergehend, erreichte Lieutenant Schwatka den Backs-Fluß, doch ohne eine auf den Karten als Chattery-Mounts verzeichnete Hügelkette überstiegen oder auch nur gesehen zu haben. Am 6. December langte er am oberen Theile der „Gefährlichen Wasserfälle" an, wo wir ihn später treffen werden.

Ich kehre nun zu unserer Partie zurück. Durch ununterbrochenes Zusprechen und beständiges Drängen brachte ich meine Leute dazu, daß sie am 7. November mit zwei Schlittenladungen von Fleisch- und Oelvorräthen einen kleinen Tagemarsch vorfuhren; am 8. Morgens brachen auch wir auf, kreuzten die Simpson-Straße und machten etliche 11 Meilen weiter unser erstes Lager in Schneehütten. Aber wie schwer war diese Trennung für die Eingebornen; mußten wir doch noch viel Fleisch zurücklassen, das nach ihren Begriffen (es waren lauter Beine und Köpfe) zu den besten Stücken des Rennthieres gehörte.

Der Marsch ging wohl ziemlich gut, doch hatten wir so furchtbare Ladungen, daß wir immer einen Tag einen Theil vorfahren mußten, um den nächsten Tag erst mit Kind und Kegel zu folgen. Um eine Strecke von 10 Meilen vorwärts zu kommen, mußten unsere Hunde also 30 Meilen machen, und wenn ich sie auch jeden zweiten Tag auf das beste füttern ließ, so nahmen doch unsere Ladungen sehr unbedeutend ab. Nördlich vom 67. Breitegrad konnten wir uns, weil wir meistens auf Salzwasser-Eis marschirten, keine Hoffnung machen, Rennthiere zu sehen, und wäre dieses auch der Fall gewesen, die besten Jäger waren bei der anderen Partie, und ich hätte mir im Falle einer eintretenden Noth an Proviant den Vorwurf machen lassen müssen, der Schuldtragende zu sein.

Am zweiten Marsche trafen wir schon wieder eine Netchillik-Ansiedlung, und am dritten waren wir theils über kurze Landstrecken, theils auf Flußwasser-, stellenweise auch auf dem Salzwasser-Eise der massenweise vorkommenden Einbuchtungen, in die Nähe jener Stelle

---

* Ein Zusammenhang des Teiches mit dem Golfe wurde zwar nicht constatirt, mag aber doch stattfinden. Die Vermessung unbekannter Landstrecken ist namentlich im Winter bei flachen Landschaften eine sehr schwierige und zeitraubende, und auf zu pedantische Arbeiten konnte man sich bei unserer einfachen Ausrüstung ohnehin nicht einlassen.

gelangt, wo wir am 31. Mai die erste Netchillik-Ansiedlung getroffen hatten. Auch heute war ein bedeutender Theil der Netchilliks in der Nähe des Ortes ansässig, und da sie von unserem Kommen bereits Kunde hatten, sendeten sie uns schon auf etwa fünf Meilen ihre sämmtlichen Hunde entgegen.

Gegen 2 Uhr Nachmittags rückten wir in ihrem Lagerplatze ein und fanden sogar unsere Schneehütten schon gebaut, eine Aufmerksamkeit, die bei Wintermärschen nicht gering zu achten ist. Es waren lauter bekannte Gesichter, die wir fanden, und sogar der Hohepriester hatte die Mühe nicht gescheut, uns noch einmal nachzukommen. Es war die letzte Ansiedlung, die wir zu passiren hatten. Unsere dem Netchillik-Stamme angehörigen Begleiter wollten noch einige Tage daselbst zubringen; dieses Verlangen wurde befriedigt, indem wir vor Allem der „Hungerbucht" (Starvation Cove) einen Besuch abstatteten.

Dieselbe ist die kleine Nebeneinbuchtung eines tief in das Land gehenden Meereinschnittes unter 68° 9' nördl. Breite und 96° 20' westl. Länge mit so flacher Küstengestaltung, daß man im Winter, wäre es nicht einiger aus dem Schnee herausschauender Steine halber, kaum eine Ahnung von der Anwesenheit von Land hätte. Wahrlich, der Anblick schon genügt, um den Besucher in eine Stimmung zu bringen, welche der historischen Bedeutung des Punktes entspricht. Einen öderen und verlasseneren Punkt hat die Mutter Natur auf dem weiten Erdenkreise wohl nicht mehr schaffen können, als den, wo die letzten Reste der Franklin'schen Expedition ihr Ende fanden. In Begleitung eines Augenzeugen der traurigen Scene, die ich in einem der vorhergehenden Capitel bereits geschildert habe, waren wir bald an Ort und Stelle, und ließen uns genau den Punkt zeigen, wo das Boot gefunden wurde, und wo und wie die Skelete herumlagen, sammelten dann die im Sommer gefundenen Ueberreste, begruben dieselben und errichteten darüber aus den herumliegenden Steinen ein Denkmal in Form eines Kreuzes. Auch deponirten wir 10 Fuß nördlich davon im Sande ein Document, welches in kurzen Worten die Bedeutung des Denkmals, sowie auch den bisherigen thatsächlichen Verlauf unserer Partie schilderte. Die wichtigste Bedeutung des Ortes liegt jedenfalls, so weit man den Eskimo-Aussagen Glauben schenken kann, darin, daß hier einst die blecherne Büchse mit Papieren und Schriften gefunden worden war. Auch behaupten einige Aussagende, daß dieselbe noch ein Stück Eisen mit magnetischen Eigenschaften enthalten habe. Es wäre möglich, daß die Franklin'sche Expedition in Bezug auf den magnetischen Pol, der ja am Cap Felix in ihrer unmittelbaren Nähe war, interessante Beobachtungen angestellt hatte, die sie bewogen, das Instrument selbst in besonderen Ehren zu halten. Unter den von uns mitgeführten Reliquien befindet sich auch eine Verticalnadel, und es wäre uns im Interesse der Erfolge unserer Forschung erwünscht gewesen, die dazu gehörigen Papiere und Schriften zu erhalten. Doch von diesen war bei einem dreimaligen Besuche des Ortes im Frühjahre, Sommer und Winter keine Spur zu sehen, und auch unter den Eskimos konnten wir nichts als die Versicherung erhalten, daß die Papiere alle zerstört sind. Mit der Vernichtung der Documente (denn solche mögen es wohl gewesen sein, die der letzte Rest der Leute so lange bestens bewahrte, als sie oder auch nur Einer von ihnen Hoffnung hegen konnte, die Heimat wiederzusehen) ist der Geographie ein unersetzlicher Schatz geraubt worden. Wir waren mit der Errichtung unseres Denkmals erst fertig, als die Zeit bereits vorgerückt war und der Mond hoch am Himmel stand. Die langen Schatten, die öde Landschaft, die tiefe, einsame Stille, welche nicht einmal ein Windhauch unterbrach, sie verfehlten nicht, einen gewaltigen Eindruck auf uns zu machen, und als wir uns endlich auf den Heimweg machten, blickten wir noch einmal auf die fernen, am Horizonte sichtbaren Gestade von König Wilhelms-Land, das mit seinen nunmehr schneebedeckten Grabhügeln ganz einsam und verlassen die letzte Ruhestätte der dort Dahingeschiedenen ist.

Den nächsten Tag folgten wir einem Jungen, der uns auf einen Hügel etwa fünf Meilen südlich und etwas östlich von der Hungerbucht brachte und uns die Ueberreste von Kleidern zeigte, die darauf zu deuten schienen, daß der hier Umgekommene mit Aufbietung seiner letzten Kräfte den Marsch, zu dem seine früheren Begleiter nicht mehr fähig waren, fortsetzte, aber hier sein Leben endete.

Der Backs-Fluß war den unter Capitän Crozier sich zurückziehenden Mannschaften beim Verlassen der Schiffe das erste Ziel, das ihnen eine günstige Fahrstraße nach den südlich gelegenen englischen Handelsstationen zu bieten schien. Und im Angesichte dieses ersten Zieles finden wir, so weit unsere Forschung reicht, den Grabeshügel des Letzten der Verschollenen. Mit der Errichtung eines kleinen Monumentes hatten wir unsere Schuldigkeit gethan, doch als wir am Schlusse einer beinahe sechsmonatlichen Periode die Forschung für vollkommen beendet erklären mußten, drängte sich uns die Frage auf: Was haben wir durch unsere Arbeit in Bezug auf die Aufklärung der Franklin'schen Katastrophe erreicht?

Vergleichen wir die Errungenschaften eines Dr. Rae und des Capitäns Mc. Clintock in den Jahren 1854 und 1859 mit den Erfolgen unserer Forschungen, so erscheinen die letzteren im ersten Augenblicke verschwindend klein. Aber nur im ersten Augenblicke. Rae brachte die erste Kunde von den Vermißten, Mc. Clintock das erste authentische Document nach England, und doch können wir mit vollem Rechte nach Ablauf von 25, beziehungsweise 20 Jahren seit deren Expeditionen und nach 31 Jahren seit dem Stattfinden jenes noch immer nicht ganz aufgeklärten Unglücks die bescheidenen Errungenschaften unserer kleinen Partie würdig neben die der beiden obgenannten englischen Forscher stellen.

Das Terrain, welches uns zur Begehung diente, war kein unerforschtes mehr, Weiße sowohl als Eskimo hatten dasselbe durchsucht, und mit der Mitnahme der am meisten zu Tage liegenden Merkmale weitere Spuren für uns vernichtet. Unsere Forschung mußte schon deshalb eine sehr genaue sein, und die Auffindung von Mc. Clintock's eigenem Handschreiben an der Irving-Bai liefert hiefür den genügendsten Beweis. Ob es der Schwatka'schen Partie gelungen ist, in Bezug auf das große Ziel der Franklin'schen Aufsuchungs-Expeditionen im Allgemeinen neue Thatsachen zu Tage zu bringen, überlasse ich des Lesers eigener Beurtheilung. Doch glaube ich, daß bei Beantwortung dieser Frage folgende Punkte im Auge behalten werden müssen:

1. Hat die Schwatka'sche Expedition durch eine genaue Sommerbegehung der westlichen und südlichen Küste von König Wilhelms-Land und Adelaide-Halbinsel bewiesen, daß die Deponirung von ausführlichen Documenten daselbst in einer für die Eingebornen unzerstörbaren Weise nie stattgefunden hat.

2. Sie hat durch Beerdigung von 15—30 (die Zahl läßt sich nicht genau angeben) Personen den humanen Zweck der Expedition erfüllt, und

3. die Reihe der Forschungs-Expeditionen durch ihre Erfolge negativer Bedeutung, also durch den Beweis, daß Zeit, klimatische Verhältnisse und die Eingebornen jede Hoffnung auf Auffindung genügender Schlüsselpunkte zur Weiterforschung vernichtet haben — zum unbezweifelbaren Abschlusse gebracht.

Nimmt man dann aber noch die Art und Weise der Durchführung ihrer Aufgabe mit den bescheidensten Mitteln, ohne Proviantvorräthe und den Besuch des Forschungsortes von einer weit entfernten Basis von Hudsons-Bai aus in Betracht, so kann die Schwatka'sche

Expedition jedenfalls in die Reihe der hervorragendsten der 19 ver=
schiedenen Forschungsversuche gestellt werden und schließt selbe würdig ab.

Mit dem Gefühle, den Umständen gemäß vollkommen unsere
Pflicht gethan zu haben, wenden wir uns nun dem Marsche nach
Hudsons=Bai zu, und da dieser in der Geschichte arktischer Reisen
wohl einzig und allein dasteht, so sei er möglichst detaillirt geschildert.

Der 15. November war unwiderruflich zum letzten Tage des
Aufenthaltes unter den Netchilliks bestimmt worden. Er sollte ein
Versöhnungs= und Abschiedsfesttag zugleich werden.

Seit langer Zeit schon standen die Netchilliks und Civillik=Eskimos
(Letzteren gehörte der größte Theil unserer Begleiter an) in einer Fehde,
deren Ursprung in längst vergangenen Generationen zu suchen ist und
nur durch die unter den Eskimos allgemein noch existirende Blutrache
fortgepflanzt wird. Diese Blutrache war es, die unseren Eskimo Joe,
wenn er in die Nähe der Netchilliks kam, stets in einer gewissen Furcht
erhielt, daher er uns auch bei seinem Abgehen mit der Schwatka'schen
Abtheilung ganz besonders an's Herz legte, auf seinen Schwiegervater
ja recht gut Acht zu geben. Durch näheres Befragen kam ich der Sache
auf den Grund, und ließ allsogleich durch den Netchillik Joe dessen
Stammesgenossen die Warnung zukommen, ja keine Feindseligkeiten zu
beginnen. Nach längerer Besprechung wurde denn auch beschlossen, daß
die gegenseitige Aussöhnung der betreffenden Betheiligten in gemein=
schaftlicher Zusammenkunft erfolgen solle, und ich fand mich mit in der
großen Schneehütte des Netchillik Joe ein. Die einzelnen Personen,
insgesammt Männer, kamen mit Messern bewaffnet und die Verhandlung
begann, wie alles Andere, mit einem schon einmal beschriebenen Imbiß
aus Rennthierfleisch und Seehundsthran. Dem Mahle folgte eine lange
Conversation und erst nach Ablauf von etwa zwei Stunden legten
Alle die Messer weg und die zwei feindlich gesinnt Gewesenen griffen
einander gegenseitig auf die Brust und sprachen das Wort ilaga (laßt
uns Freunde sein). Beide Theile gingen augenscheinlich befriedigt aus=
einander, und für den Abend wurde eine gemeinsame Unterhaltung,
ein Kalaudi veranstaltet.

Diese Vergnügungsart hat ihren Namen nach dem einzigen Musik=
instrumente der Eskimos. Ueber einen großen, etwa vier Fuß im
Durchmesser zählenden Reifen mit einer daran befestigten Handhabe
wird ein haarlos gegerbtes Rennthierfell naß gespannt und dann über
einer Thranlampe getrocknet. Dies ist das Kalaudi. Die Bewohner
unserer Ansiedlung schienen ihre Feste öfter zu wiederholen, denn sie

hatten für die Abhaltung derselben eine eigene große, ungewöhnlich hohe Schneehütte erbaut, und als von Seite des Hohenpriesters das Zeichen gegeben wurde, fand sich Alles, Mann, Frau und Kind, in der Festlocalität ein. Sie erschienen sämmtlich in besonders geschmückter Weise, denn sowohl Männer als Frauen trugen, die ersteren um den Hals, die letzteren vom Kopfe herunterhängend, Fransen aus Bärenfell und jeder männliche Eingeborne, der einmal irgend ein Thier erlegt hat, trug ein Zeichen desselben an einem Gürtel aus Seehundsfell

Kalaudi=Spiel der Netchillik=Eskimos.

über der Schulter. An diesen Gürteln befanden sich die Füße von Krähen, Gänsen, Enten, Schwanzflossen von großen Salmen, Zähne von Seehunden, Rennthieren und Wölfen, und die vielen großen Bärenzähne zeigten, wie oft dieser Stamm mit solchen Raubthieren zu kämpfen Gelegenheit hatte. Am auffallendsten sah der Hohepriester aus. Er stak ganz in einem in feine Streifen geschnittenen Bärenfell Kopf und Hände waren frei, der übrige Theil jedoch reichlich und wild ornamentirt. Alle waren wie gewöhnlich bewaffnet und behielten, die Frauen nicht ausgenommen, alle die Messer auch während der ganzen Unterhaltung in den Händen. Die Frauen bildeten einen Kreis, so groß als es die Hütte zuließ, die Männer schlossen einen zweiten um den der Frauen und mit einer gewissen Würde trat jetzt der Priester in denselben ein. Er hielt eine kleine Ansprache an die Versammlung, die natürlich wir Nicht=Eskimo auch nicht verstehen konnten, ließ sich dann das Instrument, das Kalaudi, geben und übergab es ohne es sonst zu berühren, nach eigener Wahl einem Manne. Damit hatte seine Amtsfunction ihr Ende erreicht und das Vorspiel der Vorstellung war beendet.

Der Gewählte hat seinen Platz im Ring eingenommen, nahm das Kalaudi bei der Handhabe in seine linke und einen kurzen Schlägel in die rechte Hand und führte einige leise Schläge auf den Reifen, aber nicht auf das Fell des Instrumentes.

Eine bejahrte Frau, gewissermaßen eine Vorsängerin, begann mit anfangs leiser, dann immer stärker werdender Stimme eine Melodie, in die nach und nach sämmtliche Frauen einfielen. Mit dem Anstimmen des Liedes, wenn man diesen ohrenbeleidigenden Gesang so nennen kann, begann auch der Kalaudischläger seine Begleitung und je nachdem er die der Handhabe nähere oder weitere Stelle des Reifens trifft, bringt das Instrument auch höhere oder tiefere Töne hervor. Aus dem langsameren Tempo überging Musik und Gesang, sich gegenseitig übertäubend, in ein schnelleres, und der Spieler, indem er sich langsam im Kreise drehte, stieß von Zeit zu Zeit einen barbarisch klingenden Jauchzer aus.

So vergingen 10, 15 Minuten, auch noch mehr, bis der Mann ermüdet war und das Instrument einem Zweiten übergab. Dieselbe Musik, derselbe Gesang wiederholte sich, in den Gesichtern der Betheiligten aber, namentlich der Frauen, lag ein feierlicher Zug, der am allerwenigsten verrieth, daß die Leute wirklich vergnügt waren. Der kalte, einförmige Volkscharakter spiegelte sich auch hier wieder. Erst als die Festvorstellung zur Befriedigung unserer Trommelfelle, wenigstens was das Kalaudi anbelangt, ihr Ende genommen, gingen die Frauen in ihre eigenen Hütten, die Männer und Jungen aber begannen gemeinschaftlich eine Art gymnastische Uebung aufzuführen. Sie leisteten hierin, besonders was Kraft anbelangt, Bedeutendes, und die 10= bis 14jährigen Jungen, die sich bei der Gelegenheit im Ringkampf producirten, verriethen, wie früh sich dieselben die körperliche Gewandtheit und Gelenkigkeit aneignen, die ihnen später die erste Bedingung zur

erfolgreichen Benützung von Pfeil und Bogen wird. Die ganze Unter=
haltung dauerte tief in die Nacht hinein.

Als wir am kommenden Morgen unsere Schlitten beluden, um
den Weitermarsch anzutreten, umstanden uns die anwesenden Netchilliks,
um sich von uns zu verabschieden. Ein großer Theil begleitete uns
noch bis zu einer kleinen Insel im Barrow=Golf, wo wir heute
an demselben Punkte, wie am 30. Mai unseren Campirungsplatz
wählten. Von dort aus war Ogle=Halbinsel, in einer Breite von neun
Meilen, die einzige zu passirende Landstrecke, die uns von der großen
meerbusenförmigen Mündung des Großen Fischflusses trennte; ihr Ueber=
gang war selbst bei dem flachen Terrain ein schwieriger. Der Schnee
war nämlich noch nicht in jener Menge und Solidität vorhanden, wie
es zum Befahren derselben mit Schlitten wünschenswerth erschien, dazu
war die Jahreszeit noch nicht genug vorgerückt.

Zu all' den Schwierigkeiten, die uns die schweren Ladungen und
die Fahrbahn selbst in den Weg legten, gesellte sich noch die energie=
lose Langsamkeit der Eskimos. Das jedesmalige Vorausfahren von
Vorräthen hatte nur dann einen Zweck, wenn diese einen ganzen Tage=
marsch in der Marschrichtung vorwärts gebracht wurden, und um
dieses zu erreichen, mußte ich oder Melms jedesmal selbst mitgehen.
Bevor wir am 24. das Festland verließen, begruben die einzelnen Net=
chillik=Familien einige alte Kleidungsstücke ganz nahe der Küste unter
großen Steinen. Es ist dies einer ihrer religiösen Gebräuche, eine ihnen
durch den Glauben an eine Auferstehung auferlegte Pflicht, die sie
immer zu verrichten haben, bevor sie die Stätte ihrer Geburt und die
Grenzen ihrer Jagdgründe, die als Begräbnißort von Anverwandten
dienen, auf längere Zeit verlassen können. Am 24. Abends campirten
wir auf der uns bekannten Montreal=Insel. In den Granitblöcken der
Insel begrüßten wir seit langen Monaten das erstemal wieder eine
höhere, dem Auge gefälligere Landformation, und ein so einfaches
Bild das schwarzbraune Gestein mit den schneebedeckten Steinhügeln
auch bot, es war eine liebliche Abwechslung nach den monotonen Thon=
steinlagerungen der jüngst begangenen Küsten.

Die Montreal=Insel ist mit ihrem westlichen Ende nur wenig
von dem Fuße des Festlandes entfernt, und falls Lieutenant Schwatka
den Sherman=Golf, dessen Richtung wir von Westen nach Osten gehend
glaubten, in seiner ganzen Länge verfolgte, so mußte er, den Isthmus
zum Backs=Fluß kreuzend, diesen an einem Punkte der Elliot=Bai, also
in unserer Nähe, erreichen. Ich benützte einen Tag, um in dieser

Richtung nach seinen Fußspuren zu suchen, fand aber keine und setzte
am 26. Morgens meinen Marsch südlich fort. Das Eis schien eben und
ich ließ keine separaten Ladungen vorausfahren, sondern brach diesmal
mit Allem auf einmal auf. Der Marsch ging gut von Statten, der Tag
war schön und das uns umgebende Landpanorama ein prachtvolles.
Die äußerst klare Luft ließ selbst 10 bis 15 Meilen entfernte Objecte
viel näher erscheinen, und die östliche Küste der großen Flußmündung
zeigte sich in schönen Schattirungen ihres bunten Farbengemisches, her=
vorgerufen durch die reiche Abwechslung von Granit und Schnee. Ich
hatte meinen Curs in südsüdöstlicher Richtung genommen, um die auf
den englischen Admiralitätskarten verzeichnete Gage=Landspitze wo mög=
lich vor Einbruch der Nacht noch zu erreichen. Doch die Sonne war
schon lange untergegangen, die Fernsicht wurde eine geringe, und weder
die angestrebte Landspitze zeigte sich, noch war von der östlichen Küste
der Flußmündung eine Spur zu sehen.

Auch die Eingebornen zeigten keine besondere Lust, auf dem glatten
See=Eise, das zum Bau der Hütten kaum genug Schnee bot, zu cam=
piren, doch hatte diese heute von ihnen an den Tag gelegte Energie,
wie jedesmal bei ähnlichen Anlässen, ihren guten Grund. Auf einer
kleinen Schneewehe machten wir Halt und erst als wir am kommenden
Tag statt um neun schon um sechs Uhr Morgens im tiefen Nacht=
dunkel zum Abmarsche bereit standen, und nach den Sternen unsere
Richtung einzuhalten suchten, erfuhr ich den Grund der mir vorher
unbegreiflichen Eile. Netchillik Joe hatte vor Jahren in dieser Gegend
am westlichen Ufer des Flusses plötzlich seine Mutter verloren. Die=
selbe hatte, wie aus seinen Angaben zu schließen war, den Blutsturz
bekommen, war schnell verschieden und lag dort begraben. Nun existirt der
Aberglaube, wie er bei den Eskimos, namentlich bezüglich ihrer Todten,
vorkommt, daß es für sie nicht räthlich sei, in der Nähe einer Begräb=
nißstätte von Verwandten lange auf dem Salzwasser=Eise zu weilen.
Daher der frühe Aufbruch, der natürlich Niemandem lieber war als
mir, denn obwohl ich meinerseits das Möglichste that, um die lang=
weilige Bande, welche auf das eifrigste bemüht war, auch die geringste
Gelegenheit zum Herumlungern zu benützen, vorwärts zu bringen, so
ging es im Ganzen doch nur sehr langsam und ich wollte den Lieute=
nant bei den „Gefährlichen Stromschnellen“ nicht zu lange warten lassen.
Eine Gage=Landspitze schien nicht zu existiren, denn auch heute, den
27. November, fanden wir sie nicht und mußten wir noch in den späten
Nachmittagsstunden unseren Curs nach Südost ändern, um eine Insel

als Campirungsplatz zu erreichen. Die Fahrbahn war auch schlecht
geworden; die erste Eiskruste war kurz nach ihrer Bildung im Herbste
durch einen südöstlichen Sturm wieder aufgebrochen worden und die
einzelnen Tafeln lagen in einer Weise zusammengeworfen, daß wir
drei Stunden benöthigten, um drei Meilen zurückzulegen und erst nach
neun Uhr Abends zu einem Lagerplatz gelangten. Eben als wir in
heller Mondscheinnacht die hohe Felseninsel erreichten, wurden wir
zweier Rennthiere gewahr, kamen aber, in Folge unserer Ueberraschung,
diese Thiere hier mitten im Fluß am Salzwasser=Eise zu sehen, nicht
zum Schuß. Einige Risse im Eise luden uns ein, den Salzgehalt des

Ein November=Mittag am Backs=Flusse.

Wassers zu versuchen. Bei Ebbe war das Wasser zur Noth trinkbar, bei
Hochfluth aber sehr salzig. Es war zwölf Uhr Nachts, als wir unsere
Hütten, die wir mangelnden Schnees wegen an einer steilen Wand
über der halben Höhe der Insel bauen mußten, fertig hatten, und da
für den morgigen Tag kein großer Fortschritt zu erwarten war, so
wurde Rasttag und Hundefütterung angesagt.

    Ein November=Mittag auf der verhältnißmäßig hohen Felseninsel
(Ominakzuak heißt dieselbe in der Eskimosprache) gehörte zu den wenigen
Naturschönheiten, die der Norden einem Wanderer zu bieten im
Stande ist.

Mit Papier und Bleiftift war ich auf den höchsten Punkt gestiegen und hielt Rundschau über das breite Flußthal mit seinem bergigen Westufer, das in Victoria=Vorland, schroff gegen die Küste abfallend, seine reizendste Küstengruppirung erreicht. Auf der bläulich schimmernden Eisdecke zeigte sich eine Unzahl kleinerer Inseln, und nur in westlicher Richtung hin deutete eine dunkle Linie das linke Ufer des Flusses an. Die große Elliot=Bai ist auf den Karten mit punktirten Linien also unbestimmt angegeben, doch scheint sie an Größe und Tiefe die gezogenen Grenzen noch weit zu überschreiten, denn so weit das Auge westlich immer reichen konnte, fand es nur an der flachen Eisgrenze einen Horizont.

Die Luft war still, der Himmel klar in helllichtblauer Färbung; das Centrum des ganzen winterlichen Bildes war aber die Mittags= sonne, die am südlichen Himmel für den Tag ihre höchste Höhe erreichte. Kaum ihren scheinbaren Durchmesser über dem Horizonte, ließ sie die unter ihr befindlichen Höhen im grellsten Dunkel gegen die sonst lichte, mit langen Schatten durchzogene Landschaft abstechen, und das Parhelion, das in kalten Wintertagen an dem leicht umnebelten Horizonte ihr steter Begleiter ist, zeigte sich in seinem regenbogen= farbigen Prachtspiele in zwei ungeschlossenen Kreissegmenten zu beiden Seiten.

Trotz einer Temperatur von —41° C. ließ ich es mir nicht nehmen, mit einigen Linien und beigefügten Bemerkungen den schönen Eindruck des Ganzen auf's Papier zu bringen. Das Zeichnen ist natürlich in solchen Temperaturen mit Schwierigkeiten verbunden und nur mit vielen Unterbrechungen, während denen man seine Hand nach je einer oder zwei Minuten in den Handschuh steckt, für den Zeichner möglich, sein Vorhaben auszuführen.

Erst am 29. erreichten wir die langgesuchte Gage=Landspitze, die viel weiter südlich liegt, als sie auf der Karte angegeben ist, und hatten von dort aus den ersten Anblick auf die dunklen Höhenzüge, die das eigentliche Bett des Backs=Flusses einsäumen.

Die Thonformation war an der Gage=Landspitze gänzlich dem Granit gewichen, und nur am 30. passirten wir weiter südlich eine sandige Insel, der wir es, ohne ihre nähere Lage zu untersuchen, ansahen, daß sie eine Anschwemmung im breiteren, Salzwasser haltenden Theile des Strommündungs=Deltas war. Die Insel ist sehr flach, schwach mit Moos bewachsen und theilt den Fluß in zwei Arme, deren östlicher die Hauptmündung bildet. Auch in der Eskimo=

sprache hat die Insel, so unbedeutend sie auch für den nordischen Bewohner in Bezug auf Vorhandensein von Ernährungsquellen sein mag, ihren eigenen Namen und heißt nach siowak, der Sand — siowakalu, das sandige Land. Von größerer Wichtigkeit sind die sogenannten Amujets gleich vor, d. h. stromaufwärts dieser Delta= Insel. Dieselben sind eine Unzahl Klippen, über die das Wasser im Sommer wohl hinwegrauscht, die in den Wintermonaten aber theil= weise aus dem Flußbette hervorragen und die Bildung von Bassins bewirken, deren Verbindung mit dem Außenwasser so lange eine unterbrochene bleibt, bis der schmelzende Schnee des Inlandgebietes eine Vermehrung des Wasserzuflusses bewirkt. In diesen Lagunen werden die Fische festgehalten und der Fang derselben ist ein leichter. Der Salm ist ein Raubfisch und ergreift jede ihm hingehaltene Lockspeise.

Am 1. December gelangten wir an diese Stelle und benützten diesen und den folgenden Tag, um unserer Küche eine Abwechslung zu verschaffen. Nalijau, der dem Stamme der Ukusiksillik's angehörte und uns vom Hayes=Fluß aus begleitet hatte, war schon früher in dieser Gegend ansässig gewesen und kannte das Flußterrain sehr gut. Kaum waren unsere Schneehütten fertig, als auch die Eskimos schon anfingen, Löcher in's Eis zu machen, und zwar fünf, in Entfernungen von etwa 3—4 Fuß von einander. Die Zahl der Salmen, die jähr= lich in diesen Amujets durch die schnell eintretende Kälte gefangen gehalten wird, ist eine sehr große. Wir fingen im Laufe des nächsten Tages 59 Exemplare, deren jedes eine Länge von 2 $\frac{1}{2}$ bis 3 Fuß hatte. Die Fische werden mit an Leinen gebundenen gewöhnlichen Fischhaken gefangen und meistens Salm selbst als Lockspeise benützt.

Eine so reichliche, mit itha (Essen) gesegnete Stelle war denn besonders unseren Civili=Eskimos, wenigstens im Winter, noch nicht vorgekommen, und sie wären natürlich am liebsten gleich an Ort und Stelle geblieben.

Wie in Betreff aller Nahrungsmittel, so haben die Eskimos selbst= verständlich auch bezüglich der Fische verschiedene alberne Gebräuche. Der auffallendste davon war, daß die gefangenen Fische nicht durch den gewöhnlichen Eingang in die Hütte gebracht werden durften, sondern durch eine separat gemachte Oeffnung sowohl hinein, wie beim Beladen der Schlitten auch hinaus gereicht werden mußten, damit sie nicht mit dem Seehundsthran durch die gleiche Oeffnung in die Hütte gelangen. Des= gleichen durfte an Ort und Stelle auch kein Fisch im gekochten Zustande, sondern blos roh genossen werden, und erst, wenn man einen Tagemarsch weit von der Stelle ist, wo die Fische gefangen worden, ist es erlaubt, dieselben an dem Feuer der Thranlampen zu kochen. Dieser Aberglaube hatte für uns Weiße manche Unannehmlichkeiten, da wir uns gleich= sam verpflichtet sahen, in Begleitung von Eskimos auch eskimoisch zu leben, folglich auch im Aberglauben mitzuhalten. Gelegentlich nahm ich mir die Mühe, nach dem Grunde aller dieser weisen Vorsichten zu fragen. Die Antwort war eine sehr gelungene. Es waren dies nämlich zwar nicht die Gebräuche unserer Eskimos, doch jene der Ukusiksilliks, und so lange wir durch deren Jagdgründe zu gehen hatten, waren wir verpflichtet, ihre Stammessatzungen zu befolgen. „Wer unter Wölfen ist, muß mit den Wölfen heulen," heißt ein deutsches Sprich= wort, und die Moral davon scheint sich überall, selbst unter den Eskimos gleich zu bleiben.

Auf dem Weitermarsche das Flußbett zu verfolgen, wäre zwar der beste, wenn auch nicht der kürzeste Weg gewesen, da aber Nalijau behauptete, wir kämen, per Land südlich gehend, über einen großen See, der uns eine ebenso gute Fahrbahn böte, wie der Fluß selbst, so benützte ich die Landroute um so lieber, als ich dachte, der ver= meintliche See könnte der große Franklin=See, eine große Ausweitung des Backs=Flusses selbst sein. Ein kürzerer Weg war es keinesfalls, doch lernten wir einen schönen, etwa 12—14 Quadratmeilen großen See kennen, der in seinen Uferrändern in steilen, steinigen, schroff abfallenden Kegelhügeln ein hübsches Bild bot. Der See wurde nach der Gemalin des Präsidenten der amerikanisch=geographischen Gesell= schaft „Madame Daly=See" benannt, und ist auch insoferne interessant, als sich seiner ganzen Breite nach von Osten nach Westen eine damm= artige, seichte Stelle befindet, die sich im Winter durch das Brechen der ganzen Eisfläche und die Zurücklassung eines breiten Risses bemerkbar macht. Der Eisriß läuft in beinahe gerader Linie über den ganzen See, und nur durch Nalijau's Ortskenntniß konnte ich auf den Grund dieser eigenthümlichen und doch so einfachen Erscheinung kommen.

Am 6. December Mittags erreichten wir in einer Temperatur von —43° Celsius bei einem sehr scharf wehenden Südwinde den Fluß an dem Punkte wieder, wo er seinen östlichen Lauf verläßt und sich nordwärts wendet.

Den 7. December traten wir schon zeitlich den Marsch an und passirten einen Steinhaufen, den Lieutenant Back, als er den Fluß vermessen, daselbst unter den Augen der Eskimos errichtete. Es waren vier große, in Säulenform aufeinander gestellte Steine, doch fand sich bei Untersuchung der Fugen zwischen denselben kein Document vor. Etwa vier Meilen östlich von dort kamen uns Eskimos entgegen, die zu demselben Stamme gehörten, den wir im vergangenen Früh= jahre auf dem Backs=Flusse getroffen hatten. Ihr Aussehen war dies= mal ein besseres und eine kurze Unterredung schon brachte uns die Gewißheit, daß sie, wie wir im eigenen Interesse auch hofften, dieses Jahr bedeutende Fischvorräthe für den Winter zurückgelegt hatten. Unsere ersten Nachfragen, nachdem wir ihre Schneehütten=Ansiedlung erreicht hatten, waren natürlich nach der zweiten Partie, doch hatte Niemand von Weißen in der Umgebung weder etwas gesehen, noch gehört.

Wir campirten und unsere Schneehütten waren beinahe beendet, als zwei Jungen, die den Tag über den Strom aufwärts gegangen waren, um dort deponirte Fische zu holen, in's Lager zurückkehrten, und die Nachricht brachten, sie hätten eine Strecke westlich Weiße gesehen, die ihnen viele Fische abkauften, und noch eine weitere Ladung, falls sie Ueberfluß daran hätten, bestellten.

Wie ich später erfuhr, hatte die den Tag vor uns angekommene Schwatka'sche Abtheilung ihre Vorräthe an Proviant bereits ziemlich verbraucht und durchstreifte die Gegend, um nach uns und den Ein= gebornen zu fahnden, von deren Anwesenheit sie unterrichtet war. Statt Menschen fanden dieselben einige große Steinhaufen, in denen sich Fische vorfanden und nahmen einen Theil davon zum Füttern ihrer Hunde mit, in der Absicht, die Eigenthümer später zu entschädigen. Den kommenden Tag, also den 7., Morgens, gingen sie wieder aus, wurden aber nur kurze Distanz von der Hütte von Tuluak's Frau zurück= gerufen, die ihnen zwei Burschen zeigte, welche gemeinschaftlich mit zwei Hunden einen Schlitten zogen. Die Jungen hatten bemerkt, daß Jemand in ihre Fischmagazine eingebrochen war und gelangten, der fremden Schlittenspur folgend, zu Schwatka's Hütte. Die beiderseitige Ueber= raschung war groß, doch hatte Tuluak den neu Angekommenen bald den Sachbestand begreiflich gemacht und sie für das genommene Gut entschädigt.

Als ich von Schwatka's Nähe erfuhr, ließ ich in aller Eile einen Schlitten abladen, nahm einen Eingebornen als Führer, einen Jungen als Hundelenker mit und verließ meine Partie, um den Lieutenant aufzusuchen. Es war beiläufig vier Uhr Nachmittags aber dunkle Nacht, als ich aufbrach und einen dreistündigen Marsch begann, der mir unvergeßlich, heute eine ebenso interessante Erinnerung ist, als er mir damals eine große Unannehmlichkeit war.

Unsere Hunde waren müde und auf dem Schnee lag eine Kruste Frost, der wie gestreuter Sand die Reibung mit dem Schlitten erhöhte, und ein Fortkommen nur langsam möglich machte. Ich wollte, kaum eine Meile vom Ausgangspunkte eutfernt, den Schlitten zurücksenden, um in Begleitung des Führers den Weg zu Fuß zurückzulegen, doch dagegen wehrte sich der Wegeskundige und ließ mir durch den Jungen begreiflich machen, daß wir den Schlitten später benöthigen würden. Die Sache klang freilich spaßig, doch noch spaßiger schien es mir, als wir uns alle Drei in unseren, als eigene Fahrgelegenheit mitgenommenen Schlitten spannen mußten, um den Hunden ziehen zu helfen.

Mittlerweile waren wir vom ebenen Eise weggekommen, der Weg wurde holprig, die Stille hatte aufgehört, wir vernahmen das Rauschen von Wasser und standen wenige Minuten später zwischen einer hohen Felswand zur linken und einer wild daherbrausenden Stromschnelle zur rechten Hand, beide nur etwa 12—15 Fuß von einander entfernt. Das Wasser toste in schäumenden Wellen, hier und da konnte man die Geschwindigkeit des Wassers an einem vorbei= geführten Stück Eis sehen und ich war vollkommen geneigt, den Namen „Gefährliche Wasserfälle" zu beherzigen und von einem weiter gelegenen Punkte mir lieber morgen bei Tag die Sache näher anzusehen. Doch dieser Ort war erst der Anfang eines Labyrinthes von offenen Stellen, die wir in der ersten Stunde passirten und die alle den gleichen Charakter hatten. Wir kamen dann wohl an bessere Plätze, doch beobachtete ich mit einer gewissen Unruhe meinen Führer, der uns durch die finstere Nacht das Geleite gab und uns hier und da halten ließ, während er mit einem Stabe einige Schritte vorging, sich umsah, sich das Ohr auf's Eis legend horchte und auf die vorsichtigste Weise sich von der Sicher= heit seiner Bahn überzeugte. Einige Schritte ging es vorwärts und dann hielt er abermals, aber nicht, um den Weitermarsch zu Fuß anzu= treten. Die Schneelagerung auf dem Eise hatte gänzlich aufgehört unter uns hatten wir nur das blanke Eis. Ich sah eine dunkle Stelle ungefähr drei Schritte vor mir und dachte, es sei ein Stein, doch kaum wollte ich auf denselben zugehen, als mich auch mein Junge beim Aermel zurückhielt. Er nahm seinen Stock und mit einem leichten Stoß in unmittelbarer Nähe des Schlittens stieß er ein Loch durch's Eis. Dieses war kaum 2½ Zoll dick und ich begriff nun, um was es sich handelte. Wir mußten die Wasserschnellen kreuzen und zwar an einer Stelle, die erst seit Kurzem und daher nur leicht überfroren war. Ich frug mich selbst, wie wir das anfangen werden, doch die

Die Gefährlichen Stromschnellen.

11

Antwort wurde mir erst klar, als wir auf der anderen Seite waren. Wir setzten uns Alle auf den Schlitten, die Hunde wurden angetrieben und als ob sie wüßten, warum es sich handelte, liefen sie, so schnell sie nur laufen konnten, und der Schlitten, einmal auf der glatten Fläche in Bewegung, glitt schnell hinter ihnen her. So ging es ungefähr zehn Minuten fort, kein Halt, keine Unterbrechung — eine solche wäre unser Durchbruch, wenn nicht Untergang gewesen. Sehen konnten wir nichts, um so schauerlicher aber rauschte es unter der kaum zwei Zoll dicken Eisdecke, und der Zuruf des Eskimos war bei all' seinem wilden Tone Gesang und Musik gegen das schaudervolle Toben dieses so gefährlich verkleideten naßkalten Elementes unter uns.

Wir waren alle seelenfroh, als wir die spiegelglatte Fläche verließen und wieder schneebedecktes Eis unter uns hatten. Wer eine recht wilde Schlittenpartie machen will, dem empfehle ich die Ausführung einer solchen Fahrt; er braucht nicht einmal Decken mitzunehmen, denn ich kann versichern, trotz einer Temperatur von —45° Celsius habe ich auf dieser Tour geschwitzt.

Es war inzwischen 7 Uhr geworden, die Nacht war finster, kein Mond, keine Sterne sichtbar, an eine Orientirung daher nicht zu denken. Ich wünschte von den Eskimos zu wissen, wie weit des Lieutenants Schneehütte entfernt sei, und da ich ihren Ausdruck kani tukulu (sehr nahe) in Anbetracht ihrer schwachen Begriffe von absoluten Distanzen kannte, frug ich sie, ob es näher oder weiter wäre, als die Distanz, die wir im Laufe des Tages zwischen unseren eigenen zwei Lagerplätzen zurücklegten. Ich erhielt zur Antwort, es wäre nicht so weit, wie unser letzter Marsch — also nicht über höchstens sieben Meilen. Als mir denn die sieben Meilen doch etwas lang vorkamen, richtete ich die Frage an den Führer, wie weit denn die Schneehütte des Lieutenants noch entfernt sei und erhielt zur Antwort, kani tukulu. Nun forschte ich, wohin es weiter wäre, ob zum Lieutenant oder zu den Eskimos zurück, und erhielt für den ersteren Fall eine bejahende Antwort. Mißvergnügt über den Erfolg meiner Frage, wünschte ich, ich hätte meine nächtliche Expedition auf den nächsten Tag verschoben, als die Hunde zu laufen anfingen und über holpriges Eis und Steine uns an eines der Ufer brachten und bei einem zusammengeworfenen Steinhaufen stehen blieben. Es war dies der Aufbewahrungsort der Fische, von dem des Lieutenants Abtheilung ihr Hundefutter genommen. Den Platz aufspürend, glaubten die Hunde, dort eine Mahlzeit finden zu können. Nur mit Mühe brachten wir den Schlitten wieder auf das Eis und bogen nach etwa einer weiteren

Stunde in eine kleine Uferbucht ein. Durch das Dunkel schimmerte ein mattes Licht — es drang durch das Eisfenster der ersehnten Schnee= hütte. Wenige Augenblicke später und ich stand zur allgemeinen Ueber= raschung sämmtlicher Insassen im Innern der Hütte.

Unsere gegenseitigen Erlebnisse waren schnell ausgetauscht und ich erhielt nach einer wohlverdienten Nachtruhe am nächsten Tage die Ordre, wieder zurückzukehren, so viel Fische, als ich bekommen könne, aufzukaufen, meine Hunde gut füttern zu lassen, und am 10. zur Hauptpartie zu stoßen. Demzufolge blieb ich zwei Tage, mit Fischkauf beschäftigt, bei den Ukusiksillik=Eskimos. Die hier wohnenden neun Familien des Stammes ernähren sich beinahe ausschließlich von Fischen. Der Backs=Fluß trägt seinen zweiten Namen „Großer Fischfluß" in vollkommen gerechtfertigter Weise. Außer dem Salm ist es der Kawaschili (eine Fischgattung, die in Form, Flossensetzung und Kopf dem Salm sehr ähnlich ist, jedoch große Schuppen hat und die Länge von achtzehn Zoll nicht überschreitet), der besonders zahlreich in dem Flusse vor= handen war.

Im Hochsommer, wenn das Wasser seine volle Höhe erreicht, füllt es eine Unzahl von Felsenbecken und Schluchten, es bilden sich eine Menge Seitenarme und Inseln und diese ersteren sind es, in denen die Eskimos mittelst Netzen große Massen Fische fangen. Tritt das Wasser im Herbste in sein gewöhnliches Niveau zurück, so sind in den Schluchten ebenfalls reichlich Fische vorzufinden, die dann geköpft, flüchtig ausgenommen, dicht auf große Haufen geschlichtet und mit Steinen bedeckt als Vorrath für den Winter aufbewahrt werden. Aus den Köpfen und Eingeweiden wird durch Kochen eine Art Thran gewonnen, der einen annehmbaren, sogar etwas süßlichen Geschmack hat, und den Eingebornen wenigstens für die längsten Nächte die so seltene Bequemlichkeit einer Beleuchtung verschafft.

Am Morgen des 10. verließ ich mit meinen drei Schlitten die Ukusiksillik=Ansiedlung, um nach dem Campirungsplatze des Lieutenants zu übersiedeln.

Die Eskimos hatten allerdings Recht, als sie mir am 7. sagten, die Strecke sei nicht weiter, als zwischen unseren letzten zwei Lagerplätzen; es war thatsächlich nicht weiter wie sieben Meilen, doch hatten wir damals in der Dunkelheit, um sicher zu gehen, große Umwege machen müssen. An den „Gefährlichen Stromschnellen" (itumnakzuk in der Eskimosprache) mußten wir halten, um beim Vorbeifahren bereits gekaufte Fische aufzuladen. Jetzt hatte ich Gelegenheit, die

Stellen näher zu betrachten, die wir früher Nachts paffirt hatten. Unter den imposanten Erscheinungen auf den verschiedenen Gewässern der Erde nehmen die Stromschnellen auf dem Backs = Fluß im Winter einen hervorragenden Platz ein. Großartig kann man sie zwar nicht nennen, schön um so weniger, aber an Wildheit und Ungestüm suchen sie ihresgleichen. Die hohen Flußufer zu beiden Seiten treten plötzlich eng aneinander und die sonst gleichförmige Eisdecke ist wie abgeschnitten. Zwei Fuß vom Rande steht man noch auf ebenso dickem Eis — und auf diese kurze Entfernung kocht und schäumt das Wasser mit einer Geschwindigkeit von sechs bis acht Meilen per Stunde in drei bis vier Fuß hohen Wellen einher. Zu beiden Seiten an den Ufern sind schmale Eiswege. Mit dem Austritt des Flusses aus der Thalenge hört die Gewalt des Wassers auf und das Eis beginnt. Welche Kraft muß das Wasser hier haben, wenn, wie alte Leute, die in der unmittelbaren Nähe der Stromschnellen leben, berichten, die größte arktische Kälte — ich möchte sagen, am Kältepole selbst — nicht im Stande ist, über den offenen Stellen eine Eiskruste zu bilden!

Die „Gefährlichen Stromschnellen" haben in drei großen Haupt= abtheilungen eine Länge von circa acht Meilen, doch sind die großen offenen Stellen noch lange nicht die gefährlichsten. Man trifft, wie schon erwähnt, große Eisflächen, in denen sich Oeffnungen von oft nur ein bis zwei Quadratfuß befinden, die manchmal kaum sichtbar sind — aber das Eis in ihrer Umgebung wird nie stark genug, um darüber gefahrlos hinweggehen zu können. Es sind dies Stellen, die sehr seicht sind, und deren Eiskruste, wenn sich überhaupt eine solche bildet, nur eine geringe Dicke erreicht.

Am 10. December um zwei Uhr Nachmittags langten wir mit unseren Schlitten bei Lieutenant Schwatka an, und ich war froh, die mir zur Führung anvertraute Abtheilung nunmehr wieder seinem Commando übergeben zu können. Ich war seit dem 6. August detachirt gewesen, und freute mich ordentlich, des ewigen Zusprechens, durch das die Eskimos gleichsam vorwärts geschoben werden mußten, für die Zukunft entledigt zu sein.

X.

Am Backs=Fluſſe. 12. bis 31. December 1879.

Der Backs=Fluß. — Vermeſſung. — Todte Rechnung. — Die Genauigkeit arktiſcher
Karten. — Ein ſchönes Beiſpiel der Elternliebe. — Die Stromſchnellen. — Der
Weihnachtstag. — Die Stille der Polarnacht. — Traurige Situation. — Ein end=
giltiger Entſchluß.

Der Backs=, der Mackenzie= und der Coppermine=Fluß ſind die
drei großen Adern, die den nördlichſten Theil des amerikaniſchen
Continentes, dem Polarmeere zu, entwäſſern und ihre Quellen in dem
großen Seengebiete des Inlandes haben. Der erſte der drei genannten
Ströme entfließt dem kleinen Suſſex=See, etwa im 64⁰ nördl. Breite
und 109⁰ weſtl. Länge von Greenwich, und hat, eine Unzahl großer
und kleiner Seen ſpeiſend, bald einen nordöſtlichen, bald einen öſtlichen
Lauf. Lieutenant Back der engliſchen Kriegsmarine hat denſelben auf
einer Expedition in den Jahren 1833—35 ſeiner ganzen Länge nach
befahren, kartographiſch dargeſtellt, und namentlich ſein Unterlauf
zwiſchen dem 66⁰ und 67⁰, alſo die Strecke, die ſich die Schwatka'ſche
Partie zu ihrem Rückmarſche als Fahrbahn gewählt hatte, verdient
ſowohl in geographiſcher als touriſtiſcher Beziehung eine Erwähnung.
Die Schwatka'ſche Partie, deren Hauptzweck gerade kein wiſſenſchaft=
licher war, hat, was die von ihr durchwanderten Länderſtrecken anbetrifft,
es ſich danach ſtets angelegen ſein laſſen, auf die richtige geographiſche
Ortsbeſtimmung einen beſonderen Werth zu legen und zu der Löſung
dieſes Problems, wenn es möglich war, aſtronomiſche Beobachtungen ange=
ſtellt, ſonſt aber durch eine genaue Marſchrechnung, die ſogenannte todte
Rechnung, ihren Weg bildlich dargeſtellt. Die todte Rechnung iſt einfach
eine detaillirte graphiſche Zuſammenſtellung von Richtung und Diſtanz,
und zwei ſeparat geführte diesbezügliche Journale durch den Lieutenant
Schwatka einerſeits und den Schreiber dieſes andererſeits lieferten mit

einer Rectificirung durch astronomische Beobachtungen das Material
zur Darstellung neuer und Berichtigung der alten Karten. Nur dann
wenn es täglich möglich wäre, die Abweichung der Compaßnadel vom
wahren Norden zu bestimmen, wäre diese für die Feststellung der
Marschrichtung (der Nähe des magnetischen Poles wegen) eine brauch=
bare. Zu dieser täglichen Arbeit gab es aber weder Zeit genug, noch
Gelegenheit, und so waren denn die Sonne, Mond und Gestirne im
Zusammenhange mit der Uhr das einzige Mittel zur möglichst genauen
Bestimmung der Marsch=Richtung. Die zurückgelegte Entfernung wurde
von Rast= zu Raststation durch Uebung abgeschätzt. Die Führer der
Rechnungen hatten sich durch Abmessen und oft wiederholtes Abschreiten
einer Meile die Zeit registrirt, die man bei verschiedener Schnelligkeit
zum Zurücklegen benöthigt, und gingen dann, ohne auf die wechselnde
Schnelligkeit des Schlittens Rücksicht zu nehmen, ihrer Aufgabe stets
eingedenk, wo möglich in gerader Marschrichtung fort, und zeichneten
bei der nächsten Rast die durch Vergleichung mit der benöthigten Zeit
gewonnene Distanz auf ein zu diesem Zwecke stets mitgeführtes, durch
Linien in Quadrate getheiltes Papier. So einfach das Verfahren auch
ist, so ist es doch nur auf diese Weise möglich, eine den Umständen
angemessene und dem Zwecke entsprechende Rechnung zu führen. Oft wurde
es uns aber, wenn wir weder Sonne noch Gestirne sahen, noch schwerer,
die Richtung zu bestimmen, und es blieb uns, da wir mit den Wind=
richtungen vertraut waren, nichts Anderes übrig, als die Schneewehen
als Grundbasis unseres Operats zu benützen. Die herrschenden Stürme,
die Einfluß auf die Lagerung des Schnees üben, sind in diesen Breiten
entweder nordwestlicher oder südöstlicher Richtung, und wenn alle
anderen Mittel versagen, dann ist die Schneelagerung der nächst=
richtigste Anhaltspunkt zur Bestimmung der Direction während des
Marsches. Diese Methode anzuwenden, ist auch Gebrauch des
Eskimos, wenn er, von einem Schneesturme überrascht, seinen Weg
nach Hause förmlich fühlen muß. Die Schneewehen sind aber nur dann
verläßlich, wenn das Land ein ziemlich ebenes ist und dem Winde in
seiner Richtung keine Hindernisse bietet. In einem Flußthale ist diese
Richtungs=Bestimmung nicht anwendbar und bleibt, falls die Aussicht
auf eine genügend weite Strecke frei ist, eine Beobachtung der Schlitten,
die in gewissen Distanzen einander folgen, der letzte Behelf zur Ver=
zeichnung des eigenen Weges.

    Die drei Schlitten bilden dann die Markirungspunkte eines
Winkels, und bei Krümmungen wird es möglich, wenn man sich am

Scheitel, d. h. beim mittleren Schlitten befindet, die Größe des Winkels, die der Flußkrümmung entspricht, anzugeben. Dieses Drei= schlitten=Problem wurde einigemale am Backs=Flusse, öfter aber am Hayes=Flusse angewendet.

Ist es möglich, diese genannten Vermessungsmethoden, auf deren pedantische Genauigkeit man natürlich nicht rechnen kann und auch nicht zu rechnen braucht, hie und da durch die genaue Bestimmung der geographischen Länge und Breite zu controliren, so ist das Resultat, namentlich bei einiger Uebung, ein sehr befriedigendes. Selbst mit= geführte Instrumente, wenn sie auch noch so transportabel sind, werden theils durch klimatische Verhältnisse, theils durch den Schlittentransport unverläßlich, und je einfacher man bei der Vermessung vorgeht — und je weniger man sich in's Detail einläßt — desto besser und sicherer wird man den Anforderungen der geographischen Kenntniß des Nordens entsprechen.

Der Unterlauf des Backs=Flusses nach der Darstellung seines Benenners ergab beim Vergleiche mit unserer Aufnahme einige Differenzen.

Der Theil des Flusses, der nördlich von dem gefährlichen Wasser= falle liegt, ist mit geringen Abweichungen, die sich auf die durch die Witterungsverhältnisse beeinflußten unregelmäßigen Zu= oder Abnahms= raten der Chronometer zurückführen lassen, richtig, von diesen südlich aber ist ein bedeutenderer Fehler zu berichtigen. Der in den englischen Admiralitätskarten verzeichnete Lauf läßt denselben zwischen den erwähnten Breitengraden 66 und 67 im Allgemeinen eine nordöstliche Richtung nehmen. So weit unsere Partie das Flußbett verfolgte (bis 66° 5′ Nord), bildet dieses aber einen Winkel, dessen Schenkel in nord= nordöstlicher und dann nordnordwestlicher Richtung laufen, so daß an dem Punkte, wo Schwatka den Fluß verließ, die Differenz zwischen dem wirklichen und dem früher verzeichneten Laufe circa 30 Meilen beträgt.

Die Anführung der praktischen Hilfsmittel und die Feststellung dieses Fehlers soll aber keinesfalls ein Lob der eigenen oder eine Kritik der englischen Karten sein; ihr Zweck ist nur, dem Leser eines= theils die Schwierigkeiten vorzuführen, die der Geometer im arktischen Norden zu bekämpfen hat, anderentheils ihm den Beweis zu liefern, wie leicht sich sogar sehr bedeutende Fehler einschleichen können.

Was die Angabe der einzelnen Inseln und der Stromschnellen im Flusse selbst anbelangt, so ist es Lieutenant Back vollkommen gelungen,

große Genauigkeit zu erzielen, und nur der Umstand, daß wir alles
auf der Karte Verzeichnete sonst richtig fanden, behob den gehegten
Zweifel, daß wir vielleicht auf dem Marsche südlich, statt den Hauptfluß
zu verfolgen, in einen unbekannten Nebenfluß gerathen waren. Von
letzteren besitzt der Backs=Fluß in der begangenen Strecke nur einen,
den Hermann=Fluß, und dieser wurde von unseren Jägern nur etwa
10 Meilen aufwärts verfolgt. Wenige hundert Schritte vor seiner
Mündung hat er eine bedeutende Wasserschnelle, und solche sind es,
die den Backs=Fluß überhaupt zu einem der interessantesten Ströme
der Erde machen.

In der Eintönigkeit, die sonst den arktischen Landschaften,
besonders im Winter, eigen ist, bietet er mit seinen Scenerien dem
Wanderer die mannigfaltigsten Bilder und imposantesten Eindrücke.
Kehren wir zur Partie selbst zurück, um einige derselben kennen
zu lernen.

Der 11. December war zur Beendigung aller nothwendigen
Vorbereitungen für den Weitermarsch bestimmt. Den Ukusiksillik=Eskimos
war unsere Anwesenheit ein Vergnügen, sie wichen nicht von unserem
Lager, sie hatten Fische, Salmthran 2c., was aber jedenfalls von
großer Bedeutung war, einige schöne Hunde zu verkaufen, die wir
ihnen gerne gegen gute Bezahlung abnahmen. Der hauptsächlichste
Grund ihrer Anwesenheit aber war, den Lieutenant zu bewegen, den
Nalijau nicht, wie er es wünschte, mit sich nach Hudsons=Bai zu nehmen.

Es war dies ursprünglich der Wunsch des Nalijau selbst. Er
war ein sehr williger, braver und fleißiger Eskimo, der in sehr kurzer
Zeit den Gebrauch eines ihm geschenkten Gewehres kennen lernte und
schon manches Rennthier damit erlegte. Die Erzählungen der Ein=
gebornen von Weißen hatten in ihm den Wunsch rege gemacht, selbst
ein Schiff 2c. zu sehen. Mit Weib und Kind wäre er gerne mit uns
gegangen, doch mußte er entweder sein Kind bei den Ukusiksillik=Eskimos
zurücklassen oder deren erste heimatliche Sitte verletzen.

Sein kleines, etwa 5—6jähriges Mädchen war die künftige
Braut eines schon ziemlich erwachsenen Jungen des Stammes, und
dieser, befürchtend, daß Nalijau, falls er nach Hudsons=Bai ginge,
nicht mehr wiederkehren würde, verlangte, daß dieser sein Kind als
Pfand zurücklasse.

Es war eine peinliche Situation für Nalijau und dessen Frau!
Auf der einen Seite war ein besseres, sorgenloseres, leichteres Leben
ohne ihr liebes Kind — auf der anderen ein Dasein unter den

ärmlichsten Verhältnissen mit ihrem Kinde. — Ich beobachtete das
Paar, als es den ganzen Tag ruhelos, aufgeregt und noch immer
unentschlossen mit sich selbst um die eigenen Entschlüsse kämpfte;
— doch gegen Abend kam Nalijau in die Hütte des Lieutenants,
setzte sich neben ihn hin und sagte — er werde hier bleiben. Die
Liebe der Eltern zu ihrem Kinde hat hier einen harten Kampf
gegen die Aussicht auf ein besseres Leben gekämpft und denselben, zu
Gunsten der Eskimos im Allgemeinen sei es gesagt, zur allgemeinen
Befriedigung bestanden. Gerne ließen wir Nalijau gewähren und ver=
sahen ihn reichlich mit Munition, seine Frau reichlich mit anderen
Geschenken als Entschädigung für die uns geleisteten Dienste. Für uns
hatte Nalijau's Zurückbleiben aber einen entschiedenen Nachtheil.
Dieser wußte eine Route, auf welcher man durch Ueberschreitung der
Wasserscheide zwischen Hudsons=Bai und dem Backs=Flusse in einem
nur viertägigen Ueberlandmarsche die Quellen eines Flusses erreicht,
der sich in den Chesterfield=Golf ergießt. Gelang es uns nicht, diese
jedenfalls sehr wichtige Stelle selbst zu finden, dann mußten wir uns
gefaßt machen, circa 200 Meilen über Land zu marschiren. Jedenfalls
aber zogen wir und der sonst sehr terrainfindige Tuluak bezüglich des
Ortes, wo wir den Backs=Fluß verlassen mußten, möglichst genaue
Erkundigungen ein und verließen am 12. December Morgens mit
vier Schlitten gemeinschaftlich unseren Campirungsplatz, nachdem wir
Tags zuvor um die Mittagsstunde bis jetzt unsere tiefste Thermometer=
lesung —54° C. notirt hatten. Unsere vier neuen Hunde, die trotz
des majestätischen Aussehens, das ihnen die aus Moschusochsenfell
gemachten langhaarigen Geschirre verliehen, schon nach kurzem Marsche
ermüdet nicht mehr weiter wollten, bereiteten uns viel Verdruß, doch
kamen wir jeden der ersten zwei Tage um neun Meilen weiter und
erlegten sogar schon den zweiten Tag zwei Rennthiere. Tuluak hatte
sie mit einem Schusse getroffen und getödtet, und es war dies das
achtemal, daß ihm ein solcher Meisterschuß gelang. Im Ganzen bot
uns aber der Fluß nicht die Vortheile, die wir von ihm erwartet
hatten. Seine unmittelbare Nähe war wildarm und auch als Fahr=
straße war er nicht so verwendbar, als wir gehofft hatten. Auf
einer Strecke von etlichen 66 Meilen passirten wir zehn offene Strom=
schnellen, die uns nicht nur nöthigten, Umwege zu machen, sondern
uns einmal sogar zwangen, das Flußthal zu verlassen und uns mit
großer Mühe und Anstrengung über das bergige Ufer einen Ueber=
gang zu bahnen.

Von Weitem schon bezeichnete eine dichte Rauchwolke die An=
wesenheit offenen Wassers, und je länger die eislose Strecke war, desto
dunkler, desto geballter malten sich die Formen der Wolkensäulen an
den dahinterliegenden, theilweise schneebedeckten Berglehnen.

War die Stromschnelle eine nur kurze und machte keine beson=
ders starke Luftbewegung merklich, dann nahmen die Dunstwolken
die Form säulenartiger Rauchgebilde an, die sich so lange beinahe
senkrecht aufwärts hoben, bis sie oberhalb der Berghöhen waren
und sich dann in den Wolkengebilden verloren. Die Beobachtung
der einzelnen verschiedenen Stromschnellen hat jedenfalls angenehmere
Seiten als das Passiren derselben. Die nächste Umgebung unterhalb
derselben ist gewöhnlich unebenes, abgebrochenes und wild zusammen=
geworfenes Eis, die Dünste aber, die dem offenen Wasser entsteigen,
legen sich meilenweit als Reif auf die Schneefläche und hemmen wie
Sand die rasche Fortbewegung. Auch ist die Schneelagerung ganz
ungleichmäßig vertheilt und ganze Strecken weit liegt das Eis bloß zu
Tage und nimmt den Schlittenschleifen ihre ganze Beeisung. Solche
und viele andere Unannehmlichkeiten waren es, welche unserer Partie
nur geringe Tagemärsche zu machen gestatteten und die schönen Hoff=
nungen nicht erfüllten, die sich Lieutenant Schwatka bei der Wahl
des Flußweges gemacht hatte.

Eine Aufzählung unserer täglichen Leiden und Errungenschaften
würde durch Eintönigkeit ermüden und ich wähle daher einen einzelnen
Tag, um das Leben auf unserer Wanderung näher zu schildern und
dem Leser die Licht= und Schattenseiten eines kalten Wintertages auf
dem Backs=Flusse vorzuführen.

Sei dies also der 25. December, der Weihnachtstag. Neben
einer der Stromschnellen selbst erkennen wir in den vier beladenen,
mit wolligen Hunden bespannten und von in Pelz vermummten
Gestalten umgebenen Schlitten unsere Partie, die ihre Mittags=
rast hält. Sie bildet den heitersten Punkt der seltsamen Landschaft.
Der Schnee zu ihren Füßen bedeckt die monotone Eisfläche des
ganzen Flußbettes, lehnt sich in mächtigen Bänken an die steilen Ufer=
wände, füllt jede kleinste Ritze in den mächtigen Granitblöcken, krönt
die gigantischen Granitformen der Umgebung und verhüllt die Fern=
sicht des Horizontes, an den sich dunkles Wolkengebilde lehnt. Nur
im Süden ist die Eintönigkeit unterbrochen. Jener kreisförmige, regen=
bogenfarbige Ring, der, von den Astronomen Parhelios, von den
Engländern Sundog (Sonnenhund) genannt, in kalten Gegenden stets

die Sonne begleitet, ift in feiner oberen Hälfte fichtbar. In feinem
Centrum hebt fich über dem Bergrücken ein glänzender Flecken, zieht
fchnell gegen Weften und verfchwindet ebenfo rafch hinter den Hügeln.
Es war dies die Mittagsfonne in ihrem Auf= und Untergange zugleich,
der Tag hat geendet und die bald einbrechende Dunkelheit mahnt die
Reifenden zum Weitermarfche. Nicht einmal der Mond ift unter=
gegangen, er ift der Herr des Tages und der Nacht zugleich, und
unter feinem Geleite ift unfere Gruppe gewöhnt, auch einen Theil des
Dunkels zum Marfche zu benützen. Mit lautem Geheule fallen die
Hunde in die Zugftränge, die zu den Schlitten gehörigen Perfonen
greifen ebenfalls zu ihren Zugriemen und im Nu ift nur der Leitungs=
ruf des Hundelenkers zu hören. So geht es in harter Arbeit über
das theils fchneelofe, theils ungünftig rauhe Eis noch eine und eine
halbe Stunde hinweg, bis Stern an Stern erglänzt und der nunmehr
wolkenlofe Himmel in feiner nur im hohen Norden fichtbaren Pracht
fich entfaltet. Das fchmale Flußbett hat fich erweitert und wir ftehen
an einem, von verfchiedenen Berggeftaltungen umfchloffenen See, deffen
reiche Schneeanfammlungen am rechten Ufer uns zum Auffchlagen
unferes Weihnachts=Campirungsplatzes einladen. Die Schlitten werden
zum Stehen gebracht und in bereits erwähnter Weife der Bau von
Schneehütten als Campirungsplatz begonnen. An derfelben Stelle, wo
vor noch einer halben Stunde ewige Ruhe herrfchte, entwickelt fich
jetzt eine lebhafte Thätigkeit. Jeder hat hiezu fein Schärflein beizu=
tragen, und während die Männer wieder Schneetafel an Schneetafel
fetzen, bewerfen die Frauen die Außenfeite zur Dicke von drei Fuß
mit Schnee, um die Hütten wärmer zu machen. In einiger Entfernung
hacken und meißeln die Weißen das bekannte Wafferloch, und Jeder
thut etwas, um fich warm zu halten. Selbft die Kinder wühlen mit
Meffern und kleineren Schaufeln im Schnee, und nur die Hunde
liegen unthätig eng aneinander gelagert und fcheinen zu fchlafen. Doch
bald bringen auch fie Abwechslung in die Scene. Heute ift nämlich
Fütterungstag und das rafche Abladen der Schlitten ift für fie von
befonderem Intereffe. Der eben abgenommene große Klumpen gefrorener
Fifche, den ein erwachfener Junge vom Schlitten nimmt, um ihn mit
einer Hacke in fogenannte »Mundvolls« (eigentlich aber ganz gehörige
Portionen) zu zerfchlagen, ift der Aufmerkfamkeit unferes größten und
ftärkften Hundes Ublubliak (»Stern« in der Eskimofprache) nicht ent=
gangen. Zuerft hebt er den Kopf, dann ftellt er fich auf und im Nu
ift die ganze unbändige Hundemeute feinem Beifpiele gefolgt und ohne

jebe sichtliche Anstrengung rennen Hunde, Schlitten und Alles, was darauf ist, in wilder Jagd dem Punkte zu, wo der Fischvorrath sich befindet.

Der Eskimo überläßt es ohne einen Widerstandsversuch den Hunden, die Zerkleinerung selbst vorzunehmen. Die Scene, die jetzt folgt, ist von nur kurzer Dauer, aber charakterisirt ganz den Eskimo= hund als den nächsten Verwandten des Wolfes.

Ist der Platz endlich geräumt, dann werden die Schlitten auf ihren ursprünglichen Platz zurückgefahren und die Ruhe ist hergestellt. Während dieser Zeit sind auch die Schneehütten fertig und die Männer beginnen das Unterbringen der Vorräthe in einem kleinen Außenhause, indeß die Frauen das Innere zur Aufnahme seiner Insassen herrichten und in schon bekannter Weise beheizen und beleuchten. Zum Kochen wird die Lampe heute des Weihnachtsfestes wegen nicht verwendet. Schon seit Abgang von König Wilhelms=Land haben wir 35 Renn= thierzungen für diese Gelegenheit aufbewahrt und ebenso zwei riesige Salme (jeder derselben 4 Fuß lang und 11 Zoll im Querschnitte) von den Ukusiksillik=Eskimos aus mitgeführt.

Um Alles dieses kochen zu können, hatten wir schon tagelang Harzmoos gesammelt, respective unter dem Schnee ausgegraben, und erlaubten es uns heute ausnahmsweise, den von der Franklin'schen Expedition herrührenden Kochkessel, den unsere Partie aufgefunden hatte, zu benützen.

Eine solche Kocherei in der Nacht, unter Gottes freiem Himmel, bei einer Temperatur von —55° C. (die Durchschnittstemperatur für den 25. December war —54° C.) ist nicht sehr erfreulich, und da nun auch die Behandlung der verschiedenen Speisen unter solchen Umständen eine ganz besondere sein muß, so fühle ich mich im Interesse meiner geneigten Leser verpflichtet, näher darauf einzugehen.

Das Zertheilen des Fleisches geschieht mit der gewöhnlichen Tischlersäge, das des Fisches und der Zungen (um Zeit und Brenn= material zu sparen) mit der Hacke. Der mit Wasser gefüllte Kessel wird nun erhitzt und ein Stück nach dem anderen hineingeschoben, bis man sich überzeugt hat, daß jede kleinste Ecke des Kessels benützt ist. Zu viel kocht man im Norden nie, im Gegentheile stets zu wenig. Ist der Kessel voll, dann hat die Kochkunst das Ihre gethan; die Erhaltung des Feuers und eine starke, mit einem guten Stocke (aber Eichenholz muß er sein) bewaffnete Hand bleiben nunmehr die Haupt= sache. Es wäre ein langweiliges Geschäft, durch 1½—2 Stunden lang das Feuer ohne Unterlaß zu nähren, aber die im Kreise herumstehenden Hunde sorgen schon dafür, daß man sich nicht langweilt, denn der Koch hat vollauf zu thun, um nicht von einer mit allen Kniffen ein= geleiteten Attaque überrascht zu werden. Ublubliak versteht es sehr gut, den Ofen sammt Kessel umzuwerfen, und findet bei der Aus= führung solcher Manöver stets die kräftigste Unterstützung von Seite seiner Genossen. Das Würzen der Suppe macht wenig Sorgen, denn der Pfeffer ist eben, wo er wächst, und Salz haben wir seit einem Monate keines mehr. Der scharfe Appetit hilft über alle diese Mängel hinweg und im großen Schneehaus ist bereits Alles zum großen Festmahle versammelt, das in Gemeinschaft genossen wird. Weitaus rascher als der Koch sind die Esser mit der Arbeit fertig. Dann geht ein Jeder seiner Wege.

In Gedanken versunken, war ich vor den Schneehütten auf= und abgeschritten, war dabei allmählich und zufällig um den nahen Hügel herumgekommen und setzte mich auf einen großen Stein. Die Schnee= hütten waren mir von dort sichtbar geworden und ich starrte hinauf zum Firmamente, das sternenbesäet, mit seinem Monde meine Auf= merksamkeit fesselte. Ihr Licht erschien mir bleich, und mir däuchte, als ob auch sie nur in ihrer halben Herrlichkeit für diesen kahlen Punkt existiren wollten. Um mich her die Felsen, die Schatten, die bläuliche Schneefläche, die tiefe Grabesstille, alles dies wirkte auf mein Gemüth. Kein Windhauch, kein Vogelruf, kein sonstiges Geräusch läßt sich hören, und eine Beklemmung liegt wie ein Alp auf mir. Die Ruhe, sie ist fühlbar, greifbar geworden, sie lagert auf dem Stein, auf dem ich sitze, sie lagert auf dem Flusse, auf den Höhen und überall; sie hat aufgehört, die negative Bedeutung des Nichtvor= handenseins des Schalles vorzustellen, und ist, wie der Nordpolfahrer Dr. J. J. Hayes so treffend sagt, als positive Kraft aufgetreten. In ihr spiegelt sich dieser Gegend majestätische Größe und Pracht, in ihr liegt deren Oede und Einsamkeit, sie ist in des Wortes vollster Bedeutung die »furchtbare Stille der Polarnacht«.

Ich fühle mich allein und verlassen, stehe auf und der erste Fußtritt auf dem harten Schnee hallt mir als Echo entgegen; ich höre wieder etwas, es klingt wie Leben und das Gespenst ist gewichen.

Der matte Schein, der von der Schneeansiedlung kommt, ist mir erwünscht, und der monotone Frauengesang, das sonst unliebliche Kindergeschrei und das verhaßte Geschnarche des Eskimos sind mir liebliche Töne. Die einfache, ärmliche Schneehütte ist mir wieder eine

theure Heimat, und nachdem ich auf Händen und Füßen die kleine
Pforte paſſirt habe, kenne ich den Werth der menſchlichen Geſellſchaft.

Nun kommt das letzte Tagewerk, das Ausziehen. Nach dem
pedantiſchen Abklopfen der Kleider, das am Leibe vorgenommen wird,
entledigt man ſich der äußeren Pelzhülle und legt ſie ſo an den aus
Rennthierfellen genähten Schlafſack, daß dieſer nicht mit der Schnee=
wand in Berührung kommt. Zunächſt kommen die Pelzſchuhe, dann
die Pelzſtrümpfe an die Reihe. Erſtere werden ſo gelegt, daß ſie nicht
aufthauen, letztere ſo, daß ſie nicht gefrieren, und kommen unter die
erſte Pelzdecke am Kopfende zu liegen. Eine weitere Erklärung iſt nicht
nöthig, denn wenn die letzte künſtliche Hülle, das Pelzhemd, gefallen iſt,
ſo iſt man ſchon im Sacke und hat ſein Hab und Gut in der Reihen=
folge, wie man es wieder anziehen wird, als Kopfkiſſen.

Ein ſolcher Sack iſt ohne Zweifel das beſte und einzige warme
Bett in dieſen Regionen, das erſte Gefühl darin iſt jedoch (da man
ganz adamitiſch darin ſteckt und der Schlafſack den ganzen Tag oben
am Schlitten lag) ein nicht angenehmes. »Iki!« ruft der Eskimo, zieht
die Knie bis zum Mund und deckt ſich bis über die Ohren zu. Die
Körperwärme und der warme Athem beſorgen dann das Erwärmen ſchon
in wenigen Minuten. Man ſteckt den Kopf wieder heraus, zündet ſich
ſein Pfeifchen an und freut ſich, im Schlafſacke und Pfeifchen noch
immer eine Bequemlichkeit und Annehmlichkeit zu finden.

Die wie Häringe in einer Tonne mit den Köpfen nach einer
Seite aneinander gereihten Individuen nehmen ſich eigentlich auch ſehr
gemüthlich aus und iſt ihre Zahl vollſtändig, d. h. ſind ihrer ſo viele,
daß, wenn ſich eines umdreht, dies die ganze Reihe gleichfalls thun
muß, ſo verſperrt die Hausfrau das Thor mit einem Schneeblock,
löſcht das Licht aus, jedes weitere Geſpräch wird abgebrochen und
Jeder ſucht in ſeinen Träumen ein beſſeres Weihnachtsfeſt.

Doch die Verwirklichung unſerer ſchönen Träume, unſere An=
weſenheit unter den Annehmlichkeiten der Civiliſation, ſie ſtand noch
in weiter Ferne. Die Wirklichkeit, die Gegenwart, ſie deutete auf kein
roſiges Daſein. Mit dem Weihnachtstage hatten unſere Hunde die
letzten Fiſchvorräthe aufgezehrt und auch für die Menſchen war nur
wenig, ſehr wenig Fleiſch mehr auf den Schlitten. Die Hunde, ſie
waren mager, wurden von der täglichen Arbeit ſchwach, und ihnen,
ſowie uns Menſchen fehlte die nöthige Nahrungszugabe für die
Ertragung einer ſo großen, anhaltenden Kälte, das Fett. Die weiten
Schneefelder des Fluſſes zeigten nicht einmal die geringſte Spur

thierischen Lebens, ja nicht einmal ein einzelner Wolf ließ sich blicken, der auf die Nähe von Rennthieren hätte schließen lassen. Die Moschus= ochsen, auf deren Anwesenheit wir mit Bestimmtheit gerechnet hatten, waren nicht zu finden, die Jäger, die wir aussandten, um nach Beute zu fahnden, kamen ohne Erfolg mit bangen Gesichtern zurück.

Am 28. gingen wir einen Tagemarsch, d. h. 7 Meilen weiter südlich und blieben wieder einen Tag liegen, um zu jagen, doch auch diesmal ohne Erfolg, und erst, als Netchillik Joe am 30. nach 36stündiger Jagd mit zwei Rennthieren zurückkam, erfuhren wir, daß das linke Ufer des Flusses wohl Spuren von Rennthieren aufwies, diese aber darauf hindeuteten, daß die Rennthiere sich erst weiter im Inlande reichlicher vorfinden werden.

Von dem Punkte, wo wir den Backs=Fluß zu verlassen gedachten, waren wir noch circa 20 Meilen entfernt, bedurften also noch wenigstens drei Tage, um diese Strecke zurückzulegen. Dann war es aber noch die Frage, ob es uns gelingen werde, den von Nalijau uns angegebenen Uebergang zu finden. Es handelte sich bei den traurigen Aussichten für die Partie am Jahresschlusse um das Leben von 21 Personen und 42 Hunden, und Lieutenant Schwatka, die erstbestimmte Route nur ungern verlassend, entschloß sich am 30. December Abends, mit dem kommenden Tage den Fluß als weitere Marschlinie aufzugeben und in südöstlicher Richtung den Ueberlandmarsch anzutreten.

XI.

Der Ueberlandmarsch vom 31. December 1879 bis 27. Februar 1880.

Verlassen des Backs-Flusses. — Verlust von Hunden. — Die Sonne als erster Neu-
jahrsgruß. — Niedrige Temperatur. — Deren Wirkung auf Menschen und Thiere.
— Eskimokniffe. — Aeußere Zeichen großer Kälte. — Gute Eigenschaften der Eskimo-
hunde. — Einen Mittagsrast. — Kalte Arbeit. — Die Zunge als Wärm-Apparat.
— Umständliches Rauchen. — Ein kaltes Nachtquartier. — Bedenkliche Situation.
— Spirituosen. — Wölfe. — Frechheit. — Mordmaschinen der Eskimos. — Aufreibende
Marschweise. — Genaue Marschrechnung. — Eine Ueberraschung.

Den Eingebornen war es lange ein Räthsel gewesen, warum wir
denn den Fluß in einer südsüdwestlichen Richtung verfolgten, wenn
Pekijulak (Depot-Insel), ihr Hauptaufenthaltsort in Hudsons-Bai, südöstlich von uns lag. Heute am letzten Jahrestage, wo wir die letztere
Richtung einschlugen, schienen sie alle zufriedener zu sein. Es war
überhaupt eine bessere Stimmung in der ganzen Marschcolonne, als
wir um neun Uhr Morgens den Fluß verließen, und langsam die
Uferhöhen hinauffuhren. Gleichmäßiges, wellenförmiges Hügelland bildete
unsere Bahn, die wir beinahe ohne Rast bis gegen Abend verfolgten,
worauf wir an einem kleinen Teiche Halt machten. Doch schon der
heutige Tag bewies uns, wie nothwendig es ist, bald wildreichere
Gegenden zu erreichen. Zwei unserer Hunde brachen zusammen, wurden
sogleich ausgespannt und liegen gelassen. Unser Lieblingshund Miki
(der Kleine), den wir in der Hudsonsstraße noch ganz jung gekauft
hatten, hatte seither alle Ausflüge und Wanderungen mitgemacht, und
heute stürzte er zusammen und war todt.

Am Neujahrstage blieben wir in unserem Campirungsplatze,
um zu jagen, und sowohl Tuluak als Netchillik Joe gingen aus, um, falls
sie heute keiner Rennthiere ansichtig würden, auch noch den morgigen
Tag auszubleiben. Für uns Zurückgebliebene hatte der Neujahrstag

eine, wenn auch nur unbedeutende, so doch heitere Ueberraschung. Nicht gerade in der besten Laune saßen wir düster und stumm in unseren Schneehütten beisammen, als um die Mittagsstunde plötzlich der erste Sonnenstrahl durch das Eisfenster in's Innere drang und selbst bei den Eskimos ein Gefühl dankbarer Freude erweckte. „Mamakpuk mana sikirnik kajit" (Jetzt ist es gut, die Sonne, sie kommt wieder), war der allgemeine Ausruf. Zum erstenmale seit langer Zeit hatte sich die Sonne mit ihrer ganzen Scheibe über den Horizont erhoben, und dieses bedeutete für die Eskimos den Anfang eines neuen Jahres, den Beginn eines längeren Tages und damit die Ankunft besseren, wärmeren Wetters. Die sonnenlosen Tage sind auch den Eskimos verhaßt und ich muß gestehen mit vollkommenem Recht. Wenn es auch etliche Stunden Tag ist, so trägt doch die ganze Landschaft ein eigenthümliches, schwer zu schilderndes Gepräge, dem sozusagen eine lebenbringende Quelle fehlt. Die Nüancen des klaren und doch nicht als blau zu bezeichnenden Firmamentes deuten mit schwachen, blauröthlichen Streifen den Ort an, wo unter dem Horizonte für bessere Gegenden eine Sonne existirt, und von dieser Stelle, die mit dem Vorschreiten und Enden des Tages wechselt und verschwindet, erhebt sich gegen den Zenith eine stets dunkler werdende Schattirung, ein eigenthümliches Grau. Heute ist das Bild anders geworden. Die Sonne, so niedrig sie ist, sie ist doch da, es kann kein Zweifel sein, diese blaßrothe, außergewöhnlich große Scheibe, sie muß die Sonne sein, denn sie wirft Strahlen und erzeugt Schatten, die wir seit langer Zeit auf den weiten, von ihrer sonstigen düsteren, blaßbläulichen Stimmung befreiten Schneeflächen zum erstenmale mit Wohlgefallen betrachten. Sowohl Eskimos, als wir, haben die Hütten verlassen, um uns an dem vollen Anblick unserer Neujahrsgabe zu laben — doch lange währt sie nicht. Als ob schon des Guten zu viel gethan, eilt die Sonne, man kann ihre rasche Fortbewegung leicht beobachten, an dem Horizonte dahin, sinkt und ist wieder fort. Ein kleines Abendroth folgt und der Tag hat geendet. Mit einer gewissen Zufriedenheit blicken wir dann dem nördlichen Horizonte zu und sehen dort kein Zeichen, daß eine Sonne ihren ersten Gruß gebracht hätte. Die dunkle Nacht hatte über die Gegenden, aus denen wir kamen, schon lange ihre Fittiche ausgebreitet. Wir hatten auf Cap Felix einen langen ewigen Tag gesehen, doch einer ewigen Nacht waren wir entronnen.

Am Abende kam Netchillik Joe mit einem Rennthier zurück, und erzählte, er habe massenhaft Fußspuren derselben, gleichzeitig aber auch die ganzer Rudel Wölfe gesehen. Unser anderer Jäger, der erst spät am folgenden Abend kam, bestätigte dieselben Wahrnehmungen, war jedoch glücklicher gewesen. Er mußte den folgenden Tag seine Beute, vier Stück an Zahl, mit einem Schlitten holen. Also auf einem Tagemarsch vom Backs=Flusse war der Unterschied in Betreff des Reich= thums an Wild schon ein so großer. Der Grund, warum die Ufer des Flusses selbst nicht belebt waren, mag in dem Umstande zu suchen sein, daß die zur Nahrung der Thiere nothwendigen Moose dortselbst fehlen, anderntheils aber, daß die Rennthiere vor den Ueberfällen durch Wölfe in einer offeneren Landschaft viel sicherer sind.

In touristischer Beziehung bot aber der Fluß jedenfalls den Vor= theil, daß der Wind sich dort nicht so bemerkbar machen konnte. Bei den Temperaturen, wie sie jetzt vorkamen, wurde selbst der leiseste Lufthauch empfindlich fühlbar.

Am 3. Januar 1880 erreichte unser Thermometer seinen tiefsten Stand. Die drei Beobachtungen um acht Uhr Morgens, zwölf Uhr Mittags und sechs Uhr Abends zeigten —56°, —55° und —57°, somit im Tagesdurchschnitt eine Temperatur von —56° Celsius; eine der niedrig= sten Temperaturen, die je beobachtet wurden. Der Tag war sonst schön, klar, vollkommen windstill und Melms legte mit seinem Schlitten einen Tagemarsch von 11 Meilen zurück.

Die Durchführung meteorologischer Beobachtungen war in solchen Tagen keine besonders angenehme Aufgabe, und doch mußte dabei die größte Vorsicht gebraucht werden. Unsere mit der Fahrenheit'schen Gradeintheilung versehenen Weingeist=Thermometer erwiesen sich als sehr feine Instrumente; bei so niedrigen Temperaturen zeigten diese schon, wenn man sie, statt auf einen Hügel, auf Schneeblöcken von außen auf die bewohnte Schneehütte legte, einen Unterschied von etwa 1—1$\frac{1}{2}$° Celsius. Unter gewöhnlichen Umständen stand das Thermometer gegen die zehnte Morgenstunde, also kurz vor dem Merkbarwerden der Tageshelle, am niedrigsten, und erreichte gegen ein Uhr seinen höchsten Standpunkt.

Die Einflüsse der Kälte auf den Menschen machten sich etwa schon vom 45. Grad Celsius unter Null bemerkbar, denn selbst bei der wärmsten Bekleidung durfte man bei einem Aufenthalte im Freien nie länger als höchstens fünf Minuten auf ein und demselben Platze stille stehen, und mußte sich, wenn sonst unbeschäftigt, wenigstens durch Auf= und Abgehen den Einfluß der körperlichen Wärme zu bewahren trachten.

Bei windstillem Wetter ist die Kälte, wie sie sich in diesen Regionen geltend macht, für den Menschen so lange nicht gefährlich als er hinreichend quantitative Nahrung hat, in der Lage ist, in hinreichender Menge Fettstoffe zu sich zu nehmen, und genau die kleinen Kniffe zu beobachten weiß, wie sie die Eskimos unter niedrigen Tem=peratur=Einflüssen anwenden.

Alle drei dieser Bedingungen haben den Zweck, die körperliche Wärme zu erhalten, womöglich zu erhöhen, ohne dadurch eine Trans=spiration zu bewirken. Fettstoffe, sei es nun der landesübliche Thran, Rennthiertalg, Salm=Oel, oder das Fett der im Sommer zu diesem Zwecke massenhaft gefangenen Geflügelarten, werden von jedem arktischen Reisenden angewendet, sind ein Bedürfniß und beseitigen mit der Zeit jeden Ekel, den der Weiße, seiner gastronomischen Verfeinerung halber, anfangs gegen dieselben fühlt. Ebenso hat den Verlust unserer Hunde weniger das ungenügende Nahrungsquantum, als der gänzliche Mangel an gehörigen Fettgehalten des Fleisches verschuldet.

In Bezug auf die dritte Bedingung ist die schärfste Beobachtung des Eskimos in jeder seiner Bewegungen eine dankbare Schulperiode gegen den Einfluß der niedrigen Temperatur auf den Menschen. Hat der Eskimo mit den Händen nichts zu thun, so zieht er seine Arme aus den Aermeln und kreuzt dieselben an der Brust, geht stets mit geballten Fäusten, und zwar so, daß sein Daumen zunächst der Handfläche liegt, und falls ein Wind geht, und er demselben, sei es schief, oder direct, entgegengehen muß, hält er den Kopf stets gegen die eine Seite gewendet. Auf diese Weise bildet die über den Kopf gezogene und an der Windseite vorspringende Kapuze dann einen Windschutz, wie ihn auch die österreichischen Nordpolfahrer an ihrer Kopfkleidung anzu=bringen pflegten. Im Falle von direct entgegenkommenden Luft=strömungen aber ist es nothwendig, gegenseitig sehr achtsam zu sein, da das Aufhören des brennenden, stechenden Schmerzes im Gesichts=theil den Beginn einer Erfrostung bedeutet, welche sich durch einen wachsgelben, mit scharfen Rändern gegen die Gesichtsfarbe abstechenden Flecken sichtbar macht und durch Auflegung der warmen Hand leicht behoben werden kann. Besonders der Achtsamkeit der Eskimofrauen hatten wir es zu danken, daß auf unserem langen Wintermarsche keine bedeutenden Erfrostungen vorkamen, und es schien ihnen ein besonderes Vergnügen zu bereiten, ihre heilsame Handauflegung auszuüben zu dürfen. Jeder von uns hatte seine besonders empfindliche Stelle. Gilder hatte mit seiner Nase, Schwatka mit seinen Nasenflügeln und Augenlidern, Melms mit seinen Backen und ich mit meinen Handgelenken zu thun, wenn ich nicht besonders aufmerksam war, dieselben mit dem Handschuh

vollends zu bedecken. Die Aeußerung der Kälte auf das Aussehen der
Partie, ebenso wie auch auf die Umgebung derselben, ist eine vielfache.

Jeder meiner Leser wird sich kalter Tage zu erinnern wissen, die
den menschlichen Athem in Form eines Dunstes oder sogar leichten
Nebels sichtbar machten. In unseren kältesten Tagen wurde dieses „Ha",
wie es der Volksmund gern zu nennen pflegt, zu einer Rauchwolke,
die, wie der Wasserdampf der Gefährlichen Stromschnellen, jedes lebende
Wesen begleitete. Es kommt aus dem Munde des Menschen, aus den
Athmungsorganen des Hundes, verräth das Rennthier und macht dessen
Vorhandensein in größerer Zahl meilenweit sichtbar. Ein in Bewegung
befindlicher Schlitten sieht auf einige Entfernung wie in Nebel gehüllt aus,
und eine fliehende Rennthierheerde gleicht einem Eisenbahnzug, so deutlich
zeigt sich der heiße Athem im Contrast zu niedrigen Temperaturver=
hältnissen. Ja noch mehr,. wo immer ein warmer Gegenstand mit
einem natürlich kalten zusammenkommt, giebt es Rauch und selbst die
Stelle am Boden, von der man soeben den Fuß gehoben hat, zeigt
Dunst. Von dem Reisenden selbst will ich gar nicht sprechen, sein
Bart, seine Kopfhaare, sowie alle Kleidungsstücke, die dem Kopfe nahe
liegen, sind weiß. Am meisten ist ein Tabakkauer zu bemitleiden, denn
der ganze süße Saft sammelt sich zuerst in braunen Eiszapfen, später
aber in Form eines Eisberges an seinem Barte, und ein Hammer
oder eine kleine Axt ist am Abend das Instrument, das ihn von seiner
Tageslast befreien muß. Ist ein Wasserloch fertig und sorgfältig von
allem Eis gesäubert, so überzieht es sich binnen fünf Minuten mit
einer Kruste, die man nicht mehr mit dem Finger eindrücken kann,
und zu deren Durchbruch ein schwacher Schlag nothwendig ist. Ich
versuchte diesen Schlag gelegentlich mit einem Trinkbecher der Ein=
gebornen zu thun, doch das Horn des betreffenden Moschusochsen, der
das Rohmaterial dazu lieferte, war nicht stark genug, und statt des
Eises brach der Becher. Von der Eigenthümerin, meiner alten Hausfrau,
bekam ich, nicht für den. Schaden, nein, für die Idee, eine Predigt, die
einer Schwiegermama alle Ehre gemacht hätte. Um unser steinhart
gefrorenes Fleisch aufzuthauen, hingen wir es etwa zwei Fuß tief in
das Wasserloch und in einer Stunde war es weich und genießbar, so
groß ist der Unterschied in den Temperaturgraden. Die Fortpflanzung
der Schallwellen ist bei großer Kälte ebenfalls bemerkenswerth. Auf
eine Strecke von drei Meilen kann man den Schlitten hören wie er
mit einem knirschenden Tone über die blanke Schneefläche gleitet. Das
Bemerkenswertheste ist aber die auffallend reine Atmosphäre. Ein

Hügel in einer Entfernung von 15 Meilen, falls er am Horizonte sichtbar ist, zeigt seine Umrisse gerade so deutlich und scharf, als wäre er blos zwei Meilen entfernt.

Im Interesse des leichteren Jagens marschirten wir nicht immer zusammen, sondern theilten uns in zwei, sehr oft auch in drei Partien, und hatten dabei den Vortheil, daß die nachkommende Abtheilung stets die Hütte der ersten, falls diese dieselbe verlassen hatte, benützen konnte. Wir waren selten weiter als einen Tagmarsch von einander entfernt, kamen aber oft auch erst nach drei bis vier Tagen zusammen.

Das Terrain, welches sich vom Backs-Flusse aus langsam in monotonen Schneefeldern hob, erhielt weiter im Inlande ein steinigeres hügeligeres, zerrisseneres Aussehen, wurde immer ärmer an Teichen und Seen, bis wir endlich am 15. die Wasserscheide zwischen Hudsons-Bai und dem verlassenen Fluß überschritten. Die Rennthiere wurden dann häufiger, auch Spuren von Moschusochsen zeigten sich, und doch verging bei nunmehr besserer Fütterung kaum ein Marschtag, der uns nicht einen Hund kostete. Wir hatten, obwohl unsere Thranvorräthe stark auf die Neige gingen, in der Hoffnung, die Hunde zu erhalten, bereits den Inhalt eines ganzen Seehundsfelles an dieselben verfüttert, doch ohne besonderen Erfolg. Namentlich diejenigen Zugthiere, welche wir theils von den Netchilliks, theils von den Ukusiksillik-Eskimos gekauft hatten, und die anfangs stark und stattlich aussahen, waren unter den ersten, die zu Grunde gingen. Sie waren gewohnt, nur von Seehundsfleisch und Fischen genährt zu werden und das Rennthierfleisch war ihnen eine zu magere Nahrung. Auch die anhaltende Arbeit mag zu ihrem schnellen Verenden beigetragen haben.

Ich hatte bereits viel Gelegenheit, von Eskimohunden zu sprechen, deren Anhänglichkeit an den Menschen zeigte sich jedoch erst in deren letzten Tagen im vortheilhaftesten Lichte. Gegen die Kinder, die auch bei den Eskimos gerne mit Hunden spielen, und sie ebenso oft auch maltraitiren, sind sie besonders geduldig und zahm. Ich habe nie gesehen und von einem Falle gehört, wo ein Kind oder ein Erwachsener gebissen wurde. Kommt derselbe aber vor, dann muß der Hund nach Eskimo-Sitten augenblicklich erschlagen werden. Wie sehr ein Hund ermattet ist, bemerkt man im Vorhinein nicht. Unsere Hunde waren bis zu dem Augenblicke hart und gut ziehend mit dem ganzen Gespanne gegangen, in welchem sie kraftlos zusammenbrachen. Wir hatten in den ersten Fällen versucht, sie zu retten, haben sie auch einigemale auf den Schlitten geladen, doch umsonst — sie waren für uns verloren. In der Folge wurde ihnen das Zuggeschirr abgenommen, sie blieben liegen, und eine Viertelstunde später schon hörten wir ein Rudel Wölfe im Streit um das liegen gebliebene Thier.

Die Wölfe machten sich gleich mit dem häufigeren Erscheinen der Rennthiere merkbar, beunruhigten unsere Hunde, doch kam es zu keinem bedauerungswerthen Angriff. Sie mußten in der wildreichen Gegend Nahrung genug finden, denn als Tuluak seine erlegten Renn= thiere im Freien ließ, und sie erst am kommenden Tage mit dem Schlitten abholte, bemerkte er wohl eine Unmasse Wolfsspuren um sein Depot, doch die Beute selbst hatten die Wölfe nicht berührt.

Der Weitermarsch war eine sehr langsame Fortbewegung, bald über ein steinig=hügeliges Plateau, bald über gleichmäßig schneebeladenes Terrain. Auf letzterem waren uns die kurzen Schneewehen hinderlich, und, um unsere Zugkräfte zu sparen, zerlegten wir einen Schlitten, um mit den Schleifen zwei andere mit einander zu verbinden. Wir hatten auf diese Weise einen circa 24 Fuß langen Schlitten zusammen= gestellt, der durch verdoppelte Zugkraft leichter über die vielen Uneben= heiten gelangte als die kurzen. Doch die Tage, an denen die Hunde unsere einzige Zugkraft bildeten, waren vorbei. Acht Hunde hatten bis zum 17. ihren Tod gefunden und wir waren sämmtlich gezwungen, selbst zu ziehen. Die flinke, leichtbewegliche Marschcolonne, wie wir sie das vergangene Frühjahr kennen gelernt haben, sie hat ihr Aus= sehen geändert. Statt des einen Führers, der sonst die Avantgarde der Schlittenabtheilung bildete, sahen wir heute drei bis vier Personen dem Gespanne vorangehen, deren jede sich mit ganzer Kraft in ein Geschirr stemmt. Auch der Rest der zum Schlitten gehörigen Personen, die Hundelenker nicht ausgenommen, ziehen an Leinen, die an den Seiten des Schlittens befestigt sind. Statt der 12, 15 und 19 Meilen, die wir am Marsche nach König Wilhelms=Land täglich zurücklegen konnten, sind heute zehn Meilen schon eine sehr gute Tagereise. Die Nothwendigkeit, Rast zu halten, machte sich auch öfters geltend, als im letzten Frühjahre, wo wir $1\frac{1}{2}$ Stunden ununterbrochen fortfahren konnten, und namentlich um die Mittagszeit bietet die Partie ein charakteristisches Bild von winterlichem Nomadenleben. Die Sonne hat sich bis dahin schon etwa 6—7° über den Horizont erhoben, und der Temperaturunterschied unter dem directen Einfluß ihrer Strahlen variirte um circa zehn Grade. Eine Differenz von zehn Grad macht sich bei tiefen Thermometerständen bedeutend geltend, umsomehr, als wir uns gewöhnt hatten, jede Temperatur über —40° Celsius warmes

Wetter zu nennen. Kein Wunder, daß sich sämmtliche Personen an die
Sonne setzten und die alte Frau, die in etwa 55 Lebensjahren nach
ihrem eigenen Geständnisse noch keinen so langen und beschwerlichen
Marsch mitgemacht hatte, spricht wahr, wenn sie sagt sikirnik uku
(die Sonne ist warm). Nur für die Hunde und die Führer der
Marschrechnungen hat die Sonne keine Behaglichkeit. Die ersteren
liegen im dicken Knäuel bei einander, um sich gegenseitig warm zu halten,
und mit ihrem täglich auffallend werdenden Abmagern haben sie ihre
ganze Wildheit, ihre ganze Energie verloren.

Für Lieutenant Schwatka und mich hat das Notiren der seit der
letzten Rast zurückgelegten Marschrichtung und Distanz besonders
unangenehme Seiten. Zuerst ist es nothwendig, bei jedesmaligem Antritt
und Halten einer auch noch so kleinen Strecke auf die Uhr zu sehen und
diese ist bei uns arktischen Wanderern nicht so rasch bei der Hand, als
wenn man sie in der Westentasche zu tragen pflegt. Die Uhren, um
sie überhaupt dienſttauglich mitführen zu können, müssen von jeder,
auch der geringsten Menge Oel vollkommen frei sein, und werden dann
in einer um den Hals gehängten kleinen Tasche aus Rennthierfell am
bloßen Leibe getragen. Will man aber auf die Uhr sehen, ist es noth=
wendig, die Tasche hervorzuholen, die Uhr herauszunehmen, diese dann so
schnell als möglich wieder zu verforgen und die Tasche unter die Pelz=
kleider zu verstecken. Diese ganze Operation muß natürlich mit der
bloßen Hand geschehen, so auch das Eintragen des Marsches in die Karte.
Für diese kalte Beschäftigung hat die Sonne noch lange keine lindernde
Kraft und dürfte sie nicht früher erhalten, als bis wir die Küste der
Hudsons=Bai erreicht haben werden. Während wir uns mit dem
Eintragen der betreffenden Daten befaßt haben, hat Tuluak von seinem
Schlitten ein Stück Fleisch genommen. Freilich würde es der Laie
der Form und Härte wegen nicht als solches ansehen, umsoweniger,
als Tuluak mit einer Hacke und dem Eismeißel daran geht, es zu
zerkleinern. Ist dies geschehen, so setzen sich Alle herum auf den
Schnee zum frugalen Mahle und wer den Vortheil, das Fleisch erst
anzuhauchen, bevor er es in den Mund steckt, noch nicht gelernt oder
sich nicht gemerkt hat, wird erst durch Erfahrung klug werden müssen.
Das Hängenbleiben festgefrorener Gegenstände hat wohl seine unange=
nehmen, doch manchmal auch seine guten Seiten. Der Eskimo kennt
diese guten Seiten und weiß sie auszunützen. Um mit seinem Messer
gefrorenes Fleisch oder einen anderen harten Gegenstand zu schneiden,
muß man die Klinge desselben zuerst erwärmen, damit dieselbe nicht

Marsch bei großer Kälte.

bricht oder abspringt. Ein seltsameres, eigenthümlicheres Verfahren, diese Erwärmung vorzunehmen, giebt es wohl nicht. Er berührt mit ein oder zwei Zoll der der Spitze nächstliegenden Klingenfläche die Zunge, die natürlich sofort am Messer haften bleibt, und läßt letztere so lange in dieser Position, bis die ausgeglichene Temperatur die Trennung ohne gleichzeitige Hautabschälung erlaubt. Die körperliche Erwärmung hat übrigens in allen Fällen die Aufgabe eines künstlichen Wärme=Apparates zu erfüllen und um aus den vielen täglich vor= kommenden Beweisen nur ein Beispiel zu wählen, so betrachten wir zur Abwechslung einmal den Raucher.

Die reiche Ausstattung der Partie mit Rauchtabak erlaubte den Mitgliedern auf ihrer ganzen Reise, mit Ausnahme weniger Tage, den Genuß eines Pfeifchens. Die Herrichtung einer Pfeife zum Rauchen in diesem kalten Wetter war eine ziemlich umständliche und zeitraubende Operation. Die Pfeife selbst (nur Thonpfeifen mit Kopf und Röhre aus einem Stück sind verwendbar) war vor jedesmaligem Gebrauch erst aufzuthauen, und wenn sie auch gestopft war, so war es doch manchmal eine wahre Kunst, sie anzuzünden. Die Zündhölzchen, auf deren Trockenerhaltung die größte Sorgfalt verwendet wurde, hatten trotzdem auch eine niedrige Temperatur angenommen und diese mußte erst erhöht werden, um die Entzündung des Holzes durch den bren= nenden Schwefel zur Möglichkeit zu machen.

Das Zündhölzchen wurde zu diesem Zweck so lange zwischen den beiden Handflächen gerieben bis die Temperatur erhöht war, und da durch diese Operation auch wieder der Phosphor feucht wurde, so rieb sich der Eskimo das betreffende Ende so lange in den Haaren bis auch dieser Theil getrocknet war. Die Entzündung selbst geschah auf der Messerspitze oder einem zu diesem Zwecke von den Frauen, die allein so glücklich sind, Taschen zu besitzen, mitgeführten Steinchen. In ähn= licher Weise mußte man sich bei den verschiedensten kleinen Verrich= tungen zu helfen wissen.

Kehren wir nach dieser Abschweifung zu unserem eigentlichen Thema, zum Marsche der Partie zurück.

Die Gegend ist eine mannigfaltige und mit ihr wechselt auch die Anwesenheit unserer Hauptnahrungsquelle, des Rennthieres. Eine Art Abschnitt in unserem Landmarsche bildete der Quoich=Fluß, der, wie die Karte zeigt, in einer der Hauptsache nach südlichen Richtung dem Chester= field=Golf zufließt. Obwohl sein Lauf durch Dr. Rae in den einzelnen Details in die Karten eingetragen war, so hatten wir bezüglich der

Richtigkeit der Angaben derselben unsere gerechten Bedenken. Dort, wo man sich namentlich bei Wintermärschen mit einer zu genauen Vermessung befassen will, macht man die größten Fehler, und sowohl unsere Beobachtungen im Frühjahre, wie die Aufzeichnungen unserer Marschlinie im Wege der schon erwähnten todten Rechnung führten uns zu der Ueberzeugung, daß die bestehenden englischen Admiralitäts-Karten einen Fehler von wenigstens 12 bis 18 Meilen in der Darstellung ihrer Küsten und Flußlinien aufweisen. Wir wollten daher genau constatiren, wann und wo wir den oben besagten Fluß überschritten und uns von seiner genauen geographischen Ortslage überzeugen. Doch die Verfolgung eines Flusses ist, namentlich in flachem Terrain und zur Winterszeit, eine schwierige Aufgabe, da die Verbindung der Teiche, die die arktischen Flüsse in Massen aufzuweisen haben, in der genannten Jahreszeit meistens gänzlich aufhört und somit eine scheinbare Unterbrechung des Laufes eintritt. Wie oft man diesen Zusammenhang übersieht, davon sollten wir am 18. Januar ein Beispiel erleben. Wir hatten einen großen See erreicht, der in einer Länge von etwa 9 Meilen schon seit längerer Zeit durch Verfolgung seiner Verbindungsglieder uns als Theil eines Flusses bekannt war. Schnell schritten wir, ihn südlich verfolgend, darauf fort, doch siehe, um zwei Uhr ·bildeten hohe Hügel eine Barriere, die trotz mehr denn eineinhalbstündigem Suchen keinen Durchlaß gewährte. Wir hatten im Laufe des Marsches weiter nördlich am See selbst eine kleine Oeffnung nach Westen unberücksichtigt gelassen und diese Nichtbeachtung (wir glaubten, nach den schönen Uferwänden schließen zu können, daß der Lauf des Gewässers ein südlicher bleibt) war es, die uns nichts Anderes übrig ließ, als die Hügel zu besteigen. Diese wilden Granitkegel mit ihren Spitzen, Schluchten und Zerklüftungen, mit ihren kleinen Bergseen und Teichen waren jedenfalls eine westliche Fortsetzung der im Frühjahre schon in ihren östlichen Ausläufern berührten Hazard'schen Hügel, und wenn auch auf bedeutend gewundenen Pfaden hielten wir doch bei ihrer Ueberschreitung im Allgemeinen eine südliche Marschdirection ein.

Noch an demselben Tage gegen Abend kreuzten wir die Fußspuren von sechs Moschusochsen, die keine zwei Tage alt sein konnten, und diese Wahrnehmung erregte augenblicklich das Interesse aller Eskimos. Von dem nahen Hügel glaubten dieselben in einer förmlichen Dampfsäule auch den nunmehrigen Standpunkt der Thiere, auf eine Distanz von etwa 8 Meilen sehen zu können und Lieutenant Schwatka gab ihrer Bitte, den morgigen Tag zu einer Moschusochsenjagd benützen zu dürfen, Gehör. Er und Gilder begannen in ihrer Gesellschaft mit allen zur Verfügung stehenden Hunden am folgenden Morgen schon die Verfolgung der Thiere, nachdem sie aber deren Spuren etwa 30 Meilen weit verfolgt hatten, zwang sie die einbrechende Dunkelheit die weitere Jagd aufzugeben. Ein Eskimo, der eines wehen Fußes halber schon früher umgekehrt war, stieß auf dem Rückwege, etliche 4 Meilen von den Schneehütten, plötzlich auf die verfolgte Heerde, hatte jedoch keine Hunde mit sich, um der leicht verscheuchten Thiere habhaft werden zu können, und so war der ganze Tag für uns verloren und die Jagd ein completer Mißerfolg. Selbst Eskimos setzen im strengsten Winter nur sehr selten eine Jagd dadurch fort, daß sie in den dunklen Nachtstunden sich eine kleine Schneehütte bauen und darin eine kleine Ruhezeit verschlafen.

Ein anderer Zwischenfall gab Melms Gelegenheit eine solche Nacht in einer Schneehütte zuzubringen. Wir hatten unsere letzte Kiste Pulver, die in einem großen Schneesturme verweht worden war, in einem Lagerplatz vergessen und meinen Kameraden traf das Los sie in Begleitung eines Eskimos zu holen. Schon kurz nach Mitternacht verließen Beide unseren Aufenthaltsort, um zurückzugehen und mußten zwei Tagemärsche machen, bevor sie ihr Ziel und den vergessenen Schatz erreichten. Bei einer Temperatur von — 46° C. ohne Licht, in fortwährender Bereitschaft gegen allenfallsigen Ueberfall durch Wölfe, ohne Schlafsack streckten sie sich in einer der verlassenen Schneehütten hin und suchten nach besten Kräften abwechslungsweise zu schlafen. Der Körper war wohl genügend geschützt. Die Hände wurden aus den Aermeln gezogen und blieben am bloßen Leibe auch warm, doch die Füße, die durch den langen Marsch in Schweiß gerathen waren, ließen keinen Schlaf zu. Dazu gesellte sich noch der Mangel an Trinkwasser, denn zum Bohren eines Wasserloches durch das wenigstens 6 Fuß dicke Eis hatten sie keine Mittel, und Schnee und Eis reizten nur noch das Verlangen nach einem guten Schluck. Nach einer beinahe 36stündigen Abwesenheit langten sie mit dem wiedergefundenen Gute wieder bei uns an, doch nach der Wiederholung eines solchen Nachtquartiers hatte Melms niemals wieder ein Verlangen.

Ich finde es hier auch am Platze zu erwähnen, daß das Mitführen von Spirituosen nur dann für die arktische Forschung gerathen ist, wenn deren Gebrauch auf die seltensten Fälle absoluter Nothwendigkeit beschränkt wird. Geistige Getränke, als Schnaps ꝛc., wärmen wohl rasch, dabei aber machen sie auch schläfrig und die erste Rast könnte leicht der Grund zum Erfrieren der betreffenden Person sein. Die Schwatka'sche Partie hat während ihrer ganzen eigentlichen Reise keine geistigen Getränke mitgehabt und hat trotzdem oder eben deshalb die größten Strapazen und intensivsten Kälten ertragen. Sollte man Aehnliches aber doch mitführen wollen, so genügt hochgradiger Alkohol in verschlossenen Kannen unter besonderer und einziger Verwaltung des Führers der Abtheilung selbst, der in außergewöhnlichen Fällen denselben mit Wasser gemengt, verabfolgen kann. Alkohol erfüllt für die bescheidenen Bedürfnisse arktischen Lebens vollkommen den Zweck, den er haben soll und ist in kleinen Quantitäten weit ausreichend, also leicht transportirbar.

Den ganzen Monat Januar hindurch hatten wir ein schauderhaftes Wetter, welches uns Tage lang im Marschiren hinderte. Auch für das Jagen von Rennthieren war dasselbe ungünstig. Im Frühjahre konnten wir bei den größten Schneewehen hoffen, uns auf dem schon weicheren Schnee unbemerkt in die Nähe von Wild schleichen zu können, doch jetzt bot sich uns dieser Vortheil nicht. An ein unhörbares Nachschleichen war bei der sonst reinen Luft nicht zu denken, denn der Schall pflanzte sich trotz des Schneewehens weit fort und verscheuchte die Beute. Alle die vielen Rennthiere, die wir jetzt erlegten, waren auf große Distanzen geschossen, während sonst der Eskimo aus keiner weiteren Entfernung als höchstens von 100 Schritten schießt.

Es geschah nunmehr nur sehr selten, daß wir alle zusammen marschirten, gewöhnlich ging Lieutenant Schwatka mit seinem Schlitten voran, die anderen zwei Schlitten folgten, je nach Umständen, gemeinsam oder getrennt.

Da der erste Schlitten die wenigsten Leute, beiweitem aber den besten Jäger hatte, so ließ der Lieutenant in seinen verlassenen Hütten oft Fleisch für uns Nachfolgende zurück, doch mußte diese seine Fürsorge aufhören, als wir mit Anfang Februar in das Bereich der massenhaft vorkommenden Wölfe kamen. Dieselben wurden täglich zahlreicher und schlichen sogar bei Tageshelle in unserer nächsten Nähe herum. Sehr oft geschah es, daß, wenn wir Abends uns in Sicht der von der ersten Partie bereits verlassenen Hütte befanden, plötzlich am Eingang derselben ein Wolf erschien, ganz verwundert auf uns schaute, und bei unserer Annäherung nur langsam und ungern die ihm so behagliche Stelle verließ. Aber diese Frechheit war nur der Anfang der Unannehmlichkeiten, die uns diese stets zahlreicher werdenden Wölfe auf unserer Heimreise bereiteten.

Im arktischen Amerika sind drei Gattungen des Wolfes zu unter=
scheiden. Die kleinste ist eine Art, die von schwärzlich=brauner Färbung
mit unserem mitteleuropäischen Wolfe viel Aehnlichkeit hat. Der
eigentliche Polarwolf ist der größte, weißlich=grau, und kommt nur
einzeln vor, während die dritte, der Größe nach mittlere Gattung von
hellröthlich=brauner Färbung ist und an Raubthiermanieren alle
anderen übertrifft. Diese letzte Gattung kommt stets in Rudeln vor und
greift nach Angabe der Eskimos selbst den Menschen an. Unser Eskimo
Joe erzählte aus seinem Leben ein lehrreiches Zusammentreffen mit
denselben. Als er mit dem Polar=Reisenden Karl F. Hall in Repulse=
Bai weilte, wurde er — es war im Hochsommer — von etwa acht
Wölfen überfallen und wußte, da er damals nur mit einem Vorder=
lader bewaffnet war, keine andere Rettung, als bis an die Hüften in's
Wasser eines nahen Teiches zu retiriren. Mehr als eine Stunde ver=
ging, Joe stand noch immer im Wasser und die Wölfe lauerten noch
immer am Lande auf ihn. Endlich, als ihm der Spaß doch zu lange
dauerte, erschoß er einen, lud sein Gewehr wieder (man kann sich denken,
mit welcher umständlichen Manipulation) und erlegte einen zweiten
der Rotte, die sich nun sämmtlich über ihre getödteten Genossen her=
machte, um sie aufzufressen. Diese Befriedigung des Hungers gab
Joe die Gelegenheit, sich durch einige Zeit fortgesetztes Gehen im Wasser
davon zu machen.

Im eine viel gräulichere Situation kam während unseres Marsches
Tuluak. Er wurde von einem Rudel von etwa dreißig solcher Bestien über=
fallen und nur daß ein hoher Stein in der Nähe war, auf den er sprang,
und von dem aus er anfing, mit seinem Magazingewehre den Wölfen
aus ihrer eigenen Mitte Nahrung zu schaffen, rettete uns das Leben
unseres besten Jägers. Derlei Geschichten fingen an, unheimlich zu werden,
die Wölfe wurden täglich zahlreicher, frecher und. hatten vor unseren
Signallichtern, die wir im Frühjahre mit so viel Erfolg gebrauchten,
auch keinen Respect mehr. Der Lieutenant brannte eins, später auch
zwei auf einmal ab, doch die Wölfe schienen sich an dem die Farben
wechselnden Lichte zu amüsiren und wichen nicht. Schießen durften wir
nicht, da unsere Munition schon zur Neige ging, die Hunde waren so
matt, daß von ihrer Seite an keinen Widerstand zu denken war, und
so lebten wir in beständiger Aufregung.

Am 9. Februar hatte Tuluak mehrere Rennthiere geschossen und
fütterte am späten Abend im Dunkeln seine Hunde. Er hatte das
Fleisch in große Stücke zerschnitten, den Hunden außerhalb der Schnee=

hütte vorgeworfen, und stand dabei, als er plötzlich einen großen Hund zu bemerken glaubte, der einem kleineren die Nahrung wegzunehmen versuchte. Er stieß den vermeintlichen Hund mit dem Fuße, doch als derselbe nach ihm schnappte, wurde er seines Irrthums gewahr und erkannte bei schärferer Betrachtung, daß sich einige Wölfe unter die Hunde gemischt hatten, um mit diesen das Mahl zu theilen. Tuluak holte sein Gewehr und erlegte die Gäste auf der Stelle.

Ich und Melms waren mit den übrigen zwei Schlitten einen Tage= marsch weiter zurück und hatten dort eine noch traurigere Erfahrung zu machen. Ein Rudel Wölfe hatte uns schon den ganzen Tag begleitet, und da wir, wie gesagt, keine Munition an dieselben verschwenden durften, so begnügten wir uns, nur im allerhöchsten Nothfalle Gebrauch von unseren Gewehren zu machen. Die folgende Nacht war für uns eine sehr unruhige, denn beständig hörten wir das Angstgebell der Hunde und mußten jeden Augenblick heraus, um dieselben zu schützen. Net= chillik Joe hatte bei dieser Gelegenheit einen Kampf mit einem der Raub= thiere zu bestehen, und nur seiner Schnelligkeit und dem Umstande, daß er gerade ein Messer in der Hand hielt, hatte er es zu verdanken, daß er ohne Schaden davonkam. Trotz unserer Wachsamkeit führten aber die Wölfe noch dieselbe Nacht eine Attaque gegen uns aus, und vier Hunde wurden von denselben zerrissen.. Dies wurde selbst den sonst gut= müthigen, nicht leicht aufgebrachten Eskimos zu toll, und diese setzten nun ihre heimatlichen Mordmaschinen in Bewegung.

Den kommenden Abend wurde für den Rest der Hunde eine eigene Gattung Schneehütten erbaut und die Gespanne darin über die Nacht eingesperrt. Netchillik Joe bestrich sodann zwei sehr scharfe Messer an den Schneiden mit Rennthierblut und vergrub diese mit den Schneiden nach aufwärts in den Schnee derart, daß blos das Blut sichtbar blieb. Es dauerte nicht lange, kamen die Wölfe, begannen an den Messern zu lecken, und zerschnitten sich, ihr eigenes Blut als Rennthierblut leckend, die Zungen so sehr, daß eine Verblutung der Bestien die Folge davon war. Drei Wölfe wurden auf diese Weise, die zwar sehr wie Jägerlatein klingt, aber Thatsache ist, ein Opfer dieser Vorrichtung. Aber noch eine andere Falle wurde denselben gestellt.

Netchillik Joe hatte aus einer schon lange mitgeführten Walfisch= barte Streifen geschnitten, die etwa zwei Fuß lang waren, und befestigte an deren Enden kleine dreieckige Messer von etwa $\frac{1}{4}$ Zoll Höhe, die er scharf zufeilte. Diese Streifen wurden sodann fest zusammengerollt, mit einem Stückchen Rennthiersehne in dieser spiralförmigen Krümmung

Das Felsenthor am Connery=Fluß.

13

erhalten und in Fleisch verhüllt, welches durch Gefrieren steinhart wurde. Drei bis vier solcher Stücke Fleisch wurden in der nächsten Umgebung des Lagers herumgestreut und auch sehr bald von den Wölfen verschlungen. Die Hast, mit welcher diese Thiere das Ganze verschlingen, erlaubt es der seltsamen Vorrichtung, unversehrt in den Magen zu kommen, und nachdem das Ganze aufgethaut, und auch die Sehne durch die Wärme gelöst ist, dehnt sich das Fischbein plötzlich im Innern des Wolfes aus und bewirkt einen fürchterlichen Tod. Es sind dies wohl sehr gräuliche Mittel, deren sich die Eskimos hier bedient haben, doch boten sie die einzige Möglichkeit, die paar Hunde, die uns noch übrig blieben, zu erhalten. Die Wölfe kamen seltener, leider wurden aber auch die Rennthiere seltener und unser Rückmarsch mußte beschleunigt werden, um die Seeküste selbst zu erreichen. Mehreremale sah es mit unserer Nahrung sehr traurig aus und einmal äußerten wir große Freude, als einer unserer Jäger ausging, um Rennthiere zu suchen, und die Ueberreste eines solchen fand, das von Wölfen erlegt und dann liegen gelassen worden. Unsere Situation in der zweiten Hälfte des Monates war eine sehr traurige. Mit harter Arbeit schleppten wir unsere Schlitten durch das hügelige, jeder Abwechslung entbehrende Terrain langsam vorwärts, und wenn wir Abends müde unsere Schneehütten bauten, so war nicht mehr die Bequemlichkeit und die Gemüthlichkeit darin zu finden, wie einen Monat früher. Unsere Oelvorräthe waren auf das Minimum geschmolzen, und wir konnten nicht mehr im Bett darauf warten, bis die Frau jedem von uns seinen Theil gekochtes Fleisch und heiße Suppe als Abendmahl gab. Mit schwerer Mühe gruben wir unter dem Schnee Moos heraus, um mit diesem einige Mundvoll Fleisch zu kochen. Aber auch in sonstiger Beziehung ließen die Strapazen, die Nahrung und namentlich der Mangel an Fett Zeichen an uns merkbar werden, die ein baldiges Anlangen an einem Orte, wo mehr Bequemlichkeit ist, wünschenswerth machten. Die Schneehütten, sie waren nicht mehr Zeugen eines fröhlichen Lebens, wie vor Monaten; sondern stumm und schweigsam legte sich jeder in seinen Schlafsack und das monotone Aja, Aja der Frauen, die mit ihren der Situation ganz angepaßten Melodien einen beinahe rasend machen können, erhöhte die Unannehmlichkeit, die die Kälte und Finsterniß in den Behausungen ohnehin in so krasser Weise fühlen ließ. Unsere Schlitten waren von König Wilhelms-Land aus mit Hunderten von Pfunden Seehundsthran beladen gewesen — heute konnten wir den ganzen Vorrath in ein Literblech schütten, und doch hatten wir

13*

außer dem Sack, den wir den Hunden verfütterten, keines unnütz verbraucht.

Unter solchen Umständen erreichten wir endlich nach langem Suchen und Warten den Quoich=Fluß, und da wir uns entschlossen hatten, denselben nicht südlich zu verfolgen, sondern unsere südwestliche Richtung über Land beizubehalten, überschritten wir denselben, nahmen uns aber vor, zu dessen genauerer Bestimmung schon den nächsten Tag eine Observation der Sonnen=Altitude womöglich um die Mittags= zeit vorzunehmen.

Am 20. Februar hatte die Sonne während der Kreuzung des Meridians eine Höhe von 14° 29′ 30″ und unsere geographische Breite entsprach der von 64° 21′ Nord.

Seit Ende November hatten wir unsere todten Rechnungen nicht mit Beobachtungen rectificiren können, und nach einem Marsche von 300 Meilen zeigten die Rechnungen nur einen Fehler von 1½ bis 2½ Meilen, und dieser so verschwindend kleine Fehler bewies deutlich, was Uebung im Schätzen von Distanzen zu leisten im Stande ist.

Der 25. Februar brachte uns eine sehr angenehme Ueber= raschung. Tuluak und Eskimo Joe gingen an diesem Tage, an dem wir nicht weiter marschirten, jagen, kehrten zwar ohne Rennthiere zurück, waren aber mit einem ihnen wohlbekannten Eskimo zusammen= getroffen.

Am kommenden Morgen wurde trotz eines fürchterlichen Sturmes bei der niedrigen Temperatur von —52° Celsius doch aufgebrochen, und nach einem etwa zweistündigen Marsche gelangten wir endlich wieder an Hütten von Menschen. Aseblak (so hieß der gestern gesehene Eingeborne) hat kurz nach dem Aufbruche der Partie von der Marmor=Insel im März 1879 selbst die dort winternden Schiffe verlassen und ist mit seiner Familie in diese Gegend gekommen, wo er Rennthiere massenhaft, somit auch einen guten Aufenthaltsort vorfand. Beinahe ein volles Jahr hatte er mit seiner Frau und zwei Kindern abgeschlossen von jedem menschlichen Wesen gelebt — doch sein und der Seinen Aussehen bewies, daß er sich in guten Umständen, soviel man bei den Eskimos nach unseren Begriffen überhaupt von solchem Zustand sich denken kann, befindet. Dieser Aseblak hatte in mehrerer Beziehung ein großes Interesse für uns. Seine noch reichlich vorhandenen Vorräthe erlaubten uns eine gute Verproviantirung für die wenigen Tagemärsche, die wir noch bis zur Küste der Hudsons= Bai zurückzulegen hatten, und sein Vorsatz, noch einige Wochen am

Platze zu verbleiben, erlaubte die schon lange gehegte Ausführung unseres Vorhabens, den schwereren Theil unserer Ladungen zurückzulassen, leicht und schnell die letzte Strecke zurückzulegen und die deponirten Gegenstände später zu holen.

Unser braver Asedlak, ein Eskimo des südlich von Chesterfield=Golf wohnenden Kinipetu=Stammes, erklärte sich bereit, für ein Gewehr mit entsprechender Quantität Munition uns in beiden Fällen allen nur möglichen Vorschub zu leisten, und so trafen wir denn unsere letzten Vorbereitungen, um in forcirten Märschen die letzte Strecke unserer Reise zurückzulegen.

XII.

Die letzte Strecke bis zur Marmor-Insel. 28. Februar bis 23. März 1880.

Die letzten Märsche. — Eine Geburt. — Wieder auf dem Connery-Flusse. — Zusammentreffen mit den Civili-Eskimos. — Empfang. — Eine Trauerscene. — Eine fürchterliche Enttäuschung. — Aus dem Speisezettel der Eskimos. — Hungersnoth. — Ein Todesfall. — Leichen-Ceremonien bei den Eskimos. — Trübe Tage. — Erlösung. — Ankunft auf der Marmor-Insel.

Nach Asedlak's Bericht könnten wir die Küste der Hudsons-Bai mit leichten Schlitten in zwei Tagen erreichen, und durch diese Angabe aufgemuntert, traten wir am 28. Februar 1880 bei einer Temperatur von — 55° C. unseren Weitermarsch an. Alles, was wir an Bagage zurücklassen konnten, wurde in einer Schneehütte verwahrt und dieselbe mit Wasser übergossen, um über das Ganze in wenigen Augenblicken eine Eiskruste zu bilden, die den Wölfen selbst auch dann ein undurchdringliches Hinderniß bot, wenn der die Aufsicht über die Sachen übernehmende Eskimo noch vor dem später erfolgenden Abholen derselben den Ort verlassen sollte. Asedlak hatte uns 6 Rennthiere verkauft, wir hatten damit die uns von unseren 42 noch übriggebliebenen 16 Hunde (26 Hunde sind zwischen dem Backs-Flusse und hier ein Opfer der Kälte und Wölfe geworden) noch einmal gefüttert und den Rest auf zwei Schlitten geladen. Den dritten Schlitten mußten wir, um Brennmaterial zu bekommen, zerschlagen, und wanderten dann, indem wir uns in's Geschirr spannten, theils über flache Hügel, theils über große Seen in ostsüdöstlicher Richtung unserem lang ersehnten Ziele zu.

Daß wir dieses schon in zwei Tagen erreichen würden, dazu gab es wenig Hoffnung, obgleich die Eskimos in ihren Forcemärschen zuweilen bis 50 Meilen in einem Tage zurücklegen. Unsere Zugkräfte waren jedoch zu schwach, um so schnell fortzukommen. Die Gegend bot für unser

Auge keine besonderen Schönheiten; die von großen und kleinen Granit=
steinen besäeten Schneehügel, die reich mit kleinen Wasseradern und
stattlichen Seen bedeckten Thäler, sie waren uns etwas Gewöhnliches
geworden, dafür aber spähten wir nur nach dem Südosten, ob wir
nicht jenes dunkelschwarz=blauen Streifens gewahr werden könnten, der,
als Wasserhimmel bekannt, dem Reisenden in den Schnee= und Eis=
regionen die Anwesenheit von offenen Wasserstellen — uns die Nähe
der Hudsons=Bai bekunden sollte.

Am 2. März Nachmittags fanden wir einen großen Teich mit
einem Ausflusse, der in Vielem dem im April 1879 von uns ver=
lassenen Connery=Flusse ähnlich sah, und wir verfolgten seinen Lauf
lange bis nach der gewohnten Raststunde, um Zeichen zu finden, die
unsere Annahme bestätigten. Ein verläßlicher Anhaltspunkt für deren
Bestätigung war jedoch nicht zu finden.

Ein wichtiges Ereigniß sollte aber doch noch eintreten. Schon
im Baue der Schneehütten begriffen, ließen die Eskimo plötzlich ihre
Arbeit im Stiche und begannen mit aller Hast den Bau einer kleinen,
separaten Schneehütte. Dieselbe war sehr schnell fertig und die Frau
des Netchillik Joe gab, kurz nachdem sie die Hütte bezogen hatte, —
sie waren den Tag 20 Meilen, im Schlitten ziehend, marschirt, — einem
Knäblein das Leben. Wir glaubten durch diesen Zwischenfall in
unserem Weitergehen verhindert zu sein, doch schon den kommenden
Morgen wurde sie in Felle gehüllt und auf den Schlitten gesetzt, um
weitere 17 Meilen gefahren zu werden.

Am 3. Morgens passirten wir eine Schlucht, durch die sich der
schon breite Fluß zwängt, und die in ihrer Mannigfaltigkeit, mit den auf=
fallenden Granitbildungen und ihrer reichhaltigen Abwechslung von
Felsen, Schnee und Eis, das letzte Bild der uns noch immer unbekannten
Gegend bilden sollte. Nur wenige Schritte weiter und wir erkannten
mit Bestimmtheit den Fluß als den Connery=Fluß wieder und be=
grüßten mit Freuden an den rauhen Ufer=Eisbildungen den hier schon
spürbaren Wechsel von Ebbe und Fluth.

Abends bauten wir beinahe an demselben Punkte, wie wir es
beim Ausmarsche am 1. April 1879 gethan, auf unserer Reise das
letzte, seit unserem Abgange von König Wilhelms=Land das 53. Schnee=
hüttenlager.

Am Morgen des nächsten Tages bedurfte es keines Weckenden,
der die Eskimos aus ihren Pelzen trieb, und mit den ersten Strahlen
der aufgehenden Sonne traten wir aus der Mündung des Connery=

Fluſſes, der uns die letzten 42 Meilen eine willkommene Fahrſtraße geboten hatte, hinaus auf das offene Eis der Hudſons=Bai. Während der elf Monate und vier Tage, die wir von der Hudſons=Bai abweſend waren, hatten wir eine Diſtanz von 2820 Meilen (705 deutſche Meilen = 5287˙5 Kilometer) zurückgelegt, unſere Aufgabe mit Rückſicht auf Zeit und Umſtände in erſchöpfender Weiſe gelöſt, uns und unſere Hunde nur durch die Jagd aus dem Thierreichthum der durchkreuzten, nur als wüſte Schneeöden berüchtigten Landſtrecken erhalten, ohne Menſchenverluſt, ja ohne Krankheit die Gefahren der weiten Reiſe überſtanden, den Unbilden eines ſtrengen arktiſchen Winters im Freien getrotzt — und ſtanden nahe dem Ziele, nahe, wie wir vermeinten, den erſehnten Proviant= vorräthen der Civiliſation, und was uns am angenehmſten ſchien, nahe den Wohnungen von Menſchen. Beinahe drei Monate waren verfloſſen, ſeitdem wir, auf uns allein beſchränkt, nur dem uns erwünſchten Renn= thiere oder dem verhaßten Wolfe begegneten, und der Rabe, der heute krächzend über unſeren Köpfen kreiſt, iſt uns ein willkommener Anblick. Nicht umſonſt begrüßt ihn der in der Wildniß umherwandernde Eskimo mit einem heiteren Tuluak, Tuluak (Rabe in der Eskimo= ſprache), und nur zu wahr iſt ſeine Angabe, daß dort, wo ein Rabe zu ſehen iſt, auch Menſchen ſich in der Nähe befinden. Vor uns lag der ſchon ſo lange geſuchte Waſſerhimmel, und hinter der letzten Land= ſpitze trat endlich die Depot=Inſel hervor, in deren Nähe Camp Daly, der Ort liegt, wo wir während langer acht Monate (von Auguſt 1878 bis April 1879) unſere Acclimatiſirungsſchule für unſere Reiſe durch= gemacht hatten. Auch die Hunde erkannten, daß das Ziel ihrer langen Reiſe nahe lag, und ohne Peitſchennachhilfe ging es rüſtig über die glatte Eisfläche dahin.

Es waren wichtige Fragen, die der Verlauf der nächſten zwei Stunden beantworten mußte. Sind Schiffe in der Hudſons=Bai, die uns den kommenden Sommer in den Schooß der Civiliſation zurück= führen können? — Sind mit dieſen Schiffen Nachrichten von der Heimat eingetroffen? Und hat man von Amerika aus dafür geſorgt, um uns für die noch vor der Abreiſe erübrigende Zeit zu unſerem zurückgelaſſenen Proviant erwünſchte Verbeſſerungen zukommen zu laſſen? Haben endlich die Eskimos die unter ihrer Obhut zurück= gelaſſenen Depots ordentlich aufbewahrt? Das Alles waren Fragen, die uns ſehr lebhaft intereſſirten, als am Eishorizonte eine, dann zwei und endlich mehrere Menſchengeſtalten ſichtbar wurden, denen ſich ſpäter auch ein ganzes Hundegeſpann zugeſellte. Wer die Geſtalten waren, die jetzt von allen Richtungen auf uns zukamen, darüber konnte kein Zweifel existiren. Unsere früheren nächsten Nachbarn wäh= rend unseres erstwinterlichen Aufenthaltes, die Civili=Eskimos, hatten schon oft nach jener Gegend ausgelugt, von wo wir wieder zurück= kehren sollten — und es war nur nothwendig, das schon vor einem Jahre verabredete Zeichen zu geben, um beiderseits die freudige Bot= schaft unserer Wiederkehr bekannt zu machen. Tuluak (nach Eskimo= brauch haben die Männer meistens Namen von Thieren, und dieser bedeutet, wie schon oben erwähnt, Rabe), unser tüchtigster und erfahrenster Jäger, band in seiner Aufregung eine alte Decke an eine Stange und schwenkte diese vom Schlitten aus als Wiedererkennungszeichen, und um jeder Irrung vorzubeugen, gaben wir aus unseren Hinter= ladergewehren einige Salven. Immer näher kamen die beiden Parteien einander, schon konnte man in den Pelzhüllen die wohl= bekannten Physiognomien der einzelnen Innuit (Eskimo=Bezeichnung für sich, d. i. den Eskimo selbst als Gegensatz zum Kabluna, dem Weißen) unterscheiden, und eine kleine Weile später folgte Händedruck auf Händedruck, und wir wurden ob unserer glücklich erfolgten Rückkunft beglückwünscht. Es waren blos Eskimos, die uns hier begrüßten, und doch wird für die, welche Augenzeugen jener Scene waren, die erste Begegnung mit den wackeren Eingebornen eine unvergeßliche bleiben. In seiner Aufrichtigkeit und Herzlichkeit begnügt sich der Eskimo nicht mit einem festen, für zartere Hände derb fühlbaren Händedruck, nein, er legt seine Hand auf seines Freundes Brust, und mit einem Manik= tumi (so viel wie willkommen) scheint er sich zu überzeugen, ob die große Freude des Wiedersehens nicht vielleicht nur ein eitler Traum sei.

Doch des Dichters Wort: „Des Lebens ungemischte Freude ward keinem Irdischen zu Theil," sollte auch hier seine Bestätigung finden. Nur zu bald waren die lauten Teimo (des Eskimos Begegnungsgruß) verhallt und an ihre Stelle trat ein jammervoll anzuhörendes Klage= geschrei. Mit der Rückkehr des obgenannten Tuluak war es den ihn Begrüßenden auch Pflicht geworden, denselben von dem während seiner Abwesenheit erfolgten Tode seiner Mutter zu verständigen. Ob es der Schmerz um den Verlust war, weshalb der Genannte und seine Frau am Schlitten ohnmächtig niederfielen und dann in langgedehnten lauten Jammerrufen ihren Gefühlen Ausdruck gaben, ob dies als die alleinige Ursache dieser Scene anzusehen war, ist mir etwas unklar geblieben; doch habe ich in späteren Monaten zu wiederholten Malen Gelegenheit gehabt, bei verschiedenen Todes=

fällen eine ähnliche Beobachtung zu machen. Es war nicht bitteres
Weinen und halb unterdrücktes Schluchzen, das als stärkerer Aus=
druck des inneren Schmerzes gelten sollte, sondern ein die eigenen
Stimm= und der Umstehenden Gehörorgane bis auf's Aeußerste
maltraitirendes Wehegeschrei, und seine nur kurze Dauer bringt mich zu
der Ueberzeugung, hier einer ähnlichen Sitte begegnet zu sein, wie sie
die orientalischen Völker bei ihren Trauerfeierlichkeiten mehrfach auf=
zuweisen haben. Nachdem das Wehegeschrei 15 bis 20 Minuten gedauert,
stand Tuluak auf, nahm seine Peitsche zur Hand, und sein ganzes
Aeußere zeigte ihn uns nun wieder nur als den Mann, wie wir ihn
monatelang kannten, unseren energischen, willigen und stets munteren
Begleiter.

Aber auch uns Weißen stand eine furchtbare Enttäuschung
bevor. Zu wiederholten Malen hatten wir und schon in früheren
Monaten uns auf ein kleines Festessen gefreut, welches wir an
dem Tage unserer Ankunft am Ziele von unseren zurückgelasse=
nen Proviantvorräthen für die ganze Partie veranstalten wollten.
Zu unserem größten Schrecken waren aber diese Vorräthe für
uns nicht zurückgelassen worden. — Bei unserer ersten Landung
im August 1878 hatten wir nur so viel von unseren Vorräthen
mit an's Land genommen, als wir vorderhand benöthigten, und
den Capitän des Schiffes, das uns von New=York aus unserem
ersten arktischen Domicil zuführte, ersucht, den Rest unseres Proviants
bei seiner Zurückfahrt nach Amerika im August 1879 auf der Depot=
Insel zurückzulassen. Ohne auf das unverantwortliche Benehmen des
betreffenden Capitäns, der nichts, ja nicht einmal ein paar Zeilen der
Erklärung für uns zurückließ, weiter einzugehen, will ich hier nur
bemerken, daß unsere Lage eine nichts weniger als beneidenswerthe war,
denn jetzt, am Ziele, sollten wir erst, wo Keiner es ahnte, nach glücklich
überstandener Reise, noch schwere Stunden erleben.

Was konnten wir bei dem kaum für einen Tag ausreichenden
Fleischvorrathe, der sich auf unseren Schlitten befand, wohl Besseres
thun, als der Einladung unserer alten Eskimo=Freunde folgen und
uns der Hoffnung hingeben, daß wenigstens sie für die, wenn auch
nicht ausgehungerten, so doch auch nicht wohlgenährten Neu= ange=
kommenen für so lange werden sorgen können, bis sich diese von
einem eilfmonatlichen rastlosen Wandern erholt, gekräftigt und aus=
geruht haben würden, um dann die circa 30 deutsche Meilen weiter südlich
auf der Marmor=Insel (Marble=Island) überwinternde Walfischfänger=

Barke „George und Mary" von New-Bedford aufzusuchen, von der
wir eine sofortige Hilfeleistung und Beförderung nach Amerika zu
erwarten hatten.

Die ersten Tage vergingen ganz gut. Nach der Begrüßung von
Seite der weiblichen Bevölkerung der verhältnißmäßig großen Ansiedlung
krochen wir in verschiedene Schneehütten und wurden auf das beste
empfangen. Es ist ein großer Unterschied, ob man in eine Hütte
kommt, die erst neugebaut oder nur wenige Tage bewohnt ist, oder
ob Menschen in einer solchen bereits Wochen und Monate zubrachten.
In Bezug auf Reinlichkeit bietet die länger bewohnte Hütte keinesfalls
einen Vorzug — doch ist man monatelang an den Anblick, den eine
solche Häuslichkeit bietet, gewöhnt, so ist die darin herrschende Temperatur bei der Wahl zwischen einer kalten neuen oder einer warmen
alten in erster Linie maßgebend.

Eine Hütte, in der Menschen längere Zeit gelebt und gekocht
haben, ist mehreremale im Innern über den Nullpunkt erwärmt
worden und die Schneetafeln der den Lampen am nächsten gelegenen
Theile und der obersten Decke haben durch Schmelzen des Schnees,
durch das Einsaugen des so erzeugten Wassers in den noch festen
Theil und durch das Wiedergefrieren des Ganzen eine Eisglasur
erhalten, die durch den Rauch schwärzlich gefärbt wird. So oft nun
die Temperatur wieder auf einen höheren Punkt als Null kommt,
sammelt sich das Wasser an den kleinen Kanten und hervorragenden
Theilen und fängt an, Tropfen nach Tropfen auf die als Betten
dienenden Felle zu fallen. Dieses Kuduktu (Tropfen in der Eskimosprache) ist auch dem nordischen Bewohner sehr verhaßt, und er hat,
um es wenigstens für einen Zeitraum zu hindern, ein ganz probates
Mittel, welches, so einfach es ist, zeigt, wie schnell selbst der physikalisch
ungebildete Mensch, ohne es zu wissen, durch Instinct oder Beobachtungsgabe sich die Gesetze der Natur zum wohlthätigen Diener macht. Ein
Stück Schnee hat die Hausfrau für den diesbezüglichen Gebrauch immer
bei der Hand, und beim ersten Tropfen schneidet sie mit ihrem Messer
ein würfelförmiges Stück ab, haucht auf die eine Fläche und berührt
damit die Stelle, von wo der Tropfen kam. Ein Augenblick genügt,
um durch den kalten Schnee der kleinen Wasseransammlung so viel
Wärme zu entziehen und es zum Gefrieren zu bringen, wodurch der
kleine Schneewürfel an der Decke haften bleibt.

Durch diese wiederholt angewandte Operation, so wie durch die
von Zeit zu Zeit bewirkte Ausbesserung der Decke selbst mit aus-

geschnittenen und neu eingesetzten Schneetafeln erhält das Innere das
Aussehen einer kleinen Tropfsteinhöhle, und betrachtet man die eigenthümliche Erleuchtung durch zwei oder drei hellbrennende Lampen, das
bunte Durcheinander der primitiven Einrichtung und die Bewohner,
so erscheinen die Kleinen, wie sie in ihren Pelzen vermummt die Mutter
umspringen, wie die Gnomen eines unserer vielen Märchen. Konnte
es uns Jemand übel auslegen, wenn wir in einer solchen Umgebung,
unter Menschen, auf deren Wiedersehen wir uns monatelang gefreut,
die Schattenseite des Igolos (Schneehütte) heute gänzlich übersahen
und uns im muntern Geplauder schon deshalb als glückliche Menschen
schätzten, weil wir uns diesmal mit dem Bewußtsein zu Bette legen
konnten, morgen ungestört schlafen zu können, statt am frühen Morgen
an Aufbruch, Weitermarsch und Schlittenziehen denken zu müssen?

Im ganzen Lager herrschte denn auch bis in die späte Nacht-
stunde eine rege Thätigkeit, und schon deshalb, weil unsere Begleiter
von der Rennthierkost zum Essen des Walroßfleisches übergingen, sie
sich aber bei diesem Wechsel zuvor waschen müssen — war dieser Tag
eine Art Ausnahmsfesttag für dieselben.

Das gegenseitige Erzählen wollte nun gar kein Ende nehmen,
und die kleine Gruppe der älteren Leute, der patriarchalischen Häupter
des Stammes, die sich um ihren alten Freund, unsern als Dolmetsch
in arktischer Forschung (er hatte auf zwei Polar- und drei Franklin-
Aufsuchungsreisen die Weißen begleitet) weit und breit bekannten Eskimo
Joe sammelten, konnten sich nicht genug wundern, wie es möglich war,
in diesem mehr als normal strengen Winter mitten durch weites unbekanntes Land den Weg so genau zu finden, um gerade dort wieder
das Salzwasser der Hudsons-Bai zu erreichen, wo wir es beim Aus-
gang verlassen hatten. Am nächsten Tage heulte draußen einer jener
Stürme, wie sie nur im Norden so furchtbar und tagelang über
die weiten Eisflächen hinwegfegen, und wir konnten uns gratuliren,
das schöne Wetter der letzten Tage gerade noch vor Eintritt der
Aequinoctialstürme gut benutzt und unser Ziel erreicht zu haben. In
jeder Hütte machte man Anstalten, für uns Angekommene zu kochen,
wir wurden unter den gegebenen Umständen auf das Beste bewirthet,
es wurde sogar auch für eine gute Fütterung unserer Hunde gesorgt,
und doch konnten wir uns nicht verhehlen, daß die Fleischvorräthe der
Ansiedelung auf einer gewaltig niedrigen Ebbe standen.

In der That waren schon am folgenden Tag die Einladungen
seltener geworden, am dritten Tage gab es nur noch eine einzige

Mahlzeit, und schon am vierten Tage wurde uns eine ungekannte Speise als Aushilfe in der Noth vorgesetzt. Diese bestand aus dem sogenannten Issik (der Fußflosse des Walrosses), das aber keinesfalls schlecht zu nennen ist. Ein Liebhaber von Schweinsfüßchen würde darin nur eine bedeutende Verbesserung in Bezug auf die Schmack= haftigkeit derselben finden, und auch für uns war nicht nur das Fleisch selbst eine Delicatesse, sondern auch die durch Kochen gewonnene Brühe war weit kräftiger und nahrhafter als die von Rennthierfleisch. Hatte die Qualität besondere Vorzüge, so hatte die Quantität nur den einen Nachtheil, daß der Issik für die vielen Menschen zu klein war. Man ging daher heute schon hungrig vom Mahle, weil man wußte, daß nicht mehr zu haben war, und auch so lange nicht zu bekommen sein werde, bis der Wind sich nach Süden oder Osten dreht und den Leuten den Fang der Walrosse gestattet.

Unsere Ansiedelung war nicht auf dem Lande, sondern auf dem Seewasser=Eise, ungefähr eine deutsche Meile von der Küste entfernt. Die Eskimos hatten diesen Punkt gewählt, um leichter und schneller dorthin gelangen zu können, wo sich das bewegliche Eis befindet. Die Hudsons=Bai friert nämlich nie ganz zu, und nur der Küste entlang, je nach den Umständen und der Landformation, befindet sich ein eine bis zwei Meilen breiter, für den ganzen Winter stabiler Eisgürtel. Das übrige Eis wandert mit den wechselnden Winden; wehen diese von Norden und Westen her, so ist die Grenze des stabilen Eises vom freien Meere umspült, wehen sie aber von den entgegengesetzten Richtungen, dann war das lose Eis, auf dem die Walrosse sich aufzuhalten pflegen, in der unmittelbaren Nähe der festen Eisgrenze. Unser nordwestlicher Aequinoctialsturm mußte sich also erst austoben und einem günsti= geren Winde Platz machen, bevor wir auf eine Walroß=Jagd hoffen konnten. Zwar thaten die Eskimos ihr Bestes, um Seehunde zu fangen, doch ihre Bemühungen blieben erfolglos und die Verhältnisse in der Ansiedelung nahmen einen ernsten Charakter an.

Dem Issik folgte als Speise Walroßhaut, mit der sonst nur die Hunde gefüttert werden, und schon den kommenden Tag war auch diese gänzlich aufgezehrt, und die kommenden fünf Tage gab es eine Fastenzeit, die man im vollsten Wortsinn Hungerszeit nennen kann. Tag für Tag kamen die Eskimos zu uns und fragten, ob wir sehr hungrig seien und vertrösteten uns mit einem witschaho seliko eibik (später werden wir ein Walroß erlegen), doch auch ihnen, welche die anhaltenden Stürme nur zu gut kannten, war nicht besonders gut zu

Muthe. In den Hütten wurde wenig und auch dann nur leise ge=
sprochen, und das Geschrei der Kinder nach Nahrung war nebst dem
eigenen Mißbehagen das Peinlichste der Situation. Das fette Aus=
sehen des Eskimo schwindet bei Entziehung der Nahrung sehr schnell,
besonders dann, wenn er seinen Magen, wie er es in ähnlichen
Situationen gern zu thun pflegt, nicht mit dem Trinken von vielem
Wasser theilweise befriedigen kann. Mit dem Fehlen des Walroßfleisches
im Frühjahre geht auch der Thran zu Ende, und da auf dem Eise
Wasser nur durch Schmelzen des Schnees oder Thranfeuer zu ge=
winnen ist, so nimmt auch dieses Aushilfsmittel sein Ende.

Die ersten zwei Tage fanden wir hier und da noch ein Stück
Seehundshaut, auch einmal einen Seehundsschädel, aus dem wir zu
zehn oder zwölf Personen das Gehirn aßen — doch auch diese Quellen
versiegten, und um dem Hunger keine Gelegenheit zu geben, sich gar
zu schmerzlich zu äußern, blieben wir in den Schlafsäcken. Der männ=
liche Theil der Eingebornen machte täglich erneuerte Versuche, See=
hunde zu fangen, doch vergebens. Das Jammern der Kinder that
ihnen wehe, und einmal erinnerte sich einer derselben, daß er vor
einiger Zeit auf dem Eise ein Walroß erlegt habe. Im heftigsten
Sturm ging der Brave am zeitlichen Morgen aus, um am Abend mit
dem blutgetränkten Schnee der Stelle, wo er seine Beute zerlegt hatte,
zurückzukommen. Dieser blutgetränkte Schnee wurde für die Kinder
geschmolzen, das Wasser zum Sieden gebracht und unter dem dank=
barsten Jubel bot diese gewiß sehr spärliche Mahlzeit wenigstens für
einige Zeit insofern eine Befriedigung, als es Jedem weh thun mußte,
die Leiden und das Gefühl der Mütter zu sehen, wenn sie den Kindern
auf ihr jammerndes Bitten nichts bieten konnten. Was die eigene
Person anbelangt, so will ich mich nicht darauf einlassen, hier die
stillen Betrachtungen zu erwähnen, die uns die langen Stunden hin=
durch beschäftigten. Es mag den Leser, der Dr. Tanner's vierzigtägige
Hungercur glaubwürdig finden mag, vielleicht wundern, daß wir schon
in so wenigen Tagen eine gewisse Schwäche zu fühlen begannen —
doch erlaube ich mir darauf aufmerksam zu machen, daß es ein großer
Unterschied ist, ob man in diese Situation in wohlgenährtem oder in
einem Zustande kommt wie wir. Wir waren monatelang marschirt,
hatten, wenn auch nicht ungenügende, doch namentlich in den letzten
Wochen nicht so viel Nahrung gehabt, daß sich ein Superplus von Fett
an uns hätte ansetzen können, und hatten, was wohl die Hauptsache sein
mag, nicht von Brodstoffen, sondern ausschließlich von Fleischkost gelebt.

Wenn man ferner bedenkt, daß das Rennthier im Winter selbst mager ist und wir in den letzten drei Monaten sogar des Salzes hatten entbehren müssen, dann dürfte man unsere Lage wohl begreiflich finden.

Lieutenant Schwatka, der Commandant der Expedition, entschloß sich endlich am dritten Tage, mit den besten Hunden und zwei Eskimos selbst die Reise nach dem früher erwähnten Winterhafen anzutreten und von dort aus Proviant für uns abzusenden.

Wir zurückgebliebenen drei Weißen vertrieben uns die Zeit, so gut wir eben konnten, und so sehr wir lange gewünscht hatten, Lesematerial zu bekommen, heute, wo wir wenigstens etwas, wenn auch weder besonders Wissenschaftliches, noch sehr Geistreiches besaßen, fanden wir kein Interesse daran. So lag ich denn in der Hütte, schaute den ganzen Tag in meinen »Leibarzt der Kaiserin« und weiß heute noch nicht, ob es ein Roman oder eine Novelle ist, am allerwenigsten aber, wer der Autor ist. Der Magen, er fühlte sich so leer, und ich fürchtete ordentlich, mich zu rühren.

Merkwürdig, welchem Wechsel des Menschen Wünsche oft unterworfen sind! In König Wilhelms-Land, wo wir zwei Monate nichts Anderes thun konnten, als uns wohl zu nähren, hätte ich gerne fünf ganze Rennthiere mit Haut und Haaren für einen kleinen und vielleicht auch schlechten Roman hergegeben, — in den geschilderten Märztagen, also nur etwa fünf Monate später — ich weiß nicht was für mich — natürlich nur während der Hungertage, der Fastenzeit — von größerer Wichtigkeit gewesen wäre: die gesammten deutschen Classiker oder zehn Pfund Fleisch.

Um aber den Becher des Leides bis an den Rand zu füllen, trat unter die Bewohner der Ansiedelung auch noch der Sensenmann. Man muß den furchtbaren Aberglauben des Eskimos kennen, um die Wichtigkeit eines solchen Vorfalles einzusehen. Im Todeskampfe ist der Gatte der Frau, die Mutter dem Kinde, das Kind den Eltern fremd, im Todesfalle hört die Verwandtschaft, in Todesgefahr jede Nächstenliebe, jede Menschenhilfe auf. Der Eskimo, der eines natürlichen Todes stirbt, stirbt allein.

So war es auch heute. Seit langer Zeit war Kubliak, eine junge Frau, krank und gab des Abends durch Röcheln kund, daß ihr Dasein unter den Sterblichen kein langes mehr sein werde.

Sogleich nahmen die Insassen der Hütte, in der sie lag, ihre sämmtlichen Habseligkeiten und gingen einen anderen Schlafplatz suchen, die Hütte wurde verschlossen und die Sterbende blieb sich selbst und dem Himmel überlassen. Am nächsten Morgen war sie eine Leiche. Jetzt erst regte sich das Gefühl der Eingebornen, die traurige Kunde lispelte man von Hütte zu Hütte, doch hätte es Niemand ohne Verletzung ihrer Gebräuche wagen dürfen, die Todte auch nur sehen zu wollen. Ein Mann und eine Frau, in diesem Falle also ihr Mann und ihre Tante, hatten die Pflicht, für die Beerdigung zu sorgen. Zwei Stunden, nachdem diese den Tod erfahren, ruhte die in einige Felle und ihre sämmtlichen Kleider eingenähte Leiche auf einem Schlitten, und die zwei Personen selbst zogen diesen nach der nächsten Landspitze. Hunde dürfen zu diesem Zwecke nicht verwendet werden, und der Grund dafür dürfte wohl in dem Bedenken der Eskimo liegen, daß die Hunde, wenn hungrig, die oberhalb der Erdoberfläche aus Steinen gebauten Gräber besuchen dürften. Ohne jede Ceremonie verläßt der Schlitten die Ansiede= lung, und die Leute gehen nicht einmal vor die Hütten, um den ein= fachen Leichenzug eines letzten Blickes zu würdigen.

Ein Todesfall bringt aber, so einfach die Bestattung selbst ist, eine Menge Gebräuche mit, die namentlich in der gegenwärtigen Situation sehr unangenehm sind. Ist der Ankut, eine Art Hoherpriester, anwesend, so verhängt er über die nächsten Verwandten des Verstorbenen einen sogenannten Tarbu, d. i. eine Zeit von je nach Umständen der näheren oder weiteren Verwandtschaft von acht Tagen bis zu einem Monat (1 Jahr hat für die Eskimos 13 Monate, und diese Zeit von Neu= mond zu Neumond wird wie der Mond selbst Taktuk genannt), welche die Betreffenden in ihrer jeweiligen Behausung, ob Zelt oder Schnee= hütte, zubringen müssen. Diesmal war der Ankut nicht anwesend, und man begnügte sich mit Einhaltung der drei Tage (da in diesem Jahre der dritte Todesfall vorkam), an welchen nichts gethan werden sollte. Nach Recht und Gesetz sollten die Männer nicht jagen gehen, durften gemeinsam nicht essen, die Hunde durften nicht in die Schlitten gespannt, ja nicht einmal auf dem Erdboden gefüttert werden, so wie auch die größte Vorsicht gebraucht werden muß, um nichts, seien es auch nur Abfälle von Rennthierkleidung, fallen zu lassen.

Doch unter den obwaltenden Umständen gingen die Eskimos am frühen Morgen, als sich der Wind wirklich gedreht hatte, hinaus, um Walrosse zu jagen. Mit der größten Spannung saßen die Zurück= gebliebenen in den Hütten. Trostlos genug sah es darin aus. Die Lampen standen leer, die Kessel waren schon Tage lang in einen Winkel gesetzt worden, und stumm vor sich hinbrütend hing Jeder, ob Weißer oder Eskimo, seinen keinesfalls erfreulichen Gedanken nach. Ja, die letzten Tagen, sie haben sich auf den Gesichtern schon sichtbar gemacht, und die Augen, diese schönen Augen der Kinder, lagen tiefer in den Augenhöhlen als je zuvor. Wird uns der heutige Tag etwas zu essen bringen? werden die Männer Walrosse sehen? werden sie noch Kraft genug haben, sie zu fangen, werden endlich die ausgehungerten Hunde stark genug sein, um den Fang ohne Schlitten (denn die Schlitten durften auf keinen Fall mitgenommen werden) in die Ansiedelung zu bringen? Das waren Fragen, die wir uns stellten und zu beantworten suchten, als vom Eise her Hundegebell erscholl und mit einem Male Frauen und Kinder wie aus einem Traume auffuhren und zu den Hütten hinausstürzten.

Ueber die Lösung der Fragen existirte kein Zweifel mehr. Hunde bellten und zogen Etwas, die Männer trieben die Hunde an, winkten mit den Händen und riefen laut unverständlich klingende Worte — doch wenn auch unverständlich, die Antwort darauf sollte nicht aus= bleiben, und das „Alianei" (der Freudenruf des Eskimo) tönte hundert= fach aus allen Kehlen. Ich habe die Freudenäußerungen vieler Nationen gehört, aber unter allen: Hoch, Vivat, Eljen, at' žije klang keines so gut, keines so aufrichtig und einstimmig wie das „Alianei" der Schaar, die damals sich freute, den Hunger befriedigen zu können. Daß es nicht langer Zeit bedurfte, um das bereits zerlegte Walroß in die Hütten zu bringen, ist ebenso selbstverständlich, wie daß die Lampen gerichtet, die Kessel aufgehängt und sogleich gekocht wurde. — Doch wie geschwächt unsere Mägen waren, konnten wir am besten aus dem Umstande sehen, daß wir Alle nur langsam und in gewissen Zeiträumen essen durften; Diejenigen, welche zu haftig zugriffen, wurden sogar von einer Art Ohnmacht befallen.

Mit befriedigtem Magen schlief es sich heute besser, am fol= genden Tage aber wurde der Todtengebrauch in der strengsten Weise gehandhabt. Die Hunde, für deren Erhaltung die Eskimos besorgt waren, wurden zwar gefüttert, doch nicht wie sonst auf dem Erd= boden, sondern auf der Erhöhung, die als Lagerstätte dient, und zwar mußte ein Jeder einzeln aus einem Gefäß fressen.

Am Abende des dritten Tages seit dem Ableben der Kudliak wurden die zwei Leichenbestatter in eine separate Schneehütte gebracht und dort mußten sie die Nacht hindurch allein zubringen. Mit Sonnen= aufgang begaben sie sich zum Grabe der Verstorbenen und bis zu ihrer Rückkehr mußte ein Jeder in der Ansiedlung nüchtern bleiben. Was sie dort an der Begräbnißstätte thaten, wäre interessant zu wissen, doch sind die Eskimos in der Mittheilung ihrer religiösen Gebräuche

ungeheuer wortkarg, und sie zu belauschen ist mit großen Schwierig=
keiten verbunden.

Nach der Rückkehr dieser zwei Personen wurde die innere Peri=
pherie eines jeden Schneehauses vom Hausvater mit einem Gegenstande,
dessen Nennung ich hier nicht für passend erachte, und der die ganze
Zeit der Trauer oberhalb des Eingangs befestigt war, mit Eindrücken
versehen. Der Hausvater sowie alle Insassen nach der Reihenfolge
des Alters bis zum sprechfähigen Kinde drehten sich dann nach ver=
schiedenen Richtungen in der Hütte und sprachen das Wort taba, d. h.
genug, und mit dem Waschen der Hände und des Gesichtes war die
ganze Ceremonie zu Ende.

Jetzt erst wird zum gemeinsamen Mahle geschritten, und wer essen
sehen will, muß zu den Eskimos gehen. Freilich konnten wir für
unseren Theil auch Bedeutendes leisten. Noch denselben Tag erschien
ein Hundeschlitten als Extrapost von dem Winterquartier des oben
erwähnten Schiffes und brachte nebst Zwieback, Schweinefleisch und
Melasse auch einen Brief des Lieutenants Schwatka mit der Ordre,
nach der Marmor=Insel zu kommen. Lieutenant Schwatka hatte, selbst
ohne Nahrung, die letzten 75 Meilen zu seinem Ziele ununterbrochen
in Begleitung eines Eskimos zu Fuß in 23 Stunden zurückgelegt.

Drei Tage später wurden auch wir auf dem Schiffe herzlich
willkommen geheißen und von Weißen mit allen möglichen Bequem=
lichkeiten versorgt. Der Schiffskoch blieb lange unser bester Freund.

So endete unsere erste bedeutende Fastenzeit unter den Eskimos,
so die letzte Strecke unserer eigentlichen Reise.

Uebersichtstabelle des Thermometerstandes (nach Celsius) vom 1. November 1879
bis 31. März 1880.

Monat		Temperatur in Graden				
		Durchschnitt für			Beobachtung	
		den ganzen Monat	die erste	die zweite	höchste	niedrigste
			Hälfte des Monats			
1879	November . .	—31	—27	—35	—17	—55
	December . . .	—45	—43	—47	—36	—56
1880	Januar	—47	—49	—44	—30	—57
	Februar : .	—43	—46	—39	—23	—55
	März	—32	—39	—25	—11	—50

XIII.

Die letzten Monate in Hudsons-Bai. Vom April bis August 1880.

Der Uebergang zur civilisirten Lebensweise. — Der Einfluß der höheren Temperatursgrade. — Die Schneerose. — Unser letztes Schneehaus. — Melms und seine Expedition zum Abholen der zurückgelassenen Gegenstände. — Ein Nachwinter. — Witterungsverhältnisse. — Im Zeltlager. — Der Uebergang zum Sommer. — Der Fang der Robben und Wale durch die Eskimos. — Die Walfischhaut eine Delicatesse. — Die Beobachtungsgabe und Bildungsfähigkeit der Eskimos. — Der Abschied von den Eskimos. — Tuluak. — Die Rückfahrt.

Zwischen dem Leben der Partie auf der eben vollendeten Reise und dem auf den Schiffen unter den Bequemlichkeiten der Civilisation eine Parallele ziehen zu wollen, wäre unnütz, und wenn es uns auch keine besonderen Schwierigkeiten kostete, wieder als Menschen zu leben, so machte sich die lange Gewohnheit an Entbehrung und Entsagung oftmals bemerkbar. Dieselben Magenbeschwerden und kleinen Ueblichkeiten, die sich bei dem langsamen Uebergang von der civilisirten Kost zur ausschließlichen Fleischnahrung geltend machten, wiederholten sich, und zwar um so empfindlicher, als der Genuß conservirter Gemüse bei dem früheren Uebergang nicht in Berücksichtigung kam. Brodstoffe, namentlich frisch gebackenes Brod, wollte zuerst gar nicht munden, und hatten für unsere, nach den täglich consumirten Quantitäten von Speise scheinbar bodenlosen Mägen gar keinen Nahrungswerth; auch konnten wir gar nicht begreifen, zu was man denn eigentlich Thee und Kaffee trinkt.

Vierzehn Tage vergingen, bis sich bei uns eine Aenderung unseres Aussehens bemerken und ein gewisses Wohlbehagen fühlen ließ. Wir waren wohl nie krank gewesen, sahen aber doch ein bischen hergenommen aus, und als nach einem Zeitraume von beinahe sechs

14*

Monaten der wiederholte Gebrauch von Wasser, Seife und Hand=
tuch unsere wahre Gesichtsfarbe zum erstenmale wieder an's Tageslicht
treten ließ, spiegelte sich in den wettergebräunten Gesichtern eine Gesund=
heit, die ein gutes Zeichen für die Vorzüge des wohl rauhen, trotzdem
aber wechsellosen nordischen Klimas abzugeben im Stande war. Auch
das Ablegen der ausschließlich aus Pelz bestehenden Kleidung hatte
für die erste Zeit seine unangenehmen Seiten, der größte Feind war
und blieb uns aber der künstliche Wärmespender — der Ofen. Für
unsere bescheidenen Begriffe war eine Temperatur von — 10⁰ C. eine
normale zu nennen, 1 oder 2⁰ über dem Nullpunkt war warm und jetzt
sollten wir in circa +16⁰ C. den ganzen Tag zubringen! Der beständige
Einfluß einer solchen Hitze, wie es diese Temperatur für uns buchstäblich
war, war ein ungewohnter und bei der geringsten Unvorsichtigkeit ein
sehr schädlicher. Nie während eines beinahe zweijährigen Aufenthaltes
im Norden wußten wir, was Husten, Schnupfen, Katarrhe, nie, was
eine gewöhnliche Verkühlung war; kaum waren wir aber mit künst=
lich erzeugter Wärme zusammengekommen, so stellte sich auch schon beim
ersten Austritt in die große freie Natur das Bedürfniß einer sogenannten
besseren, wärmeren Kleidung ein. Nicht die Kälte ist es, die arktischen
Reisenden so oft an der Ausführung ihrer Pläne hinderlich entgegen=
tritt, sondern einzig und allein der Umstand, daß diese den Winter
über in überheizten Schiffsräumen zubringen und beim Uebertritt in
das rauhe Klima des Frühjahres die große Veränderung physisch nicht
ertragen können. Der bedeutende und schnelle Wechsel der Temperatur
unseres Klimas bietet dem daran gewöhnten Kaukasier keinen Vorzug
im nördlichen Klima, und ist die Hauptursache, warum sich der Eskimo
in der gemäßigten Zone nicht wohl fühlen und nicht acclimatisiren kann.

Wie leicht es für den Kaukasier ist, mit festem Willen und vor=
gestecktem Ziele den klimatischen Härten des Nordens zu wider=
stehen, haben die früheren Zeiten oft deutlich und genügend bewiesen;
wie leicht aber diese Abhärtung unter den nachtheiligen Folgen des
Ofens auch verloren geht, zeigt am Besten unser Rückmarsch nach der
Depot=Insel, wo wir noch drei Monate zubringen mußten, bevor es
uns gegönnt war, unsere Rückfahrt nach den Vereinigten Staaten
anzutreten.

Die Barke „George and Mary" war des Walfischfanges halber
in Hudsons=Bai anwesend und blieb bis zum Ende des Monats Mai
in ihrem Winterquartier an der Marmor=Insel; hatte dann aber bis
zum 1. August nach Walfischen umherzukreuzen und durfte erst an dem

angegebenen Tage die Bai verlassen. Abgesehen davon, daß ein dreimonat=
licher Aufenthalt an Bord des nur 105 Tonnen an Tragkraft messenden
Fahrzeuges ohnehin wohl langweilig gewesen wäre, so ließ schon die
Aussicht auf einen angenehmen Sommeraufenthalt es wünschenswerth
erscheinen, daß wir uns, wie während unserer Acclimatisations=Periode,
an einem vom Schiffe leicht erreichbaren Punkte der Küste niederließen
und sozusagen unseren eigenen Haushalt führten.

Am 1. Mai verließen wir zu diesem Zwecke mit einer Partie
die Schiffe, um den schon oft gemachten Weg zwischen der Marmor=
und Depot=Insel noch einmal zurückzulegen. Unsere Marschweise unter=
schied sich von der früheren wesentlich. Wir hatten diesmal keine
Eile und konnten, da wir gut gefütterte Hunde in genügender Zahl
als Bespannung hatten, den größten Theil des Weges auch fahren,
doch lehrte uns sehr bald die Erfahrung, daß die rechte Zeit des
Reisens zu dieser Jahreszeit nur die Nachtstunden seien. Das Wetter
war ausnahmsweise schön und die warmen Sonnenstrahlen wirkten
nachtheilig auf unsere schon verweichlichte Gesichtshaut ein. Schon
nach dem zweiten Tagemarsche wurden Stirn, Backen und Nase auf=
fallend roth und nur im Geringsten den directen Sonnenstrahlen aus=
gesetzt, machte sich ein empfindlich stechender Schmerz bemerkbar; doch
die bis dahin noch ungekannte Kraft der Sonne und des blendenden
Schnees zeigte sich erst den kommenden Morgen, als wir aus dem
Schlafe erwachten und in unseren Gesichtern eine auffallende Spannung
der Haut, ein enorm rasch vor sich gegangenes Fettwerden verspürten.
Keiner wollte dem Andern sein schönes Gesicht zuerst zeigen und als
wir uns endlich alle Drei (Melms war damals nicht mit unserer
Partie) erhoben, konnten wir uns des Lachens nicht enthalten. Lieute=
nant Schwatka hatte blos seine rechte Gesichtsseite geschwollen, ich fand
mit Zuhilfenahme eines Spiegels auf beiden Seiten eine erhebliche
Dimensions=Vergrößerung und bei Gilder war der Proceß des Dick=
werdens schon so weit gediehen, daß er kaum mehr die Augen so weit
öffnen konnte, um sich die Caricaturen seiner zwei Genossen, die ihn
verwundert anstarrten, näher zu betrachten.

Unseren heimatlichen Alpen= und Gletscherbesteigern ist dieser
Zustand unter dem Namen Schneeblende oder Schneerose bekannt und
der Grund dazu liegt wohl in dem gemeinschaftlichen Einflusse der
brennenden Sonnenstrahlen und des gleichzeitig vorhandenen Kühlens
des Eises und des Schnees. In den Schneehütten geht es nun noch,
setzt man aber die angeschwollenen, stark geröteten Gesichtstheile der

Sonne aus, dann ist der Schmerz rein zum rasend werden, und so
oft die Eskimos mit dem Schlitten hielten, um eines sich am Eise
sonnenden Seehundes habhaft zu werden, legten wir uns gerne flach
in den Schatten des Schlittens, um durch Berührung des Gesichtes
mit dem Schnee den Schmerz zu lindern. Das Marschiren bei Tage
hatte nun sein Ende, wir reisten nur bei Nacht, doch auch dieses hatte
seine bedenklichen Seiten. Konnte die Königin des Tages unsere Ge=
sichter nicht mehr quälen, dann übte sie ihre volle Kraft auf unsere
Schneehütten aus.

Welcher Umstand unsere Eskimos am 6. Mai bewog, gegen
ihre sonstige Gewohnheit eine so auffallend große Schneehütte zu
errichten, ist mir unbekannt, doch sollten wir die unpraktische
Seite großer Dimensionen eines aus Schnee gebauten Kuppel=
gewölbes kennen lernen. Es war in den ersten Nachmittagsstunden
und wir lagen Alle im tiefsten, ruhigsten Schlummer, als uns
ein hörbarer und leider auch sehr fühlbarer Schlag aus unseren
Träumen aufstörte. Wer das Drücken des sogenannten „Alp" kennt,
der mag sich am ehesten in unsere Lage hineindenken, als das bedeu=
tende Gewicht schwerer Schneetafeln uns vom Kopfe bis zum Fuße
darniederhielt und die wassergetränkten Schneestücke im Innern des
Schlafsackes den adamitischen Formen eine ungewünschte Abkühlung
zukommen ließen. Das ganze große Gewölbe über uns war aus
den Fugen gegangen, hatte uns arme ahnungslose Menschenkinder
buchstäblich verschüttet, und als wir mit Mühe die Köpfe durch die
auf uns lagernden Schneetafeln durcharbeiteten, begrüßte uns höhnisch
die Anstifterin des ganzen Elends — die Sonne, die durch das dach=
lose Heim neuen Schmerz auf unseren Gesichtern erzeugte. Etwa
hundert Schritte von uns standen die männlichen Individuen unserer
Eskimobegleitung und mit lautem Lachen kamen sie herbei, um zuerst
uns und dann unsere Kleider auszugraben. So endete unser letzter
Aufenthalt in einer Schneehütte für die Wintersaison 1879—80, so
die letzte Schneehütte auf unserer langen Reise, und während uns
diese Gattung Obdach durch die ganze Dauer der Expedition immer
ein annehmbares Heim bot, mußte die oben besprochene Katastrophe
als Abschied davon eine langjährige Erinnerung an dieselbe trüben.
Wir bedienten uns fortan nur mehr des Zeltes, das wir aus
einem alten, vom Schiffe geliehenen Segel in Eile zusammennähten
— selbst im Mai aber wäre die Schneehütte noch immer, was sonstige
Bequemlichkeit anbelangt, vorzuziehen gewesen. Der Temperatur=

wechsel während der verschiedenen Tagesstunden ist ein auffallender und die beiliegende Tabelle möge als Beispiel die verschiedenen Thermo=meterlesungen von 2 zu 2 Stunden für den 7. Mai 1880 angeben.

	12 Uhr Nachts	2	4	6	8	10	12 Uhr Mittags	2	4	6	8	10	12 Uhr Nachts
		Uhr Früh						Uhr Nachmittags					
Im Schatten	-17^0	-20^0	-15^0	-10^0	-7^0	-3^0	$+1^0$	$+4^0$	$+3^0$	$+1^0$	$\pm0^0$	-3^0	-7^0
In der Sonne	—	—	—	-8^0	-3^0	$+4^0$	$+9^6$	$+10^0$	$+7^0$	$+5^0$	$+2^0$	—	—

Unsere Civilik=Eskimos fanden wir an demselben Punkte, wo wir sie Mitte März verlassen hatten, wieder, und Melms, dem die Aufgabe zugefallen war, die bei der Ansiedlung des Eskimos Aseblak zurückgelassenen Gegenstände zu holen, hatte diese zur vollkommensten Zufriedenheit Aller gelöst. Sein Marsch war, wie er berichtet, ein äußerst beschwerlicher, denn sobald die Sonne ihren Einfluß auf die kolossalen Schneemassen des Inlandes anfängt geltend zu machen, giebt es an den Hügelkuppen bald gar keinen Schnee mehr, und die Schluchten und Thäler ver=wandeln sich in bodenlose Fahrstraßen, die ein Fortkommen nur mit den größten touristischen Schwierigkeiten möglich machen. Vergleichen wir unsere Erfahrungen von dem Frühjahre 1880, was die klimatischen Verhältnisse anbelangt, mit denen derselben Jahreszeit 1879 jenseits der Wasserscheide zwischen der Hudsons=Bai und dem nördlichen Polarmeere, so werden wir in Bezug auf die Temperatur selbst, trotz einer Differenz von beinahe vier Breitegraden, keine auffallenden Unterschiede finden, und doch ist es die Nähe der Seeküste, die in Bezug auf die Witterungsverhältnisse, besonders aber in Anbetracht der herrschenden Winde, südlich einen bedeutend angenehmeren Aufenthalt bietet; als in den nördlicheren Theilen. Die unmittelbare Nähe des Kältepoles charakterisirt sich durch einen permanenten Nordwestwind, der dem Schmelzen des Schnees hinderlich ist, während in der Umgebung der Hudsons=Bai, wo sich den ganzen Winter hindurch freies Wasser befindet, die gerade entgegengesetzten, also südöstlichen Winde vor=herrschend sind. Der Umstand, daß offenes Wasser, sowie die Anwesen=heit von Eis und Schnee einen bedeutenden Einfluß auf die Tempe=ratur=Verhältnisse der verschiedenen Landstrecken üben, zeigt sich bei dem geringen Breitenverhältnisse der Marmor=Insel, die nur neun

Meilen vom Festlande entfernt ist, und dem nahe der Seeküste gelegenen Camp Daly. Der Monat Januar 1879, in dem wir Gelegenheit hatten, an beiden Orten zugleich unsere Temperatur-Beobachtungen zu notiren, zeigt eine durchschnittliche Differenz von $+5\frac{1}{2}^{0}$ Celsius für die Marmor-Insel, die den ganzen Winter von ziemlich eisfreiem Wasser umspült ist, während die der Küste von Hudsons-Bai nächst-gelegenen Meerestheile bei Camp Daly vom December bis Mai auf fünf bis sechs Meilen weit von festem, unbeweglichem Eise umgeben sind. Dieser Eis- und Schneebelagerung ist es auch zuzuschreiben, daß im späten Frühjahre und Sommer der Südostwind, der also über die in Hudsons-Bai noch immer angesammelten, schwimmenden Eisfelder streift, verhältnißmäßig kühler ist, als der Nordwestwind, den die schneelosen Landstrecken wärmen. Im Herbst und Winter aber tritt gerade das Gegentheil ein.

Ein gewisser Rückschlag in den Witterungs-Verhältnissen des schon vorgerückten Frühjahres macht sich jedes Jahr geltend, und während bei unserer Ankunft in der Eskimo-Ansiedlung die Be-wohner derselben sich gezwungen sahen, durch Vorhängen von Fellen 2c. die Schneehütten vor dem directen Einfluß der Sonne zu schützen, hatten wir nur wenige Tage später nach erfolgter Uebersiedlung nach der Depot-Insel hinlänglich Grund, unser schnelles Verlassen der Schnee-hütten zu bedauern. Für den Monat Mai und auch Anfangs Juni trat eine erbärmliche Witterung ein, und das ohnehin sehr schadhafte Zelt bot sowohl gegen die wieder eingetretene Kälte, als gegen den Sturm und die lang andauernden Schneegestöber keinen ausreichenden Schutz. Durch beinahe volle vier Wochen häufte sich neuer Schnee auf die schon kahl aus den umgebenden Eismassen herausragenden Granitfelsen der Depot-Insel, auf deren höchstem Punkte, etwa 75 Fuß über dem Meeresspiegel, unser Zelt stand. Das Thermometer sank am 23. Mai bis zu -19^{0} Celsius herab und machte uns den Aufenthalt in unserer vermeintlichen Sommer-Residenz sehr unan-genehm, während das Schneegestöber oft drei Tage lang, ohne an Intensität auch nur im geringsten nachzulassen, fortdauerte, um dann nach einer Unterbrechung von etlichen Stunden von einer anderen Wind-Richtung von Neuem zu beginnen. Doch so plötzlich dieser Rückschlag auch gekommen war, so plötzlich, ohne sichtbaren Uebergang, schwand er auch. Die Stürme hörten auf, die Luft klärte sich von den darin herumfliegenden Schneemassen, die Wolken verzogen sich und auf uns schien in ihrer ganzen Milde, ihrer ganzen Kraft die herrliche,

Junisonne und begann das Werk der Vernichtung an Schnee und
Eis. Die weißen Hügelreihen des den Horizont im Westen begren=
zenden Festlandes kennzeichneten sich täglich mehr durch das deut=
liche Hervortreten des Gesteines und mit täglich sichtbarerem Fort=
schritt schwanden die Schneemassen, nur dort noch weiße Linien zurück=
lassend, wo die Landformation einestheils, die tiefen Schneebänke
andererseits einen langsameren Schmelzungsproceß erlaubten. Die
gleichförmig gefärbte Fläche des die Insel umgebenden Eises zeigte
zuerst schwach=grüne Flecken, dann auf der Oberfläche des Eises kleine
Wassertümpel und in dem rauhen, durch den wechselnden Wasserstand
in Ebbe und Fluth holprigen Küsteneise zeigten tiefe Spalten und
weiße Risse den verderblichen Einfluß, den die jetzigen Temperaturgrade
selbst auf die kolossalsten Eisblöcke ausübten. Von den bis noch vor
Kurzem meilenweit in die See sich erstreckenden Eisfeldern brach Stück
auf Stück ab und schwamm hinaus in das offene Meer. Die leiseste
Wellenbewegung erzeugte oft meilenlange Risse und die austretende
Hochfluth nahm die so getrennten Flächen mit sich. Das offene Wasser
kam täglich näher an die Insel und bespülte von der Seeseite aus bald
die Inselfelsen selbst. Nur die Eisbrücke zwischen der Insel und dem
Festlande blieb noch unberührt; erst am 4. Juli brach auch sie, nach=
dem sie schon tagelang nur mit größter Vorsicht passirbar war, ab.
Am schönsten und interessantesten zeigte sich aber der Uebergang zum
Sommer auf der Insel selbst. Die mit Moos bewachsenen Flächen,
die unzähligen Wassertümpel, die bescheidenen, schnell emporsprossenden
Blümchen, dies Alles wirkte so eindrucksvoll, so überraschend auf uns,
daß wir uns auf dieser, eigentlich doch nur monotonen, kaum zwei
Quadratmeilen großen Insel gleichsam in ein Zauberreich versetzt
glaubten. Dort, wo früher fast kein Laut zu hören war, herrschte
jetzt vom frühen Morgen bis in die tiefe Nacht hinein das muntere
Treiben vielfacher Vogelgattungen, die, gleichsam über Nacht angekommen,
theils die Insel selbst, theils das sie umgebende Wasser zum Aufent=
halte wählten. Schon der Name Pikiulak, den die Eingebornen der
Insel gegeben haben, deutet auf eine zahlreich vertretene Vogelgattung,
einer kleinen Entenart, von ihnen Petschulak genannt, hin.

Die Depot=Insel an und für sich würde wohl keinen geeigneten
Punkt für einen so langen Aufenthalt geboten haben, wenn nicht
besondere Umstände es räthlich machten, einestheils auf einem etwas
raumbeschränkteren Orte zu wohnen, anderntheils aber auch die Insel
schon deshalb dem Festlande vorzuziehen, weil wir dadurch bessere

Gelegenheit bekamen, die im Sommer erwarteten und in die Hudsons-Bai einlaufenden Schiffe zu sehen.

Durch unsere Ansiedlung erhielt die Insel große Lebhaftigkeit. Unser Zelt bildete den Anziehungspunkt aller Eskimos, nicht nur derer, die in der Nähe wohnten, sondern auch solcher, die den verflossenen Winter hindurch ihren Wohnplatz weiter von uns entfernt aufgeschlagen hatten. Selbst die Kinipetu's, die südlich des Chesterfield-Golfes wohnen, statteten uns fleißig Besuche ab und brachten uns eine Menge Felle zum Verkaufe. Auch vom nördlichen Theile der Hudsons-Bai her, namentlich aus dem Wager-Golfe, kamen größere Partien Eskimos, die auch den Eivillik-Stamme angehörten, und von unserer Ankunft gehört hatten, zu uns, und ihre Zelte ebenfalls neben den unseren aufschlagend, sammelte sich auf der Insel eine stattliche Ansiedlung, die mit Männern, Frauen und Kindern wohl an die 300 Seelen zählte.

Ihre Hauptnahrungsquelle für diese Saison bildeten die auf den nahe herumschwimmenden Eisfeldern in reichlicher Menge vorkommenden Walrosse und Seehunde. Die Eskimos hatten sich durch mannigfache Gegenleistungen von den hier verkehrenden Walfischfängern ältere für die Robbenjagd der Weißen nicht mehr gut taugliche Boote zu erwerben gewußt und diese standen denn stets am Meeresufer bereit, um, sobald Beute sichtbar geworden war, von den männlichen Individuen bemannt und in's Wasser gelassen zu werden. Am höchsten Punkte der Insel befand sich ein mit dem guten Fernrohr unserer Partie stets versehener, sehr aufmerksamer Ausluger, von dem dann die ganze Bewohnerschaft auf eine sichtbar gewordene Walroßgruppe aufmerksam gemacht wird. In den bereitstehenden Booten und den vielen Kajeks (Seehundsbooten) beginnt dann die Annäherung der Jäger an die Walrosse, die nachlässig und unachtsam auf einer Eisfloe lagernd schlafen und sich des wohlthätigen Einflusses der warmen Sonnen-strahlen erfreuen. Die Zahl derselben ist oft sehr groß und die Eskimos nähern sich den Thieren, wenn möglich, von verschiedenen Richtungen und beginnen dann ein heftiges Feuer auf dieselben, indem sie die dem Wasser zunächst liegenden Thiere zuerst zum Ziele wählen und dadurch den in der Mitte befindlichen Thieren den Weg zur Flucht rauben. Doch wehe, wenn eines der ersten Thiere blos leicht verwundet wird und Kraft genug besitzt, sich in's Wasser zu stürzen und die anderen allarmirt. Die ganze Heerde, so schnell sie im Wasser sich befindet, verläßt ihren verwundeten Kameraden nicht und die Boote, namentlich aber die Kajeks sehen sich dann gezwungen, so schnell als möglich das

Weite zu suchen. Das Walroß ist im Allgemeinen ein sehr plumpes Thier und doch wird es, wenn gereizt, verfolgt und zur Gegenwehr getrieben, sehr gefährlich. Gelingt es den Jägern, eines oder mehrere der Thiere zu tödten, dann werden diese, wenn im Wasser erlegt, auf's Eis gezogen und hier vertheilt. Unter den Eskimos existirt der Gebrauch, daß Jeder, der bei der Jagd betheiligt, ja auch nur anwesend war, ein Recht auf einen Antheil der Beute besitzt und die Theilung selbst ist bei der Gewissenhaftigkeit, mit der dieselbe betrieben wird, interessant mit anzusehen. Da das Walroßfleisch für die Civillik= Eskimos als Vorrath für den Winter dieselbe wichtige Bedeutung hat, als das Rennthier für den Stamm der Kinepetus und die Fische für die auf und in der Nähe der Adelaide=Halbinsel Wohnenden, so werden alle zur Aufbewahrung bestimmten Theile schon gleich nach dem Fange zweckmäßig geborgen. Zu diesem speciellen Behufe werden sämmtliche Knochen sorgfältig ausgeschnitten, der um das ganze Fleisch in einer Dicke von 1 bis 3 Zoll laufende Thran abgelöst, das Fleisch dann in die dicke Haut möglichst compact gepackt und das Ganze mit See= hundsleinen zugeschnürt. Diese Masse wird dann unter Steinen vergraben und bis zum Wintergebrauche liegen gelassen, während der Thran separat in der schon erwähnten Weise in Seehundshäuten deponirt wird. Das Walroß ist unstreitig für den Eskimo das beste Nahrungs= mittel, und auch dem arktischen Reisenden empfiehlt sich die Mitführung sorgfältig gesammelter und gut gepackter Vorräthe dieser Nahrungs= quelle als die ausgiebigste und praktischeste.

Das Walroß hat unter den im Norden vorkommenden Thier= gattungen das nahrhafteste Fleisch, sein Thranreichthum bildet ein vollkommen genügendes Beleuchtungs=, Beheizungs= und Kochmaterial und die Haut (Kau in der Eskimosprache) ist für die Hundegespanne ein vorzügliches, für längere Reisen einzig ausgiebiges Futter. Nach den gemachten Erfahrungen der Schwatka'schen Expedition ist ein Walroß von mittlerer Größe an Nahrungswerth dem von zehn Rennthieren gleichzustellen, und der Umstand, daß Walrosse überall dort vorkommen, wo sich offenes Wasser befindet, dürfte diese für eine Expedition, die nach dem Selbsterhaltungsplane unserer Partie vorgeht, zu der einzigen und besten aller Verproviantirungsmethoden für Polarreisen machen. Vom Walroß ungenießbar ist in gewissen Fällen — es ist dies besonders bei großen männlichen Exemplaren stets der Fall — nur die Leber. Eigene Erfahrung und selbst gesehene Fälle machen es nothwendig, die Leber zuerst genau zu besehen, da sie oft von weißen schleimigen Adern durchzogen ist, die das sicherste Zeichen von deren Ungenießbarkeit sind. Den Eskimos, die an der Leber einen sehr gesuchten Nahrungsartikel finden, ist diese Eigenthümlichkeit gut bekannt, und sie behaupten, daß das Essen von Seehunden, zu welchen große Walrosse als Existenzmittel Zuflucht nehmen, die Ursache sei, warum der Genuß ihrer Leber die Symptome einer Vergiftung im menschlichen Körper verursacht. Aus demselben Grunde erklären sie die Leber des Polarbären für vollkommen ungenießbar und füttern nicht einmal die Hunde damit.

Ich bin selbst Augenzeuge gewesen, wie 1873 eine Partie von 18 Kaukasiern, denen dieser Umstand nicht bekannt war, plötzlich nach dem Genusse einer großen Walroßleber bedenklich erkrankt ist, und auch während unseres Aufenthaltes bei den auf der Marmor=Insel ankernden Schiffen kam ein solcher Fall vor.

Mit dem Verschwinden des Eises nimmt auch die Zahl der von der Depot=Insel sichtbaren Walrosse bedeutend ab und diese werden dann nur noch gleich den verschiedenen Gattungen der Seehunde bei vollkommen ruhiger See im Wasser harpunirt. Bei dieser Gelegenheit bedienen sich die Eskimos des von ihnen sogenannten pauk, d. i. eines sorgfältig abgezogenen Seehundsfelles, das nur am Kopftheile beim Abziehen des Thieres aufgeschnitten wurde, und welches dann zu einer großen Blase umgearbeitet wird. An einem Ende wird eine aus Horn gemachte Röhre eingesetzt, durch diese das Ganze aufgeblasen und durch einen Pfropfen der Austritt der Luft verhindert. Dieser pauk wird an die Harpunenleine so angebracht, daß, falls die dem Thiere, sei es nun ein Seehund, ein ugjuk, ein Walroß oder ein Walfisch, beigebrachte Wunde nicht tödtlich sein sollte, man nach der stets oben schwimmenden Blase den Ort des Thieres, wenn es sinkt, weiß, und daß auch ein zu tiefes Sinken nicht erfolgen kann. Dieses einfache und doch so nützliche Jagdgeräth verschafft den Eskimos bei ihren sonst so einfachen Utensilien auch die einzige Gelegenheit, von Zeit zu Zeit eines Walfisches habhaft zu werden. Derselbe wird von so vielen Kajeks, als nur möglich, umringt und bekommt so viele Harpunen, als nur möglich, in den Leib, denen solche Blasen ange= hängt werden, und die es schließlich dem Wal unmöglich machen, tief unter den Meeresspiegel zu gehen. Nach derartiger, oft stunden= langer Abmattung wird er endlich getödtet und sein Ende ist dann der Anfang eines großen Festes für die betreffenden Eskimos. Ein solches Riesenthier deckt natürlich einen einmonatlichen Nahrungs=

bedarf einer großen Ansiedlung, der Thran den Oelbedarf derselben für einen ganzen Monat, und was die Barten (Fischbein) anbelangt so sind diese ja bei dem heutigen Preise derselben im Handel ein von den Walfischfängern gern erhandelter Tauschartikel. Die schwarze Haut des Walfisches (maktuk in der Eskimosprache, welches gleichbedeutend mit „Schwarz" ist) ist für die Eskimos eine Delicatesse, und es giebt wohl kaum in der civilisirten Küche eine so zarte Fleischspeise, wie die Haut eines jungen Walfisches. Diese erreicht zuweilen die Dicke von $1\frac{1}{2}$—2 Zoll und ist vollständig schwarz, während die eines alten Thieres zäher ist und mit dem zunehmenden Alter auch lichter, ja sogar stellenweise ganz weiß wird.

Ein solches großes maktuk-Essen fand auf der Depot-Insel statt, als eines schönen Tages plötzlich die von der Marmor-Insel aus dem Winterquartier ausgelaufene Barke „George und Mary" mit rauchenden Thranherden am Horizonte aufstieg. Die Walfischfänger benützen nämlich zum Auskochen des Thranes nur bei der ersten Feuerung Holz, für die weitere Unterhaltung des Feuers aber werden die Schwarten benützt und von diesen stammt der schwarze Rauch, den wir aus dem Schlote aufsteigen sahen. Auf den Capitän Michael F. Becker des genannten Schiffs und seinen überzähligen Proviant waren wir für die Dauer unseres Aufenthaltes in Hudsons-Bai, sowie für die Zeit unserer Rückreise mit unserer Verproviantirung angewiesen, und ich fühle mich hier verpflichtet, in dankbarer Anerkennung der Güte und Aufmerksamkeit desselben, sowie auch der Großmuth des Schiffseigenthümers Herrn Jonas Bourne zu gedenken, mit der sie die Bedürfnisse unseer von ihren eigenen Hilfsquellen abgeschnittenen Partie deckten.

Von dem Schiffe hatten wir auch Zeitungen erhalten, die natürlich für uns, dem regen Getriebe der großen Welt seit Juni 1878 fremd gewesenen Menschen, nur Neues enthielten und enthalten konnten. Die Daten reichten bis Mai 1879. Daß diese Zeitungen in dem Zelte durch und durch studirt wurden, ist natürlich, und ein Jeder von uns wünschte nur das baldige Eisfreiwerden der Hudsons-Straße, um den dieses Jahr von den Vereinigten Staaten abgesegelten Schiffen baldigen Eingang in die Hudsons-Bai zu gestatten. Die Depot-Insel verließen wir nur selten und sie selbst bot außer einer schönen, weiten Aussicht gar nichts Interessantes. Die Eskimos, deren in den vorangegangenen Seiten oft Erwähnung gethan wurde, blieben auch hier unsere steten Nachbarn, mit denen wir gut harmo nirten, die in unserem Zelte oft gesehene Gäste waren und in deren Seehundshütten wir manche Stunde unseres dreimonatlichen Aufenthaltes verbrachten. Die Tagesstunden selbst fand Jeder von uns seine Beschäftigung. Schwatka übertrug und vervollständigte seine im kalten Wetter nur in Schlagworten geführten Journale, Gilder schrieb seinen Bericht für den New-Yorker »Herald« und ich hatte mir eine alte Kiste zum Tische ausersehen und arbeitete auf diesem theils an meinen Skizzen, theils an meinen Karten. Auch bei dieser Gelegenheit erfreute ich mich nur sehr selten der Einsamkeit. Die Eskimos nahmen an meinen Arbeiten nur zu regen Antheil und drängten sich vom frühen Morgen bis späten Abend um mein nicht sehr feststehendes, primitives Arbeitspult. Männer, Frauen und Kinder, sie Alle zeigten bei dieser Gelegenheit eine gleiche Neugierde, ja ein Interesse, eine Beobachtungsschärfe, die man einem sonst so wenig cultivirten Volke kaum zutrauen möchte. Den Männern waren die Karten die Lieblingsbeobachtung, den Frauen und Kindern natürlich die Bilder, und wie lange sich namentlich die Letzteren oft mit einem einfachen Buche beschäftigen konnten, war erstaunlich. Wurde die Zahl der mich und meine Arbeit umstehenden Kinder eine so große, daß diese mir unangenehm wurden, dann gab ich ihnen irgend ein Buch und hieß sie, sich damit in eine Ecke setzen. Zwei und auch drei Stunden blieb ich dann ungestört, und als ich dann endlich nachsah, was denn die Kinder gar so Interessantes darin fanden, wurde ich gewahr, daß sich dieselben daran gemacht hatten, einen ihnen auf einer Seite besonders aufgefallenen Buchstaben auf allen anderen Seiten wieder aufzusuchen.

Ich habe schon früher Gelegenheit gehabt, die scharfe Beobachtungsgabe der Eskimos besonders hervorzuheben, und kann es hier nicht unterlassen, zu erwähnen, daß sich dieselbe auch . auf Gegenstände bezieht, die anscheinend gar kein Interesse für sie haben. Sie zeigt sich nicht nur in den Gesprächen, sondern bedeutend selbst dann, wenn sie allein sind und sich auf beliebige Weise einen Zeitvertreib suchen. Bücher und Bleistifte haben für sie besondere Anziehungskraft, und ein Heft einer lieferungsweisen Ausgabe der Lessing'schen Werke, das ich stets zu diesem Behufe neben mir zur gefälligen Eskimo-Benützung bereit legte, war stets in den Händen meiner Besucher. Ruhig setzten sich die Leute neben mich auf mein Bett und hielten das Heft, wenn auch verkehrt, gerade so vor sich und blickten mit so ernstem, begierigem Mienenspiele in dasselbe, als ob sie wer weiß wie tief im Studium begriffen wären. Mit noch größerer Aufmerk=

samkeit beobachteten die Kinder das Kleinerwerden meiner Bleiſtifte. Ich mußte, da mein Vorrath an Zeichenmaterial ſehr bedeutend zur Neige ging, mit dieſen ſehr ökonomiſch zu Werke gehen, und erſt wenn der Stift ſo klein geworden war, daß er ſelbſt im Crayonhalter unbrauchbar wurde, konnte ich ihn verſchenken. Sobald ich nun einen neuen in Gebrauch nahm, abonnirten ſich die Kinder auf den letzten Reſt desſelben, kamen täglich zu mir, um ſich zu überzeugen, um wie viel er in einem Tage kürzer geworden war, und zeigten eine große, bei- nahe unausſprechliche Freude, wenn ich mein Verſprechen erfüllte und ihnen endlich das kleine Stückchen Bleiſtift und ein Stück Papier ſchenkte. Dann erſt ging der Spaß an, und die Buchſtaben aus dem Buche, ja ſogar einzelne Illuſtrationen wurden nachgezeichnet, kurz, von dem Geſchenkten der beſte Gebrauch gemacht. Man muß alle dieſe Beobachtungen vorerſt einer gewiſſen, dem Eskimo angebornen Neu- gierde zuſchreiben, aber gerade dieſe Neugierde iſt es, die ſich bei Civiliſirung uncultivirter Völker als die erſte Hauptbedingung für das Gelingen der wahren, humanen Miſſionsarbeiten unſeres Jahrhunderts bewährt hat. In der Geſammtbetrachtung des Lebens der einzelnen Eskimos von der Wiege bis zum Grabe, in deſſen Familienleben ſowohl, als in den ſocialen Verhältniſſen des Stammes, liegt der Beweis, daß bei den beſchränkten Anſichten über Religion ꝛc., dieſer Grundideen vorliegen, welche die Eskimos unter den wilden Völkern, falls wir ſie in dieſe, — im Begriffe weitfaßliche — Kategorie über- haupt rechnen dürfen, einen der höchſten und vollkommenſten Stand- punkte einnehmen laſſen. Ich werde als letztes Capitel dieſes Buches in den Hauptzügen die Religion, Sitten und Gebräuche der Eskimos ſkizziren — hier aber ſei nur geſagt, daß ein Miſſionär unter den Eskimos des nördlichen Amerika's, die allein Gegenſtand des dies- bezüglichen Capitels ſein werden, in erſter Linie und allein den Standpunkt eines Lehrers und geiſtigen Ausbilders wird einnehmen dürfen, bevor er es wagen darf, die religiöſen Anſchauungen des wohl gutmüthigen, doch ebenſo ſtarrköpfigen Völkchens demſelben gegenüber nur im geringſten zu tadeln.

Bildung muß hier den Aberglauben durch wahre Einſicht ver- drängen und erſt, wenn der Eskimo überzeugt ſein wird, daß dieſe eine Wohlthat für ihn iſt, kann der Miſſionär darauf rechnen, eines- theils in den Traditionen des nordiſchen Volkes intereſſante Details für die Culturgeſchichte der Menſchheit, anderntheils aber durch das- ſelbe nützliche Begleiter zur endlichen Aufklärung der ſo lange und hartnäckig verschlossen gebliebenen Geheimnisse des Nordens zu gewinnen.

Außer den Eskimos und ihrer Aussicht bot die Depot-Insel gar nichts Interessantes, ja mit dem Ende des Monats Juli wurde der Aufenthalt sogar etwas beschwerlich. Der Hauptgrund davon lag in dem Spärlichwerden des Wassers, und als am 26. Juli die Barke »George und Mary« ein Boot landete und uns sagen ließ, wir möchten uns zur Abfahrt bereit halten, fingen wir mit Vergnügen an, unsere Habseligkeiten zu verpacken.

Unsere alten Kleidungsstücke, Geräthe, Kochgeschirre ꝛc. waren alle schon einige Monate früher versprochen und als am 1. August, 4 Uhr Nachmittags, die langersehnten drei Mastspitzen am Horizonte erschienen, sammelte sich die ganze Schaar um unser Zelt, um unsere jetzt ent= behrlich gewordenen Sachen in Empfang zu nehmen, uns beim letzten Abbrechen unserer letzten arktischen Heimat zu helfen und uns und unsere Sachen mittelst ihrer eigenen Boote an's Schiff zu bringen. Die »George und Mary« lag etwa drei Meilen von der Insel und es war gegen ½ 11 Uhr Nachts, als wir mit unserem Hab und Gut an Bord kamen und unser uns angewiesenes Quartier bezogen.

Die Insel selbst war nun menschenleer, denn der ganze Stamm, vom Greise bis zum kleinen Kinde blieb bei uns; die Eskimos waren uns und wir waren den Eskimos lieb geworden und das Scheiden am 2. August, Morgens, als die Schiffsmannschaft die Anker lichtete und die leichte Brise zu unserer Heimfahrt die Segel füllte, war ein schweres. Die Depot-Insel war bereits zu einem kleinen, kaum noch sichtbaren Punkte geworden und noch immer hingen die vier alten Walfischboote und viele Kajeks am Schiffe und das Verdeck war gefüllt mit den trau= lichsten Gruppen, die sich nur ungerne trennten. Tuluak, unser treuer, fleißiger und tüchtiger Begleiter, reichte uns mit Thränen in den Augen die Hand zum Abschied. Durch ein volles Jahr hatten wir es dem Manne zu verdanken, daß die Durchführung unserer Pläne so gut von Statten ging und nur seiner Geschicklichkeit und Unermüd= lichkeit als Jäger verdanken wir, daß wir in Bezug auf unsere Lebens= frage nicht schwereren Prüfungen ausgesetzt waren. Gerne hätten wir ihn mit uns nach den Vereinigten Staaten genommen, doch die Er= fahrung des Eskimo Joe schreckte ihn vom Mitgehen ab und gleich diesem blieb er in seiner Heimat, in der er geboren war, und die ihm und den Seinen für ihre Begriffe vollkommen genügenden Reichthum zur Befriedigung ihrer Lebensbedingungen bot.

Nach besten Kräften hatten wir unsere Eskimos für die uns geleisteten Dienste entschädigt und außer unseren Sammlungen, hatten wir ihnen Alles, selbst unsere eigenen Feuerwaffen gegeben. Langsam stiegen sie endlich in ihre Boote, trennten dieselben von unserem Schiffe und ein langes Tabaudet war ihr letzter Abschiedsgruß.

Uebersichtstafel der Temperaturs-Verhältnisse (nach Celsius) vom 1. April bis 31. Juli 1880.

Monat	Temperatur in Graden				
	Durchschnitt für			Beobachtung	
	den ganzen Monat	die erste	die zweite	Höchste	Niedrigste
		Hälfte des Monats			
April	—15	—22	— 8	— 5	—37
Mai	+ 2	+ 1	+ 3	+13	—19
Juni	+ 9	+ 7	+11	+18	— 2
Juli	+12	+11	+13	+26*	+ 5

* Diese auffallend hohe Temperatur-Beobachtung ist ein Ausnahmsfall von sehr kurzer, kaum $\frac{1}{2}$stündiger Dauer bei vollkommener Windstille in der Mittagssonne.

Am 22. September um 5 Uhr Nachmittags betraten wir in New-Bedfort im Staate Massachusets zum erstenmale wieder den heimatlichen Boden. In der Anerkennung unserer Leistungen von Seite der gebildeten Welt fanden wir eine genügende Entschädigung für die nunmehr überstandenen Entbehrungen; das bewegte Leben und Treiben der Völker der Union zur Zeit ihrer Präsidentenwahl riß auch mich und meine Gefährten mit sich fort und brachte uns schnell in das Geleise eines civilisirten Lebens — doch über allen diesen Eindrücken bleiben mir als lebenslange schöne Erinnerung, die Erfahrungen meines mehr denn zweijährigen Aufenthaltes im Norden

Als Eskimo unter den Eskimos.

XIV.

Der Eskimo des amerikanischen Nordens.

Die Eskimos als Nomadenvolk. — Religion. — Verhältniß der Stämme zu einander
— Fehden. — Blutrache. — Abzeichen der Stämme. — Haarwuchs. — Tätowirung.
— Sprache. — Wörter. — Satzbildung. — Farbenbezeichnung. — Ankut als Arzt
und Wahrsager. — Ein Mittel gegen Schneeblindheit. — Eigenthümliche Cur.
— Eine sonderbar begründete Glatze. — Nugluta. — Das gemeinsame Mahl.
— Aus dem Leben der Eskimos von der Wiege bis zum Grabe. — Die Geburt. —
Ehegesetze. — Das Alter. — Schluß.

Mit der Demarcationslinie des Holzwuchses am amerikanischen
Continente ist auch die Grenze gezogen, welche die Bewohner des
amerikanischen Nordens in zwei große Gruppen theilt. Alle nördlich
dieser Linie wohnenden Völkerstämme sind Eskimos, alle südlichen
Indianer. Ein bedeutenderer, im Typus sichtlicher Unterschied läßt
sich nur unter auf größere Entfernungen von einander wohnenden
Stämmen beobachten und selbst der Netchillik-Eskimo erinnert in seiner
in's Röthliche spielenden Hautfarbe an den Indianer, während seine
Augensetzung und sonstige Gesichtsbildung unstreitig der mongolischen
Race angehört. Mit den südlich und westlich von Nord-Hudsons-Bai
wohnenden Stämmen ist auch ein gegen die nördlich und östlich davon
wohnenden Stämme leicht erkennbarer Uebergang sowohl in Sprache,
Typus und Charakter zum Indianer bemerkbar und obzwar die Ur-
generationen der Eskimos, als dem finnischen Stamme angehörig, vom
Osten her gekommen sein mögen, läßt sich der Einfluß der südlich
wohnenden Völker nicht abstreiten. In den traditionellen Ueberlieferungen
der Eskimos muß der Indianer schon deshalb eine Rolle spielen, weil
in ihrer Sprache ein eigener Ausdruck für die Rothhaut existirt.

Die in den nachfolgenden Schlußseiten enthaltene kurze Abhand-
lung über die Religion, Sitten und Gebräuche der Eskimos dient zur

Ausfüllung der Lücken, die sich im Laufe des Buches in Bezug auf dieselben ergeben haben; doch beschränkt sich der Verfasser hier ausschließlich nur auf die von der Expedition berührten Stämme, die Eivillik-, Ugzulik-, Ukusiksillik-, Netchillik- und Kinipetu-Eskimos.

Die Eskimos als ein Nomadenvolk hinstellen zu wollen, dazu fehlt insofern der Grund, als sie durch sich von Generation zu Generation traditionell fortpflanzende Satzungen an eine gewisse Reservation gebunden sind und die Grenzen dieser nur mit Einwilligung ihrer Nachbarn überschreiten dürfen. Nur innerhalb ihrer eigenen Jagdgründe wechseln sie mit den verschiedenen Jahreszeiten und dem damit wechselnden Thierreichthum des Landes ihre Wohnsitze.

In ihrer Religion finden wir den Begriff einer einzigen Gottheit, von der keine Götzenbildnisse gemacht werden; wir begegnen auch den Ideen eines künftigen Lebens in einem ewig dauernden Sommer, sowie dem Glauben an Himmel und Hölle, also an einen guten und schlechten Ort. An diese Grundbegriffe reiht sich ein Cultus abergläubischer Ansichten, der sich in dem Verhältniß der Stämme zu einander gerade so wie im socialen Leben des einzelnen Stammes wiederspiegelt, sowie auch das Familienverhältniß in dessen kleinsten Details durchzieht. Der Aberglaube, als eine Art Lebensregel unter den verschiedenen Stämmen, variirt mit den Localverhältnissen der einzelnen Jagdgründe und die vorhergehenden Seiten gaben einzelne Beispiele in genügender Menge, daß wir eine nochmalige Aufzählung derselben nicht für nothwendig erachten. Gehen wir daher gleich zu dem gegenseitigen Verhältniß der Stämme untereinander über. So weit es überhaupt möglich ist Traditionen von ihnen zu erfahren, scheinen Fehden zwischen den einzelnen Stämmen früher sehr häufig vorgekommen zu sein — jetzt bezieht sich aber eine Streitigkeit zwischen diesen nur mehr auf die Ausübung der Blutrache als eine heilige Pflicht und selbst dann, wenn ganze Stämme in ihren Ansichten uneinig werden, so hat nur eine gewisse Anzahl beiderseits gewählter Personen, den Streit zu begleichen. Als Beispiel eines solchen letzteren Falles gelte Folgendes: Zwei Individuen des Kinipetu-Stammes hatten sich während eines Sommers unter den Eivillik-Eskimos aufgehalten und gelegentlich eines gemeinschaftlichen Scheibenschießens wurde einer der als Gäste Anwesenden leicht verwundet. Sämmtliche Kinipetu-Eskimos ergriffen die Partei ihrer Stammesgenossen, ließen durch eine Deputation den Verwundeten abholen und verlangten, indem sie die Eivilliks für den Vorfall verantwortlich machten, für den Beschädigten einen Schadenersatz.

Vollkommen gerechter Weise wurde derselbe verweigert und daraufhin wurden von Seite der Forderer drei Männer bestimmt, die anderen drei von ihnen bestimmten männlichen Individuen des Eivillik=Stammes, im Falle die Forderung nicht beglichen wird, die Fehde als Repräsentanten des ganzen Stammes erklärten. Während die zwei Stämme dann in Frieden weiterlebten, durfte jede der sechs Personen die Grenze der aneinanderstoßenden Jagdgründe nur auf die Gefahr hin überschreiten, von einem seiner Gegner getödtet zu werden. Lieutenant Schwatka legte sich zum Schutze unserer Nachbarn, der Eivillik=Eskimos, in's Mittel und beglich die Sache friedlich; doch solche Kleinigkeiten sind oft Grund zu langen Fehden, die sich dann als Blutrache durch Generationen ziehen. Wie genau die Pflicht, Blutrache auszuüben, befolgt wird, davon gab unser Eskimo Ikuma ein Beispiel, indem er mitten im strengsten Winter einen 400 Meilen weiten Marsch unternahm, um diese Pflicht an dem Mörder seines Oheims, einem Netchillik= Eskimo, zu erfüllen.

Zur Unterscheidung der Stämme von einander, tragen die Männer die Haare verschiedenartig geschnitten, während die Frauen sich durch verschiedene Tätowirung kennzeichnen. So z. B. tragen die Eivillik= Eskimos langes Haar, an den Schläfen herunterfallend, während die= selben an der Stirne, knapp oberhalb der Augenbrauen gestutzt sind. Die Netchillik=Eskimos haben ganz kurz geschorenes Haar, während die Kinipetus lange Haare tragen, dasselbe am Scheitel aber in Form einer großen Tonsur beinahe gänzlich entfernten.

Die Verschiedenheit der Tätowirung besteht in kleineren Ab= weichungen in der Länge und Zahl der Strichezeichnungen an Nase, Backen und Kinn.

Die Verschiedenartigkeit der Kleidung ist kein sicheres Stammes= Abzeichen, doch liegen auch hier Variationen vor. So z. B. tragen die Netchilliks frackartige Schöße und die Kinipetus, die in diesem Schnitt so weit gehen, daß sie den sonst lang am Boden hängenden Theil aufbinden müssen, ornamentiren ihre Kleidungsstücke auf zuweilen recht geschmack= volle Weise mit den weißen Bauchfellen der weiblichen Rennthiere.

In der Sprache der einzelnen Stämme kommen in Bezug auf einzelne Wörter kleine Abweichungen vor, doch ist diese im Allgemeinen bei allen gleich. Bei nur äußerst geringem Wortreichthum ist dieselbe reich an Selbstlauten. Um einestheils die Armuth, andererseits den Klang der Sprache darzuthun, lasse ich für den sich interessirenden Leser eine Anzahl Wörter als Beispiele folgen.

atata, Vater

anana, Mutter

aninga, Bruder

naja, Schwester

nulijanga, Gattin

eisiki, der Mann

kuni, das Weib

irnik, der Junge

panih, das Mädchen

miki, das Kind, auch »klein«

kajmik, der Hund

mituk, die Ente

eibik, das Walroß

agbik, der Walfisch

ubla, der Morgen

takuni, die Nacht, zugleich »dunkel«

kaublaktuk, die Dämmerung

aput, der Schnee

mako, der Regen, -ktu, regnen

tatkut, der Nebel

taksaktuk, sichtbar

piksiktuk, unsichtbar

ikuma, das Feuer (okomik, bei den Kinipetus)

uwaschikpuadlu, weit

kanikpu, nahe

kani tukulu, sehr nahe

ublak, der Himmel

nuna, das Land

tarrio, das Salz, auch das »Meer«

kinak, ein Berg, zugleich die »Nase«

nuja, das Haar

tikir, der Finger, zugleich »Fingerhut«

puschijektu, gehen

adlaktu, laufen

agluktu, lachen

hokepuktu, sprechen

mamakpuk, gut (pimakpuk, bei den Netchillik's)

piuk, schön

nakei, nein, (nauk, bei den Kinipetus) u. s. w.

Um ein Vorhaben auszudrücken, mehrere Begriffe u. dgl. zu verbinden, werden nicht Worte an einander gefügt, sondern dem Hauptworte Silben angehängt, die eine bestimmte Richtungsthätigkeit bezeichnen. So z. B. bezeichnet die Silbe mon irgend ein Beginnen, als: tuktukmon, auf die Rennthierjagd gehen; snikpumon, schlafen gehen zc.; während die Silbe nami die Begleitung eines Anderen bedeutet. Tuktuknami heißt also Jemanden auf die Rennthierjagd begleiten.

Die Silbe langa bedeutet das Verlangen eines Gegenstandes: imik heißt Wasser — imiklanga, gieb mir Wasser.

Die Silbe zuak oder nuak bedeutet eine Vergrößerung, so z. B.: tosek, der Teich oder See; tosekzuak, ein großer See. kug, der Fluß; kugnuak, der große Fluß.

Lug bedeutet eine Verkleinerung, so z. B.: kinak, ein Berg; kinaklug, ein Hügel.

Die Silbe kuni eine Steigerung eines Zustandes: kakena, hungrig; kakena kuni, sehr hungrig; mamiana ungünstig; mamiana kuni, sehr ungünstig; quiena, wohl, gesund; quiena kuni, sehr gesund; u. s. w.

Wie arm an Wörtern die Sprache ist, mag schon aus dem Umstande zu ersehen sein, daß sie nur für eine Farbe, nämlich die schwarze, oder besser gesagt dunkle, den Ausdruck maktuk, haben, alle übrigen aber durch Vergleiche ausdrücken. Roth wird z. B. mit teimatu au (wie das Blut); blau mit teimatu imik (wie das Wasser); farblos mit teimatu siko (wie Eis), ausgedrückt.

Aehnlich wie mit den Farben geht es den Eskimos mit den Tages= und Jahreszeiten; sie leben von Tag zu Tag sorgenlos, kennen kein Alter und keine Sorge. Sind sie durch irgend einen Umstand gezwungen, eine Tageszeit anzugeben, dann ist ihnen die Sonne mit ihrem Stande genügend, und handelt es sich um eine nähere Bezeichnung einer Jahres= zeit, dann ist es März, wenn die Seehunde, Juni, wenn die Renn= thiere Junge werfen, April, wenn die Rennthiere beginnen ihren Pelz zu wechseln, und August, wenn die Rennthierfelle für leichte Kleidung am brauchbarsten sind.

In ihrem geselligen Leben als Stammesgenossen finden sie ihr einziges Vergnügen. Gesellig sind sie sehr gern, und so oft es ihre Nahrungsquellen erlauben, sammeln sie sich möglichst zahlreich in größeren Ansiedlungen. Hier tritt ihre patriarchalische Verfassung am besten zu Tage. Die ältesten Männer sind die ungewählten, uner= nannten, und doch gerne befolgten Rathgeber, und wohin sie ziehen, und was sie beginnen, dorthin und darum folgt der Rest wie eine Heerde Schafe dem Leithammel. Giebt es überhaupt noch eine Autorität, die einen gewissen Machtspruch ausüben kann, dann ist es der Hohe= priester, der Ankut, von dem wir eine Specialität unter den Nitchil= lik's schon kennen lernten. Einem Ankut im Amte als Würdenträger bei Festlichkeiten sind wir schon begegnet, auch haben wir seiner Dicta= tur als Ausmesser und Angeber der Trauerzeit (tarbu) schon erwähnt und es bleibt uns nur seine Thätigkeit als Arzt und Wahrsager zu erwähnen.

Wird Jemand krank, so läßt er den Ankut selbst, oder eine seine Stelle vertretende alte Frau holen und die betreffende Persönlichkeit fragt dann den nächsten Anverwandten über den Zustand des Kranken, sowie den muthmaßlichen Grund. und Sitz der Krankheit aus. Die Mittel, mit denen der Arzt die Genesung des Kranken herbeiführen will, mögen verschiedene sein; doch muß ich zu meinem eigenen Unwillen hier ge= stehen, daß, so gerne die Eskimos den Weißen in ihren Zelten haben, diese bei solchen Anlässen jedesmal ersucht werden witschaho (später) wieder zu kommen und derselbe somit nicht Gelegenheit bekommt, den Ceremonien im Interesse wißbegieriger Leser beizuwohnen. Nur einmal war es mir möglich an der Adelaide=Halbinsel eine beabsichtigte Cur unseres Eskimo Joe mit anzusehen. Mit dem Eintritt seiner Krankheit hatte derselbe einen 5 bis 6 Pfund schweren Stein unter sein Kopfkissen bekommen und dieser wurde dreimal des Tages von einer alten Frau hervor= geholt und unter Verrichtung aller möglichen Gebetformeln seinem Gewichte nach geprüft. In Bezug auf Wahrsagerei leisten die Ankuts sowohl in Form von Versprechungen, als auch in der Art ihrer eigenen Vortragsweise Großes, nie aber habe ich gesehen, daß sie, wie dies bei den Indianern ja oft der Fall ist, irgend welche Mittel der zwar spärlichen, aber doch vorhandenen Pflanzenwelt anwenden. Nur gegen die Schneeblindheit und sonstige Augenleiden verwenden die Eskimos ein sichtbares Mittel dadurch, daß sie einem Polarhasen einen Theil seiner Kopfhaut in der Nähe seiner Augen ausschneiden, und sich kleine Stückchen davon dann in die eigenen äußeren Augenwinkel stecken. Nie habe ich ein Mittel anwenden gesehen, von dem man sich eine wirkliche Hilfe hätte versprechen können. Die gewöhnlichste Cur= methode bei leichteren Erkrankungen ist eben die erwähnte Wahr= sagerei und gemeinsames von sämmtlichen Frauen der Ansiedlung durchgeführtes und schon früher besprochenes aja, aja=Singen. Es ist dies für den gesunden Menschen genug, um ihn krank zu machen, wie es dem Patienten aber gehen mag, das habe ich nie Lust gehabt, zu versuchen. Wird die Krankheit bedenklich, dann läßt man den Patienten unberücksichtigt, dem Tode nahe aber, überläßt man ihn ganz und gar seinem Schicksale. Es ist wahrlich ein Wunder, wie unter Eskimos Heilungen von Wunden vorkommen können, die bei uns zur Behandlung jedenfalls nur geschickten Aerzten anvertraut werden würden. So lebt z. B. unter den Eiwilliks ein alter Mann, mit einer großen, unter den Eskimos äußerst selten vorkommenden Glatze, die aber nicht vom Alter, sondern von einem großen Bären herstammt, der den Alten einst in einem Ringkampf besiegte, zu Boden warf und mit seinen großen Fangzähen scalpirte. Monatelang schwebte sein Leben an einem Faden, doch heute ist er ohne Anwendung aller Medicinen wieder vollkommen gesund und rüstig und hat seitdem an manchem anderen Bären seinen Grimm ausgelassen.

Was die Geselligkeit der Eskimos anbelangt, so charakterisirt sich dieselbe überall in ihren Spielen und bescheidenen Unterhaltungen, in ihren gemeinsamen Mahlzeiten, in dem Communalgebrauche ihrer Vorräthe und sonstigen Eigenthums und endlich im engeren Verhält= nisse der Familie.

Zu den Spielen und Unterhaltungen gehört das schon gelegent=
heitlich des Abschiedsfestes von den Netchilliks besprochene Kalaubi
und dann eine Art Hazardspiel, das sogenannte Nugluta.

Die Nugluta der Eskimos ist ein Stück Knochen oder ein Stück
Walroßzahn, durch welchen senkrecht zur Längenachse ein Loch gebohrt
ist. Dieselbe hängt an einem Geflechte aus Rennthiersehnen frei von der
Decke und ist zur Vergrößerung der Stabilität von unten durch einen
ebenfalls an einen Faden gehängten Stein beschwert. Um dieses
Instrument stehen im Kreise die Spieler und Jeder von ihnen ist
mit einem kurzen Speere, dessen Ende knapp in die Oeffnung des
Knochen paßt, versehen. Auf das gegebene Zeichen Ati (beginne) stößt
nun Jeder auf die Oeffnung zu, und wer diese mit seinem Speere trifft,
ist der Sieger und Gewinner des Preises, den eine der mitspielenden
Personen in Form einer Nadel oder eines Löffels 2c. ausgesetzt hat.
Die Männer setzten für ihre bescheidenen Verhältnisse oft große Preise
aus, und nicht selten kommen Rennthiere und Moschusochsen zum
Ausspielen, die noch auf den großen Schneefeldern des Inlandes
herumlaufen.

Eine der interessantesten Studien bieten die gemeinsamen Mahle.
In der Schneehütte oder dem Zelte eines der Aeltesten des Stammes
kocht die Hausfrau ein quantitativ sehr bedeutendes Mahl, und kaum
ist dies fertig, so verkündet der Ruf »ujuk« (so viel wie »gekochtes
Fleisch«) die Neuigkeit in der ganzen Ansiedlung. Alles, was Mann
ist oder werden will, kommt, mit einem scharfen Messer bewaffnet,
zu der Stelle, und sich im Kreise stellend oder im Sommer am Boden
niederlassend, empfängt der dem Hausvater nächst Befindliche ein
Stück Fleisch, schneidet sich ein großes »Mundvoll« ab und über=
giebt es seinem Nebenmanne. Bei Rennthier= oder überhaupt magerem
Fleische folgt demselben ein Stück frisch geschnittenen Thranes und
endlich ein Gefäß mit der Fleischbrühe. Dieses Alles geht im Kreise
herum, bis nichts mehr übrig ist, und das Abschneiden des betreffenden
Stückes allein ist eine Sehenswürdigkeit eskimoischer Speise=Etiquette.
Mag das betreffende Stück Fleisch auch noch so groß sein, es wird
der davon gewünschte Theil in den Mund genommen, mit den
Zähnen festgehalten und dann erst die Trennung des übrigen Theiles
mit dem Messer, das ganz nahe dem Munde den Schnitt macht, vor=
genommen. Es ist oft fürchterlich mit anzusehen, wenn kleine, kaum
5 bis 8jährige Knaben mit einem großen, scharf gefeilten Messer auf
die Entfernung von kaum $\frac{1}{4}$ Zoll an der Nasenspitze vorbeischneiden,

und daß hier nicht Malheur auf Malheur geschieht, ist wirklich staunens=
werth. Die Frauen nehmen nur untereinander, nie aber in Gesellschaft
der Männer an einem Mahle Antheil.

Wie beim Mahle, so ist auch im Ganzen und Großen Alles
Communal=Eigenthum, was in einer Eskimo=Ansiedlung sich an Pro=
viant und Geräthen befindet. So lange ein Stück Fleisch im Lager
aufzutreiben ist, gehört es Allen, und bei der Theilung wird auf
Jeden, besonders aber auf kinderlose Witwen und kranke Personen
Rücksicht genommen.

Diese Fürsorge des Einen für den Anderen spiegelt sich am
besten in der Familie, und um aus dem diesbezüglichen Interessanten
das Interessanteste zu wählen, sei aus dem Leben der Eskimos von
der Wiege bis zum Grabe, der Geburt, der Ehe und des Alters noch
besondere Erwähnung gethan.

Wenn in einer permanenten Ansiedlung stabil, so wird vier
Wochen vor der Niederkunft die Wöchnerin von ihrem Gatten getrennt
und in eine separate Behausung gebracht, zu der außer Frauen
Niemand Zutritt hat. Hier in der Einsamkeit erblickt das Kind das
Licht der Welt, und dieselbe Brust, die es säugt, ist auch das einzige
Mittel, wodurch es vor dem rauhen Klima geschützt wird. Erst einen
Monat nach der Geburt kehrt die Mutter mit dem jungen Erdenbürger
zurück an die Seite ihres Gatten, und erst dann sieht und begrüßt
der Vater zum erstenmale sein Kind. Mit dem Eintritte in die Gesell=
schaft der Seinen wird aber auch das Mädchen, der Knabe — Braut,
resp. Bräutigam, d. h. nach der Reihenfolge der erfolgten Geburten
(nur Geschwister sind ausgenommen) werden die Kinder schon früh=
zeitig als Mann und Frau bestimmt. In dieser frühen Jugend
beginnt aber für sie die Schule des Lebens und, ob Knabe oder
Mädchen, ihre Spiele, sie sind ein treues Vorspiel der Arbeit, die
ihnen spätere Tage auferlegen werden. Namentlich die Knaben beginnen
schon in den frühen Jahren theilzunehmen an den Jagden und sonstigen
männlichen Beschäftigungen, und erst wenn sie durch Geschicklichkeit
und die Zahl der erlegten Thiere bewiesen haben, daß sie nicht nur
eine Frau und Familie, sondern auch die Schwiegereltern ernähren
können, ist es ihnen erlaubt, in den Stand der Ehe zu treten. Manch=
mal geschieht es, daß durch Tod oder sonstige Umstände ein Junge
seine zukünftige Gattin verliert. Ist dies der Fall, dann tritt er als
erster Berechtigter vor den letzten, mit einem Mädchen beglückten
Jungen und die nächste Geburt eines solchen schenkt ihm, falls sie

nicht seine Schwester ist, eine Gattin. Daß unter solchen Verhältnissen unter den Eheleuten oft ein sehr ungleiches Alter vorkommt, ist natürlich, doch sind gewöhnlich Mädchen im 13. bis 15. Jahre heiratsfähig. Außer der Tätowirung, als ein Zeichen der Ehe, giebt es keine Heirats= Ceremonien, nur unter den Kinipetu=Eskimos gebührt dem Ankut das jus primae noctis. Die Zahl der Frauen eines Mannes ist auf zwei begrenzt, und ist sogar ein Mann verpflichtet, die Witwe seines Bruders als zweite rechtmäßige Frau anzunehmen. Mädchen vor der Heirat gestorbener Jungen, sowie Witwen sind frei, und es steht ihnen in diesem Falle sogar frei, in einen anderen Eskimostamm zu heiraten. Die Kinder bleiben auch nach der Heirat unter der Auf= sicht und Leitung ihrer Eltern, resp. der der Mutter, und sind ver= pflichtet, von jeder erlegten Beute einen Theil davon an diese abzu= geben. Bis zum nahen Tode erfreut sich das Alter großer Achtung und der aufmerksamsten Fürsorge, und erst, wenn der Eskimo dem letzten Ende nahe, tritt für denselben jene Verlassenheit ein, deren schon im 12. Capitel ausführlich Erwähnung gethan wurde. Von den längst vergangenen und vergessenen Generationen existiren im Munde der Eskimos jedenfalls traditionelle Mittheilungen, doch diese sind dem Manne der Wissenschaft noch unbekannt, und nur die alten Gräber an einzelnen Punkten mit ihren bemoosten Steinen und vermorschten Gebeinen mahnen uns an die Vergangenheit eines Volkes, von dem wir bisher so wenig wissen, und welches in sich vielleicht den Schlüssel großer, lang ersehnter Entdeckungen auf dem Gebiete der arktischen Forschung birgt. Möge der Inhalt dieser Seiten ein bescheidener erster Schritt zur besseren Kenntniß und zur vortheilhaften Benützung der Eskimos für die Zwecke der Geographie und Wissenschaft sein. Dies ist zum Abschied von seinen gütigen Lesern der Wunsch des Verfassers.

Ende.

Inhalt.

236

Illustrationen.

Karten.

Sach-Register.

246

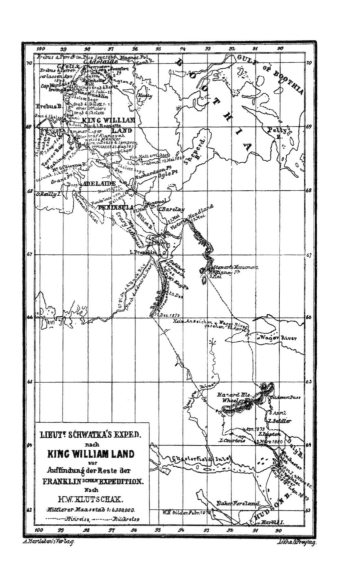

LIEUT: SCHWATKA'S EXPED.
nach
KING WILLIAM LAND
zur
Auffindung der Reste der
FRANKLIN'SCHEN EXPEDITION.
Nach
H. W. KLUTSCHAK.
Mittlerer Maasstab 1:6.500.000.
·········· Hinreise, ———— Rückreise

www.ingramcontent.com/pod-product-compliance
Ingram Content Group UK Ltd.
Pitfield, Milton Keynes, MK11 3LW, UK
UKHW042155280225
455719UK00001B/351